本书成果荣获2019年广东省教育教学成果奖一等奖和特等奖

高中物理习题实验化的实践与探索

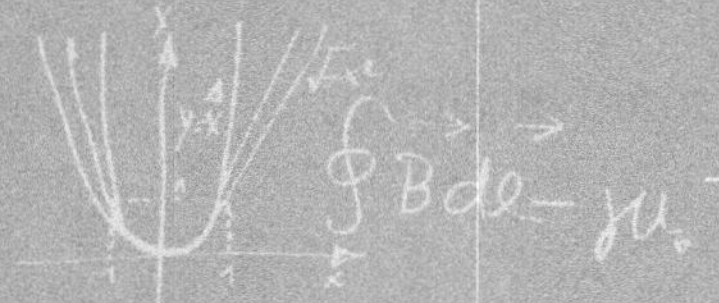

黄正玉 ◎著

东北师范大学出版社
长 春

图书在版编目（CIP）数据

高中物理习题实验化的实践与探索 / 黄正玉著. —
长春：东北师范大学出版社，2020.4
ISBN 978-7-5681-6348-4

Ⅰ.①高… Ⅱ.①黄… Ⅲ.①中学物理课—实验—教学研究—高中 Ⅳ.①G633.72

中国版本图书馆CIP数据核字（2020）第060795号

□策划创意：刘　鹏
□责任编辑：李国中　刘贝贝　□封面设计：姜　龙
□责任校对：刘彦妮　张小娅　□责任印制：许　冰

东北师范大学出版社出版发行
长春净月经济开发区金宝街 118 号（邮政编码：130117）
电话：0431-84568115
网址：http：//www.nenup.com
北京言之凿文化发展有限公司设计部制版
北京政采印刷服务有限公司印装
北京市中关村科技园区通州园金桥科技产业基地环科中路 17 号（邮编：101102）
2022年6月第1版　2022年6月第1次印刷
幅面尺寸：170mm × 240mm　印张：16　字数：270千

定价：45.00元

PREFACE

序　言

高中物理教学的一项重要举措

（代　序）

习题教学和实验教学，可以称得上是物理课程的两翼，搭载着课程内容，飞向预定的课程目标．

在落实课程目标方面，习题教学和实验教学既相融又互补．习题教学在“物理观念”“科学思维”方面有优势，解析物理题，需要结合题给的情境，在所构建的物理知识构架中选择对应的概念和规律，通过科学思维做出分析和解答；实验教学在“科学探究”“科学态度”方面有特点，高中物理实验，大都体现了问题、证据、解释、交流等科学探究要素，完成实验需要有实事求是、严谨认真的科学态度．另外，在科学推理方式上，习题教学和实验教学也是互补的，习题解答侧重于演绎推理，而物理实验侧重于归纳推理．因此，科学、有效地实施习题教学和实验教学，对全面落实课程目标具有重要意义．

但现实的高中物理教学中，并不是所有教师对习题教学和实验教学都是很看重的，重视习题教学、忽视实验教学的情况并不是少数．2017 版高中物理课程标准在必修和选择性必修课程中，规定的实验项目有 57 项（其中学生实验 21 项），没有按规定完成这些实验的教师并不少见，这其中并不是学校的经济实力原因，而是对物理实验在培养学生核心素养方面的认识不到位，特别是对物理实验能有效提高学生的高考成绩缺乏认识．

物理教师在习题教学和实验教学方面的能力，不同个人的发展倾向也是不同的．擅长习题教学而实验能力薄弱的老师现实中很常见，擅长实验创新但很少投入习题研究的老师也有不少．每年物理教学专业委员会的科学晚会，由高考把关老师来表演实验创新节目的情况确实凤毛麟角．搞习题的和搞实验的通常是两批不同的人．

因此，无论从全面提升学生的学科核心素养，还是提高学生的高考成绩，或者是教师专业成长的发展来说，把习题教学跟实验教学融合起来，都是一件十分有价值的事情.

《高中物理习题实验化的实践与探索》正是在这样一种背景之下诞生的，让人欣慰，本书所说的“习题实验化”，就是把习题的情境用真实的实验来显现，实现了习题教学跟实验教学的融合，它不仅有理论价值，而且很有现实意义.具体来说，对高中物理教学来说，习题实验化具有以下功能.

第一，习题实验化有利于突破教学中的难点.高中物理教学中遇到难点怎么办？现实教学中的常见做法是反复讲、反复练，记住关键结论，套用“解题类型”等，这些做法的基本行为是“记忆”，能力特征是“模仿”，其效果是值得质疑的.遇见教学中的难点，如何创设相应实验来突破，这应该是首选的思路，因为所创建的实验能从情境上突出知识的本质，从而能领悟知识、提升能力.例如，如何判断两接触面之间是否有静摩擦力以及如何判断静摩擦力的方向？教学中常常会用“假设法”通过逻辑推理来获得结论.如果把这个问题实验化，让学生获得“相对运动趋势”的感性认识，就能加深对静摩擦力的理解.如图1，叠放在水平桌面C上的A、B两物块，当B受到一水平拉力F作用而两物体都静止时，AB之间、BC之间是否有静摩擦力？

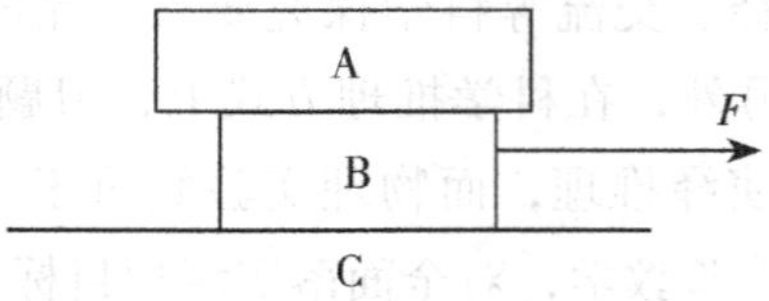

图1

这个问题的实验化有两条思路：一是创设演示实验，图2是一个关于相对运动趋势的演示实验装置，图中小车、木板、弹簧、指针组成了一个“相对运动趋势演示器”.当木板不动，小车受到向右的推力而保持相对静止时，指针向右偏转，体现上面物体对下面物体有向右运动的趋势.把这个装置放在图1的A、B之间，在B上施加水平力，指针不动，说明A、B之间没有相对运动趋势；把这个装置放在B、C之间，对B施加向右的力时，看到指针向右偏转，体现此时B对C有向右运动的趋势，改变作用力的大小，指针偏转角度也随之相应变化，这种动态的视觉感受能使学生获得对相对运动趋势的感悟，加深对静摩擦力的理解，也容易判断静摩擦力的方向.

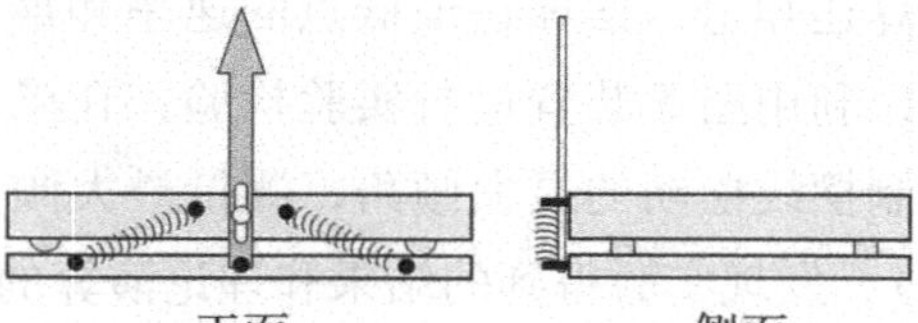

图 2

这个问题实验化的第二条思路就是创设学生实验．为此，可以把图 1 的问题赋予如下真实情境：如图 3，两本书 A、B 叠起来放在水平桌面 C 上，在书 B 中夹一纸条，用手对纸条施加一向右的拉力 F，这时 AB 之间、BC 之间是否有静摩擦力？课堂上让学生把两支铅笔放在 AB 之间（如图 4），向右拉纸条时，A 不会在 B 上运动（左图），说明图 4 中的 A 对 B 没有相对运动趋势；再把两支铅笔放在 BC 之间（右图），向右拉纸条，两本书就随着纸条向右运动了，说明图 4 中 B 对 C 有相对运动趋势．学生实验能让学生获得操作的感受，有助于深入理解知识．

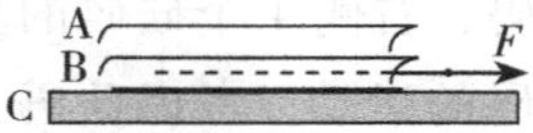

图 3

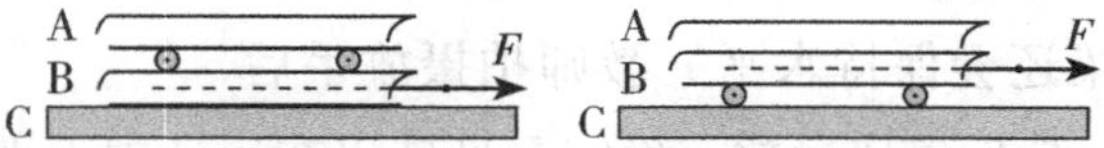

图 4

第二，习题实验化能对习题解答的演绎结果进行实践检验，它不仅增强了理论演绎的可信度，也强化了用实践来检验理论结论的意识．如本书第三章第三节“物理习题实验化的常用教学方式”中有以下案例，在得出两小球弹性碰撞后的末速度公式之后，教师对这个公式进行实验体验（如图 5）：在黑板前，将一摆球从某一高度由静止摆下，在最低点跟另一静止弹性球碰撞，改变两球的质量比，用小球（塑料球）去碰静止大球（钢球），或者用大球去碰撞静止小球，根据公式可得到碰撞后的两球

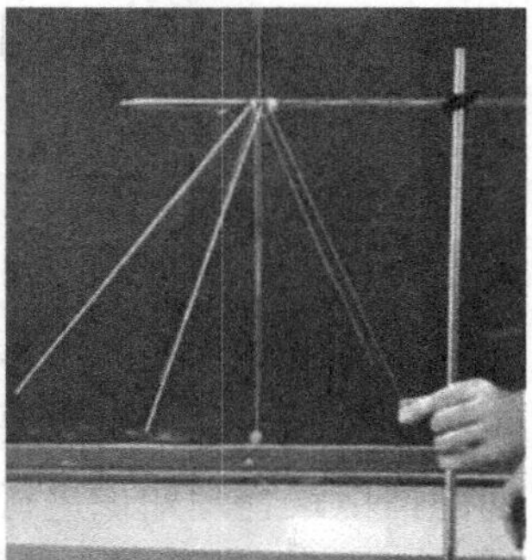

图 5

的速度大小，通过演算还知道，摆球在最低点的速率和最大倾角的正弦是成正比的，根据这个结论，利用图 5 装置进行实验检验：在黑板上标记碰撞后摆球到达的最高位置，绘制摆线摆动的最大倾角，测量最大倾角的正弦值（摆球到静止摆线的垂直距离），发现实验得到的结果和理论演算的结论十分吻合．为简化这个实验装置，可以用磁铁（或吸盘）将摆球的悬线固定在黑板上，这样，作为实验器材的白色悬线就成为黑板上分析图形的组成部分，习题和实验就融在一起了．

第三，习题实验化，能为习题的编写提供真实素材．所编题目的“故事”来自实验的真实情境，题目的已知条件来自实验的真实数据．

本书作者提供了这样一个案例，如图 6，将两个完全相同的滑轮分别悬挂于天平两侧的等臂位置，左侧滑轮固定着 3 个砝码，右侧滑轮中穿有一细绳，绳两端分别悬吊 1 个和 3 个砝码．用手扶稳砝码，使天平横梁水平．提出问题：放手后天平横梁还会保持水平吗？面对左侧 3 个砝码、右侧 4 个砝码的真实情境，想象放手后右侧砝码的运动，考虑砝码上下加速运动的超重、失重现象，学生通过习题演算发现右侧砝码对天平横梁的拉力居然恰好等于 3 个砝码的重力，横梁还会保持水平．教师拍摄放手后砝码运动的视频，然后慢速播放，确实看见砝码在运动中天平横梁是保持水平的．这种来源于真实实验的习题，不仅能帮助学生形成思维的线索，感受右侧砝码因整体重心加速下降而引起失重的动态图景，同时也能体会到科学的真切．

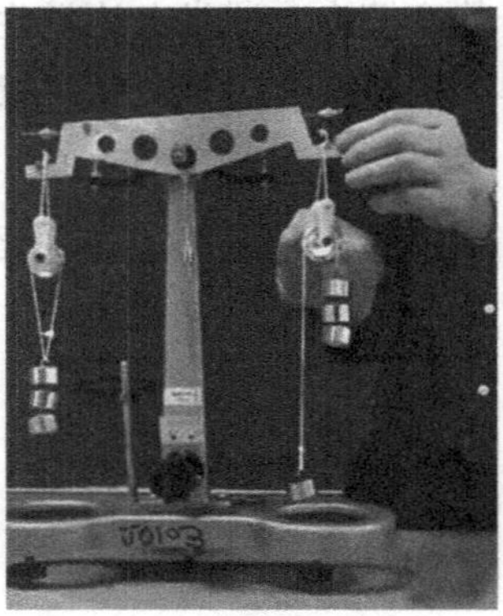

图 6

第四，习题实验化，建立了知识与情境的关联，有利于提升学生的学科核心素养．高中物理课程目标的第一条就是“形成物质观念、运动与相互作用观念、能量观念等，能用其解释自然现象和解决实际问题”．要用所学的物理知识解决实际问题，最重要的就是建立物理知识和实践情境的关联，因为只有把问题情境跟物理知识进行了关联，才有可能从所学的物理知识库中提取所配对的知识，才可能以物理的视角观察周围的现实世界，解决实际问题．近年来物理高考试卷中，联系实际的“情境化试题”在不断强化，情境化试题的解答成了提高物理高考成绩的关键．解答情境化试题有两个基本的步骤：第一步是先把情境化试题通过审题转化为非情境化的物理问题，第二步再应用所学知识完成对该物理问题的解答．前一步骤体现的是解题素养，后一步骤体现的是物理知识．由于高考主要是考查学生的素养水平，高考的难题，大都难在前一步骤上．因此，如何增强把情境化试题转化为非情境化试题的能力，也就是审题能力，是高中物理教学需要研究的重要课题．本书习题实验化的思路，为学生增强这种能力开辟了一条具有可操作性的途径．在习题实验化的实施中，不管是根据真实实验来解答习题，还是针对习题的解答进行实验验证，都需要把物理知识和实验情境联系起来，在联系的过程中，除了能深入理解这个题目的解答之外，更重要的是养成把习题的文字跟实践的情境进行联系的习惯，从而在解答情境化试题时，具有把文字转化为情境的意识，进而把情境转化为物理条件，使情境化试题转化为非情境化的物理试题，大大提高情境化试题的解题能力．

本书作者在习题实验化方面做了广泛、深入的研究，发表了多篇研究论文，其研究成果多次在全国、省、市评比中获奖，有不少成果还在有影响的网络媒体和纸质媒体中广为传播，其中“手机演示多普勒效应”的实验在全国物理教学专业委员会科学晚会上隆重演出，获得好评．本书在围绕难点习题创设针对性实验方面仍有潜力，据悉作者在此方面正在进行不懈研究，相信本书再版时能让读者获得更多的惊喜．

黄恕伯

2020年2月于南昌

（序言作者系教育部《物理课程标准》研制组核心成员，人民教育出版社物理教科书总主编，江西省首批特级教师，全国劳动模范，全国五一劳动奖章获得者）

习题教学与创新实验融合的始端

（自 序）

“老师，太巧了，有一道题目的情景和我们考前做的自制实验一模一样！”

“黄老师，你是否在考前看到题目？那道关于铜管的题目就是我们最后一节课做的自制实验．”

……

2014 年 6 月 8 日 11：35，广东高考理科综合考试终了声刚响不久，深圳市第二实验学校考点门口，一群孩子正围着黄正玉老师叽叽喳喳，从脸上的兴奋劲儿可以看出大家发挥得不错．原来，他们说的是有一道物理题目的情景，和考前最后一节物理课做的自制实验雷同．具体情境为一个磁铁从空心铜管和塑料管中竖直下落快慢比较，由于电磁感应的发生，铜管中的磁铁明显下落更慢．

“让我倍感欣慰的是，在高中三年中，我们一同完成了很多有趣的自制实验，有自制简易电动机、分力不变演示仪、网球和篮球的弹弓效应、铜管中的电磁感应、手摇切割地磁场发电等……希望你们今后回忆起来，这一切是幸福的和美好的！”这是黄老师在最后一节物理课给他们送别的话．

说来也巧，铜管实验的设计和完成是一个机缘巧合．高三冲刺阶段的复习单调又枯燥，怎么才能更有趣一些，这正是黄正玉老师与其他物理老师一直关心的问题．这天刚好理综办公室更换空调，剩下一段铜管．黄老师突然想起这不正是我们题目中多次出现的情景——电磁感应实验装置吗？和师傅商量后，他留下了一段铜管，想想有关电磁感应和电磁阻尼知识的题目做过无数，但还真没有真正验证过磁铁在铜管中的运动快慢．找到设备后，黄老师迅速和备课组其他老师一起完成了设计，就这样将实验搬进了教室，并由学生自己完成对比实验．最终实验效果很好，既加深了同学们对电磁感应的理解，又调节了同学们高三备考的紧张氛围．真没想到今年高考试题的情景居然会一模一样．

"一看到题目，那个情景一下子就出来了，答案肯定是铜管中下落更慢．"这是学生考后的评价．

然而，这种巧合隐含着必然．在黄老师看来，物理老师指导学生掌握很多的物理规律和解答很多题目固然是很重要的，但这绝不是物理教学的全部．物理教学的精髓是如何引导学生进行实验和探究，在探究中获取知识掌握规律，培养学生的核心素养．高三物理课堂创新性地开展了五个"一"活动，其中包括分小组按模块完成"一次讨论""一次深入提问""一篇小论文""一道好题"和"一个与习题相关的自制小实验"．而在教学实践中，"物理自制小实验"是同学们最愿意完成，也是完成得最好的一个环节．其中，老师的任务就是要不断地为学生创设情境．

倘若没有以实验教学重要性的理念为支撑，很难想象在高考前最后一节课，老师还会和学生一起做实验，并且是自制的物理实验，而不是课本和考纲要求的实验．正在迎接新课程和新高考的物理课堂，每天的物理教学都在践行着这样的理念．

此为《商报》的一个采访稿，题目为《深圳市第二实验学校：自制小铜管"击中"高考理综题》，该事件同时为《南方都市报》、FM106.2 广播、深圳市教育局官网等数十家媒体报道．于此谨将该文当作本书序言，因为它真实记录下了我正式思考"物理习题实验化"课题的始端．

黄正玉
2018 年春于翠竹书院

FOREWORD

前 言

物理学是自然科学领域的一门基础学科，研究自然界物质的基本结构、相互作用和运动规律．物理学基于观察与实验，建构物理模型，应用数学等工具，通过科学推理和论证，形成系统的研究方法和理论体系．

课程标准赋予物理学科“基于实验和观察”的课程性质．物理学是一门以实验为基础的科学，基本物理概念、规律绝大多数是在实验的基础上建立起来的，学生对物理知识的理解和掌握同样也离不开实验．

然而，现有物理教学过程普遍存在始于实验、成于概念、止于习题的错误认识．错误地认为实验只用于新课引入，错误地将习题作为教学的唯一落脚点，势必将习题教学引入“题海战术”．

物理教学中习题教学所占时间比例普遍较大，而现有物理教学理论仅将习题教学定位为概念或规律教学的辅助手段，这样势必使物理教学陷于知识传授的泥潭．

基于以上现状，作者创造性地提出了“物理习题实验化”的教学思想，并在教学实践中系统组织实施．物理习题实验化教学创造性地将常规的习题教学与实验创新相结合，旨在培养学生实践意识和创新能力，加深学生对概念规律、过程状态的理解，促进学生思维能力的培养和学科核心素养的形成．将经典习题转化为实验，让习题教学还原物理学科“基于观察与实验”的课程性质．习题实验化有利于实现认识的第二次飞跃．

创新实践中界定了核心概念：物理习题实验化教学，是指在物理习题教学中，为了树立实践意识、培养科学思维、提高探究能力，将经典习题情景转化为实验的教与学的活动总和．实践中厘清习题教学功能：习题实验化将创新实验和经典习题联姻，实现认识的二次飞跃，让习题教学成为培养科学思维和实践意识的主阵地之一．实践中明晰了习题实验化的两大功能：转变学习方式和优化思维品质．实践中确定了习题实验化设计的五项原则：简易性原则、科学性原则、趣味性原则、理论联系实际原则、核心考点相联系原则．

通过实践探索出习题实验化的四个环节：确定核心考点、选择典型习题、进行实验操作、问题变式训练．“老师下得题海，学生才能上岸”，习题实验化的第一环节需要备课组老师共同梳理核心考点，将考点、题目、实验一一对应整理出十多个课题，学生分小组选定其中一个课题．这一环节解决了普遍担忧的学生“时间紧”的问题．从认识论来看，实现认识的第二次飞跃，首先确保理性认识本身的正确性和核心地位．第二环节要求所选习题突出常见物理模型的构建，比如绳球模型、理想气体模型等．所选习题也有助于培养学生的核心素养，体现选题代表性和可接受性．从认识论来看，实现认识的第二次飞跃，所选习题尽量符合理论和具体实践相结合．第三环节实验操作，既要考虑实验的可操作性，又要考虑实验的趣味性．在这个过程需要老师大量地创造性劳动，保证不增加学生负担的前提下，引导学生积极参与．从认识论来看，实现认识的第二次飞跃，必须把对物理规律的认识同学生自身需求结合起来．第四环节问题的变式训练，主要考虑在实验和习题之后，进行必要的变式训练培养学生思维的严密性和发散性．教师引导学生参与习题的改编和创新，能够培养学生具体问题具体分析的习惯．从认识论来看，实现认识的第二次飞跃，理论需要接受不同条件下的检验．

本书是深圳市“十二五”规划课题“高中物理习题实验化的探索与实践”和深圳市好课程“基于经典习题的创新实验活动”的综合研究成果．成果项目“习题实验化——物理教学创新实践”荣获 2019 年广东省教育教学成果奖一等奖．

第一章至第三章是对物理习题实验化的简单概括和相关理论的阐述，努力让习题实验化实践活动做到“师出有名”．第四章至第六章通过大量翔实的教学案例，展示物理教学中如何让经典习题和创新实验有机结合，并让两者相得益彰．第七章收录作者及课题组成员近年发表的与创新实验有关的论文，意在从教育思想上呈现作者物理习题实验化思想的形成过程．

不同于单纯的文字描述，通过扫码观看实验是本书的一个亮点．通过移动设备终端扫描创新实验配套的二维码，可以随时随地在线上观看实验，实验视频为读者进一步实验创新提供一个情景范例，实现线上与线下的互联互通，线上资源的随时更新可以为读者持续提供创新实验思路和创意．本书主要适用于物理教师教学研究和教学参考，适用于物理教育专业大学生、研究生的专业拓展，也适用于具备创新潜质的高中学生的课外学习．

由于作者水平有限，编写过程难免存在疏漏和错误，在此希望得到广大物理教学同仁的批评和谅解，更希望各位专家学者提出宝贵意见，以便后续更好地改进．研究过程中有很多开创性的工作，只能“摸着石头过河”，算是为深圳先行示范区的教育先行做个尝试．借此抛砖引玉，真心希望有更多的同仁加入物理教学的创新实践行列中来．

编 者

2020 年 2 月 17 日

CONTENTS

目 录

第七章 在教学和研究中发表的相关论文选刊

第一章 物理习题实验化教学的概述

物理学是自然科学领域内的一门基础学科，也是自然科学的带头学科，主要研究自然界物质的基本结构、相互作用和运动规律．物理学基于观察与实验，建构物理模型，应用数学等工具，通过科学的推理和论证，形成系统的研究方法和理论体系．高中阶段通过物理课程的学习，体验核心物理概念和规律的形成过程，习得必要的科学研究方法，培养相应的学科核心素养，这些将为学生今后的发展奠定知识、思想和方法的基础．然而，高三甚至整个高中物理教学实践过程中，习题教学所占时间比重较大，如若引入习题实验化教学，这既能培养学生的实践意识，又能提高学生的解题能力，从而使学生在各类考试中做到游刃有余，那何乐而不为呢？

第一节 物理习题实验化的概念界定

习题实验化是指在物理学科的习题教学中，为了对物理概念与规律、对象与过程、现象与结论有更深刻的理解和认识，从而将习题情景转化为真实实验的教与学活动的总和，是指在教师有计划引导下的学生积极的实验活动．目的在于通过资源建设，提高教学效率，加深学生对概念规律的认识，转变学生的学习方式，培养学生探究和实验的习惯和能力，从而提高他们的解题能力．习题实验化的内容宽泛，不仅限于课程标准和考试大纲中的物理实验．

实践表明，习题实验化能使学习者深度而非浅表地学习知识，且能学习到如何将知识运用到真实世界中，这将使其对所学内容的保持更持久，甚至可以概括和运用到更广阔的情景中（即迁移）．

本课题从司空见惯的习题教学实践出发，不纠缠于基础理论的争议，而是立足于找到一个习题教学和学生能力提高有机联系的实践形式．物理学的学科特点，为实施培养学生学科核心素养提供了极好的载体，物理学又是一门以实验为基础的学科，因此本课题不求大而全，但求小而精且务实管用，开创性地提出物理习题实验化活动，对当前高考模式下如何在日常教学工作中真正切实有效地使学生提分增能提供了一个有益的、清晰的、系统的思路，且力求真正找到问题的关键和突破口．习题教学与实验活动的联姻，传统教学与创新教育的牵手，奏响了新时代学科核心素养发展和形成的新乐章．

第二节 物理习题实验化的研究背景

一、基于物理教学现状的思考

2014 年 9 月，教育部考试中心颁布了《关于深化考试招生制度改革的实施意见》，开始探索构建“一体四层四翼”的高考评价体系.

“一体”即高考评价体系.通过确立“立德树人、服务选拔、导向教学”这一高考核心立场，回答了“为什么考”的问题.通过明确“必备知识、关键能力、学科素养、核心价值”四层考查目标以及“基础性、综合性、应用性、创新性”四个方面（简称“四翼”）的考查要求，回答了高考“考什么”和“怎么考”的问题.

然而，在物理新课程教学改革的背景下，物理习题课教学似乎都被排除在课改之外，尤其是高三阶段的习题教学.当前普遍存在“高一高二改一改，高三继续搞题海”的现状.多数校长和老师认为，高一高二年级可以小打小闹，甚至能够大刀阔斧做一些改革尝试；但是高三是重点保护区，是传统教育“自留地”，任它东南西北风，我大高三物理教学自是岿然不动.

而实际上，如何优化高三阶段的物理习题教学，以适应课程和考试改革的新形势、新要求，培养符合要求的合格学生，才是每位物理教师必须认真对待的重要课题.高三复习紧张而单调，多以习题形式呈现，教与学的方式略显单一，这是长期存在的现状.如果将部分习题实验化，不仅可以激发学生学习的热情，而且更重要的是能使学生深刻体验出题情境，准确理解概念规律；从而提高学生的物理解题能力，培养学生的探索精神，提高学生的科学素养.

二、基于实践意识培养的思考

一般认为，习题教学引导的解决物理问题有如下的思维认知程式：

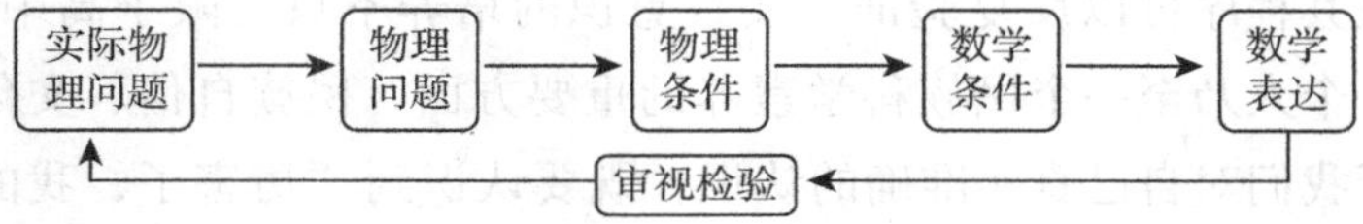

图 1－2－1

图中每一个箭头代表一个转化过程。实践表明，大量灵活的物理问题之所以灵活，就是因为关键的解题条件是隐藏的，是需要通过转化进行发掘的，并寻找到实现每一步转化中所需要的关键要素．因此把文字转化为情境对解题来说具有关键意义．怎样才能自觉地把文字转化为情境呢？这就需要增强学生的实践意识，以实现转化的自觉性．

本课题试图通过物理习题实验化培养学生的实践意识，以促进文字转化为情境的自觉性，最终提高学生的解题能力．

美国教育心理学家奥苏伯尔提出，接受学习和发现学习最主要的区别在于学生学习材料的来源不同．在接受学习中，要学习的主要内容已提供给学生，所以学生只需要把材料同化到认知结构中并予以保持，以便于以后的回忆和再认知．而发现学习中，学习的主要内容需要学生独立地发掘出来．发现学习过程的实质，就是将符号所代表的新知识与学习者认知结构中已有的适当观念建立非人为和实质性的联系．习题实验化教学尽管不否定接受学习的重要价值，但是当下的中学物理教学现状，允许我们给予“发现学习”“研究性学习”等学习和教学方式更多的偏爱和向往．

针对如何进行习题教学，教育部新课程标准研制组核心成员黄恕伯老师曾提出创设结合习题情境的物理实验的策略．将习题实验化，创设相关的物理实验进行演示，不仅有利于学生理解该情境中的物理知识，更有利于提高学生的解题能力和实践意识；不仅有利于解答实验类的物理题，对非实验类物理题的解答同样具有很大帮助．

高中物理学科核心素养的形成离不开实践意识的培养．物理观念的形成需要大量实践案例的积累，物理观念的应用需要结合实践情境．模型的建构和应用需要思考实践情境的特点，质疑和发现常常来自理性和实践的冲突．发现问题和提出问题往往来自对实践情境的观察．解释实际上是理论和实践的结合．科学结论最终要接受实践的检验．责任感主要体现在具体实践情境中的态度．

古希腊学者亚里士多德的“三段论”是思辨研究方法的具体运用．实践意识区别于大量用于社会科学研究的思辨方式，实践意识要求结论的得出依赖于

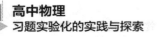

实验，并且其程序可以反复验证．实践意识的培养不只是限于高中物理学习，更是体现一个人乃至一个民族科学素养的重要方面．民族自信、文化自信源于实践，源于我们对自己真实准确的认识；既要认识到“厉害了，我的国!”，更要清醒地认识到我国科技在不同领域中与世界先进水平的差距。唯有如此，才能让我们国家发展得更加稳健．

关于学生的实践意识薄弱的现象，有一个典型的例子：学生普遍都知道“上北下南”，但不知道每天走的家门口的那条路是什么朝向，也不知道每天在教室里上课所坐的座位的朝向．学生可以很顺利地在试卷上答出地磁场对放置在东西向电流的安培力方向，但却不知道在教室里奥斯特实验的通电导线怎么放置时实验效果最佳．

通过习题实验化，试图提高学生的实践意识，增强学生将习题陈述与现实情景相联系的自觉性和可行性．

三、基于学生物理学习现状的思考

目前的高考仍然以笔纸考试为主要形式，虽然近年也有自主招生、综合评价和“三位一体”等不同录取模式的点缀．而笔纸考试暴露出物理学习普遍存在学生“一看就会、一听就懂、一做就错”的现象．北京陶昌宏老师对物理教学基本特征明确指出，物理教学必须坚持以创设问题情境为切入点，以观察实验为基础，以培养学生的思维能力为核心，以提升学生探究能力为重点．习题实验化的措施，就是在习题教学中创设物理问题情境的常用方法．通过师生共同完成实验情景创设可以提高学生的动手能力．

习题实验化实际上是运用所学的知识进行应用和创造性的学习，即是由以达成三维目标为目的的学习，走向以提升核心素养为目的的学习．习题实验化过程具有选题自由、情景丰富、注重合作和符合深度学习要求的基本要素，因而能够最大限度地提高学生学习物理的积极性．习题实验化实践可以搭建起物理原始问题和物理习题的桥梁，并促进学生对知识的有效迁移．

四、基于高考评价改革的思考

随着高考评价改革的不断推行，高考试题的特点呈现出一些新的变化，这也使得物理习题实验化成为必要．

先看下面的 2015 年全国各地高考物理试题的评价表．从表中可以看出，高考试题以联系生活和实际应用为共同特征．

表 1－2－1 高考物理试题评价表

试卷类型	试卷评析
北京	联系生活实际，体现科学方法
广东	重视基础概念理解，联系实际，生活气息浓厚
天津	突出命题与实际生活、与现代科技发展的紧密结合
上海	立足基础教材，考查应用能力
全国卷	注重情景化创设，关注生产生活

从下面的近几年全国卷物理试题的选材统计表可以看出高考命题的趋势：加强应用性，注重理论联系实际．

表 1－2－2 命题选材趋势表

素材类型	高考题选材				
生活类	2012 年 拖把	2013 年 公路转弯	2016 年 游泳池	2017 年 滴水计时	2018 年 烟花弹爆炸与高铁列车的运动
自然现象类	2014 年 行星冲日	2015 年 泥石流		2017 年 带电油滴运动	
体育类	2010 年 北京奥运会博尔特短跑	2014 年 极限跳伞	2015 年 乒乓球	2017 年 冰球运动员的运动	
科技类	2013 年 航母舰载机着舰	2015 年 卫星变轨与嫦娥三号登月	2016 年 质谱仪、同步卫星无线电通信	2017 年 扫描隧道显微镜	2018 年 引力波与双星运动

为了提高备考的有效性，如果能将习题实验化，显然是一个两全其美的做法，它既能提高学生的物理学习兴趣，又能真正提高复习效率．2016 年教育部考试中心提出的探索考试评价体系，也明确指出高考试题应具有基础性、应用性、综合性和创新性等特点．

2017 年版的《普通高中物理课程标准》中规定学生必做的实验增加为 21 个，而之前考试大纲要求的实验只有 14 个．高考命题具有增强探究性和开放性的趋势，高考试题将增加创新性实验的比例．物理试题的情景往往离不开实验，尤其是创新性实验；物理创新的实验为高考试题的探究性和开放性提供了可能的途径。可以预见，在今后的考试中得物理实验者得理想分，近创新物理实验者必得高分．

五、基于物理教学艺术的思考

物理教学是一门科学，更是一种艺术．成功的物理教学，本身就是一种艺术的创造．若没有很好地掌握这种艺术，物理课就显得呆板、生硬、味同嚼蜡，催人入眠；反之，若掌握了这种艺术，就可以使物理课满堂生辉，给学生带来激情和美的享受，从而激起学生高涨的学习热情．

通过习题实验化可以实现求真和尚美的统一．通过师生共同发掘，可以很好地展示物理知识中蕴含的丰富的“科学之美”．通过习题实验化，使学习从被动的大量练习从而求得某一结果的过程转变为运用这一结果作为基础从而实现自身创造性的自由历程．求真是尚美的基础，没有求真就没有尚美，因为美不是抽象、空洞的东西．物理教学缺乏审美能力和审美情趣的培养，就会使教与学的活动缺少活力，充满疲惫．物理教师如果不注意引导学生去观察、体验和欣赏，物理学就只是一堆事实和公式的堆砌，物理学习只会让学生望而却步.

通过习题实验化可以实现形象和抽象的交织．物理学是一门逻辑性很强的科学．严谨的表述、严密的体系和严格的推理验证，无不显现出这一特点．然而，物理学又是一门形象性很强的学科．瑰丽多彩的自然现象是物理学研究之源，生动直观的物理实验是物理学研究之本。可以说，缺少形象的物理学将不能称其为真正的物理学．通过高三阶段的习题实验化，学生既能通过逻辑推理步步设疑，又能在变幻的现象中想象到物理学的奥秘．

六、基于学科核心素养的思考

2017 年新课程标准提出了培养学科核心素养的课程目标．这既为习题实验化教学工作提供了理论支撑，又可作为该课题研究的行动指南．

学科核心素养是学科育人价值的集中体现，学生通过学科学习能够逐步形成正确的价值观念、必备的品格和关键的能力．物理学科核心素养主要包括“物理观念”“科学思维”“科学探究”和“科学态度与责任”四个方面．

1. 物理观念

“物理观念”是从物理学视角出发形成的关于物质、运动与相互作用、能量等的基本认识，是物理概念和规律等在头脑中的提炼与升华，是从物理学角度解释自然现象和解决实际问题的基础.

“物理观念”主要包括物质观念、运动与相互作用观念、能量观念等几个要素.

2. 科学思维

“科学思维”是从物理学角度对客观事物的本质属性、内在规律及相互关系的认识方式，是基于经验事实构建物理模型的抽象概括过程，是分析综合、推理论证等方法在科学领域内的具体运用，是基于实事证据和科学推理对不同观点和结论提出质疑和批判，然后进行检验和修正，进而提出创造性见解的能力和品格.

“科学思维”主要包括模型建构、科学推理、科学论证、质疑创新等几个要素.

3. 科学探究

“科学探究”是指基于观察和实验提出物理问题、形成猜想和假设、设计实验与制订方案、获取和处理信息、基于证据得出结论并做出解释，以及对科学探究过程和结果进行交流、评估和反思.

“科学探究”主要包括问题、证据、解释、交流等几个要素.

4. 科学态度与责任

“科学态度与责任”是指在认识科学本质，认识科学、技术、社会和环境关系的基础上，逐渐形成的探索自然的内在动力，严谨认真、实事求是和持之以恒的科学态度，以及遵守道德规范、保护环境并推动可持续发展的责任感.

“科学态度与责任”主要包括科学本质、科学态度和社会责任等几个要素.

简单理解可知，相比于其他学科，物理学科在提高学生的科学素养方面，将承担着更大的责任。它包括指导学生如何学科学、用科学和信科学等多个方面.

通过习题实验化教学，可以促进学生物理观念的形成，使学生学会在实验化活动中进行科学探究实践，从而提高学生的科学思维能力；同时让学生知道如何学科学、用科学和信科学，在实践活动中学会关心社会，从而形成服务社会的责任意识.

第三节　物理习题实验化的理论框架和基本流程

一、习题实验化的理论框架

基于以上研究背景，对习题实验化的理论进行溯本探源，初步形成了如下的理论框架．

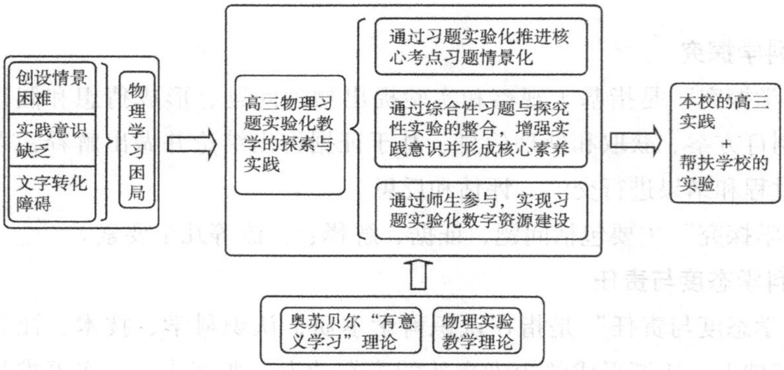

图 1－3－1

二、通过教学实践，初步探索出习题实验化的基本流程

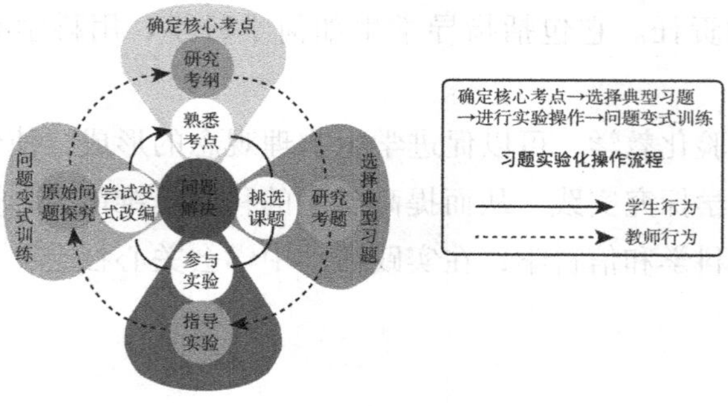

图 1－3－2

1. **核心考点的确定**

核心考点选择依据主要是考试大纲及其说明，以二级考点为基础.下表为《2018年普通高等学校招生全国统一考试大纲的说明》中所列的Ⅱ级考核目标的内容.

表 1-3-1　考核目标的内容表

必修模块物理 1		选修模块 3-1	
主题	内容	主题	内容
质点的直线运动	位移、速度和加速度	电场	库仑定律
	匀变速直线运动及其公式、图像		静电场
相互作用与牛顿运动定律	力的合成和分解		电场强度、点电荷的场强
	共点力的平衡		电势差
	牛顿运动定律及其应用		匀强电场中电势差和电场强度的关系
必修模块物理 2			带电粒子在匀强电场中的运动
主题	内容	电路	欧姆定律
曲线运动	运动的合成与分解		电源的电动势和内阻
抛体运动与圆周运动	抛体运动		闭合电路的欧姆定律
	匀速圆周运动的向心力	磁场	匀强磁场中的安培力
机械能	功和功率		洛仑兹力公式
	动能和动能定理		带电粒子在匀强磁场中的运动
	重力做功与重力势能	选修模块 3-2	
	功能关系、机械能守恒定律及其应用	主题	内容
万有引力定律	万有引力定律及其应用	电磁感应	法拉第电磁感应定律
	环绕速度		楞次定律
		交变电流	理想变压器
选修模块 3-4		选修模块 3-5	
主题	内容	主题	内容
机械振动与机械波	简谐运动的公式和图像	碰撞与动量守恒	动量、动量定理、动量守恒定律及其应用
	横波的图像	选修模块 3-3	
光	光的折射定律	主题	内容
		气体的性质	气体实验定律

2. 典型习题的选择

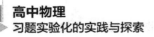

所选习题要尽量突出常见物理模型的构建，比如含有绳球、理想气体等模型的习题．所选习题应有助于培养学生的核心素养．选题时还要注意其典型性和学生的可接受性．一般考虑可否实现一题多解和一题多变，可否找到一些规律性的东西．

3. 习题实验化操作

习题实验化操作主要考虑可以完成的创新实验，既要考虑实验的可操作性，又要考虑实验的趣味性．在这个过程中，需要老师通过大量的创造性劳动，在保证不增加学生学习负担的前提下，引导学生积极参与．

4. 问题的变式训练

在实验和习题练习之后，要进行必要的变式训练．在一题多变和一题多解中培养学生思维的严密性，使学生形成完整的知识结构．在这个过程中，教师可以引导学生参与习题的改编和创新．尤其是对那些具有创新潜质和学科特长的学生而言，这一环节可以让他们得到充分自由的发展．

第四节 物理习题实验化的主要研究过程和方法

一、高三一轮复习中的习题实验化探索

高三一轮复习注重基础性，关注单个知识点的过关．避免过大的综合性，是课题组设置习题实验化课题时需要考虑的主要问题．一般情况下，需要老师提供可以选择的课题，而不是让学生自己定课题．当然，也要鼓励有思想、对高考考点有研究的同学自定课题．

我们在定课题时一般将课题划分为两种类型——“胖问题”和“瘦问题”。如“研究力的平行四边形定则”定义为“瘦问题”，因为这样的课题名称显得干巴巴，容易让学生望而生畏．同样是研究平行四边形定则的问题，但我们将其改为“听话的绳子”，这样课题一下子变得生动活泼具有生活气息，学生也会对问题产生研究的欲望．基于以上考虑，课题组将给定部分可供选择的课题进行研究．

课题，可以涉及一个知识点，可以只是针对一个计算题，也可以针对一个选择题，甚至是一个选择题的选项．更多的是要从概念规律理解的角度选择课题．一轮复习应尽量避免选择综合性过大的试题以及相关实验．

课题应按章节模块将任务划分给班级的各个物理小组，以便于开发习题和课外资料中的有趣实验．期初，由老师将需要或可能有必要进行实验化的课题进行汇总以供各班小组同学选择．取材和操作方便的实验可要求课堂上分小组展示；如果受实验条件限制的话，可以在课前做好实验，课堂进行视频展示．

表 1－4－1　一轮复习力学习题实验化选题表

序号	名称（胖问题）	内容（瘦问题）
1	将玻璃瓶挤扁	弹力产生的条件
2	如何巧取瓶塞	摩擦力存在的条件
3	听话的绳子	平行四边形定则
4	推不动的桌子	摩擦角及自锁
5	一指断钢丝	力的合成与分解
6	哪里不夹手	隔离法分析牛顿第二定律
7	水流星	圆周运动规律
8	砸烂你的瓶子	机械能守恒

力学习题的实验化探索，在培养学生“物质观念”和“力与运动观念”等方面起到了积极的作用．

表 1－4－2　一轮复习电学习题实验化选题表

序号	名称（胖问题）	内容（瘦问题）
1	静电乒乓	电场力
2	静电风车	尖端放电
3	简单电动机	安培力
4	磁体在铜管中的漫游	电磁感应
5	隔空发力	电磁阻尼和电磁驱动
6	跳环实验	电磁感应

电学习题实验化探索，在促进学生“物质观念”和“能量观念”的形成过程中发挥了积极的作用．

二、高三二轮复习中的习题实验化探索

高三二轮复习中的习题实验化，可以提高备考效率，主要目的侧重于提高学生的综合分析能力．

开始前，可预先假定该课题有利于提高高三备考中的复习效率．实施过程中通过对比评估课题在高三复习和学生能力培养等方面的效果．

表 1－4－3　二轮复习的综合性习题实验化选题表

序号	名称	内容	情景
1	拉力变化（静力学经典题型，掌握平行四边形定则）	2014 年重庆	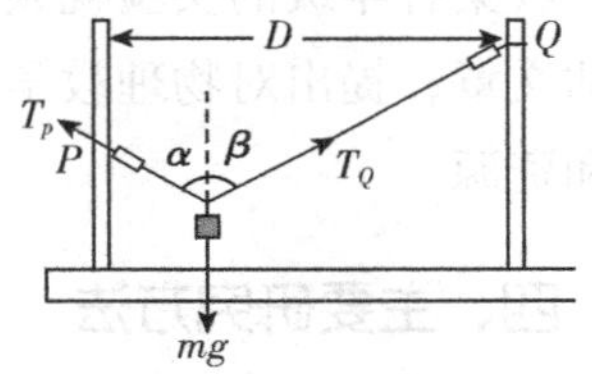
2	拖把问题（牛顿第二定律综合问题）	2012 全国新课标卷；2013 高考山东理综第 22 题	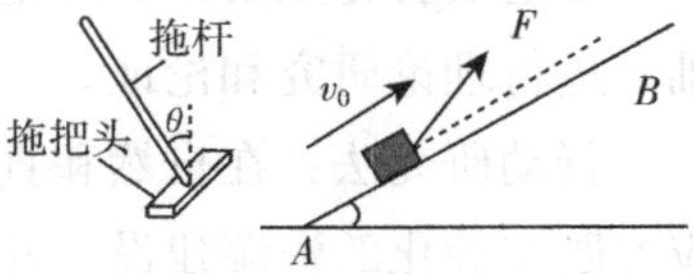
3	动量与碰撞经典题型（解决碰撞的电灯泡问题，并学会迁移）	2014 年全国卷 I	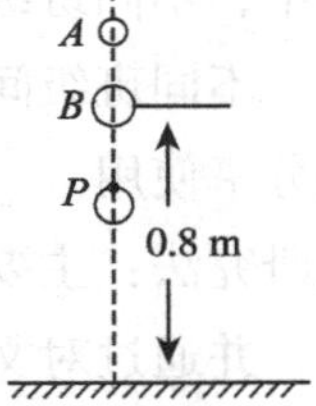
4	环形洛仑兹力演示仪（霍尔效应、磁流体发电、电磁驱动综合问题）	2014 · 福建卷 I	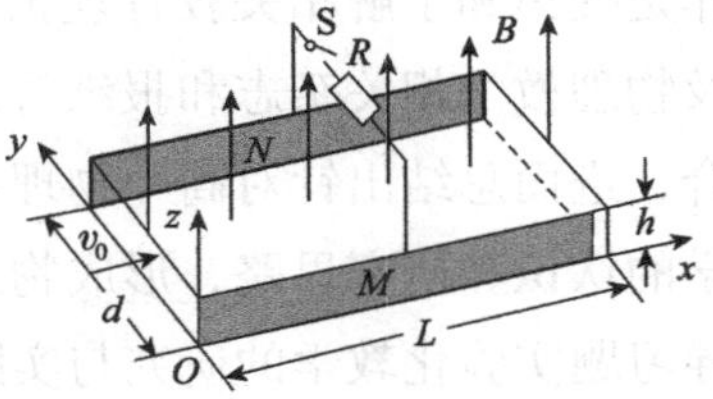
5	电流互感器的使用（有关变压器的综合问题）	2005 年广东	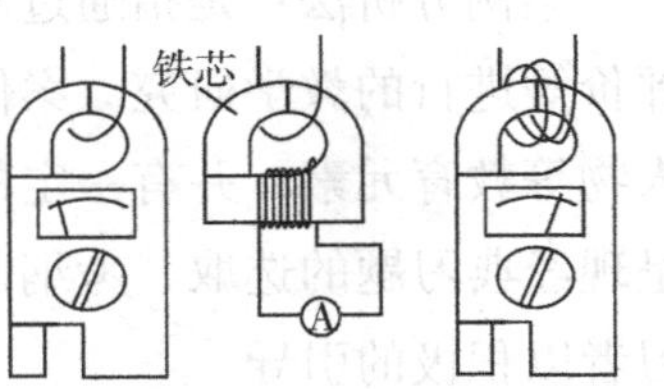
6	电磁感应综合问题（源、路、力、能综合解决电磁感应问题）	2014 年广东	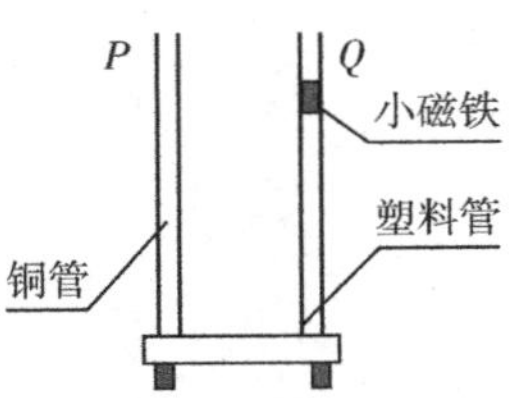

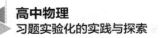

三、习题实验化资源的（视频、音频、论文）开发和利用

收集各年级的实验视频和音频资料、论文以及对习题实验化课题的总结和评估文章；提出对物理教学有促进作用的方法，并提供可供下届学生使用的资料和资源.

四、主要研究方法

习题实验化主要采取理论探讨和实践总结相结合的研究方法，以实践为基础，进行理论研究和论证.

行动研究法：在自然和真实的教育环境中，随着教学进度的推进，完成相应习题实验化的资源建设，并将此直接应用于习题教学实践. 尤其是在高三年级的研究中，不同班级的研究成果交叉使用，使得研究过程中同一班级的不同小组同学、不同班级间共享已经完成的实验；研究成果也能够在本班、本届学生中直接分享使用.

文献研究法：主要是指根据所研究的教育教学问题的需要，搜集、分类、梳理文献，并通过对文献的演绎形成对事实的科学鉴别、辨析和判断. 主要工作是搜集和了解相关教育理论，其包括心理学、物理教育学、认知结构理论以及物理教学相关杂志和报纸等理论著述。然后对其进行分析、分类、整理和综合，进而总结出针对高中物理习题教学的相关理论以及支撑物理习题实验化教学的认识和研究思路，形成物理习题实验化的操作流程和理论框架，并用于指导习题实验化教学的研究与实践.

案例分析法：是指通过对相关教学事件的记录、分析与研究，结合反思与评价等进行的教学研究. 案例呈现出一个个生动有趣的论题，包含时间、地点、人物等教育元素，并有一定的结构. 习题实验化的实践选用大量的案例，真实呈现经典习题的选取、考纲的研读以及实验操作等鲜活的操作流程示范，给学习者以积极的引导.

第五节　物理习题实验化的研究成果和研究反思

一、成果应用对高三物理教学的促进作用

物理习题的实验化不同于考纲实验，虽同样具有趣味性，但更重要的是实验背后的问题的提出和解决。因此习题实验化有利于学生对物理概念规律的理解，有利于促进学生由文字向情景的转化，有利于提高学生的解题能力．在实施后的抽样问卷调查中，学生普遍反映出因为喜欢“习题实验化”的教学模式，从而更喜欢物理学习．在物理习题实验化教学实践的三年中，学校高三物理教学成绩整体上稳中有升．

表 1－5－1　物理教学成绩统计

理综三科校均分的市相对排名	2015 年深圳一模	2015 年深圳二模	2016 年深圳一模	2016 年深圳二模	2017 年深圳一模	2018 年高考
物理	2	1	2	1	1	2
化学	3	2	1	2	3	1
生物	1	3	3	3	2	3

二、成果应用对教师成长的推动作用

习题实验化活动的开展，在主观设计和客观实际上，带动了物理学科组的教学研究风气，尤其体现在教师动手能力的提高和动手习惯的养成等方面．一大批青年教师通过切磋探讨，既带动了教学成绩的上升，又推动了个人业务和能力的提高．近年来，已有一批年轻老师在各类大赛中崭露头角，摘金夺银，在教学实践中真正实现了教师的社会价值．

表 1 –5 –2　研究期间课题组相关老师获奖一览表

序号	获奖名称	获奖者姓名	授奖部门
1	2016 年第 31 届科技创新大赛全国银奖	黄正玉	教育部、科技部
2	2016 年深圳市实验设计说课比赛一等奖	张付雷	深圳市教育局
3	深圳市教学技能大赛二等奖	汤凯	深圳市教育局
4	广东省第 31 届科技创新大赛一等奖	黄正玉	广东省科协 广东省教育厅
5	第 31 届深圳市科技创新大赛一等奖	黄正玉	深圳市科协
6	第八届自制教具大赛二等奖	李尧玉、黄正玉	深圳市教育局
7	深圳市第四届青年物理教师教学技能比赛	孙美琪	深圳市教育局
8	2017 年第 32 届科技创新大赛发明类深圳市一等奖	黄正玉	深圳市科协 深圳市教育局
9	第 32 届科技创新大赛科技方案类深圳市二等奖	黄正玉	深圳市科协 深圳市教育局
9	2016 年第六届全国实验创新设计说课比赛全国二等奖	汤凯	全国教育装备协会
10	第三届国际青少年创新设计大赛中国区复赛，挑战 D 智趣类——无碳小车荣获一等奖，获得“优秀辅导教师”称号	程建生	国际青少年创新设计大赛组委会
11	一种环形洛仑兹力演示仪	黄正玉、黄珏	国家专利局实用新型专利
12	高中物理实验教学方法策略与案例研究	黄正玉	广东高等教育出版社著作
13	物理习题实验化的实践与探索	黄正玉	深圳市教育学会：“十二五”规划课题
14	基于经典习题的创新实验活动	黄正玉	2017 年深圳市中小学好课程优化项目
15	看得见的多普勒效应	方杰、黄正玉	中国教育学会物理教学委员会 2017 年会

三、实践成果形成一定的影响力

围绕习题实验化的探索和实践成果，课题组分别在深圳市2016届、2017届高考备考研讨会上做过三次发言．2016年，在第八届全国物理特级教师大会上被推荐发言，受到了与会老师们的普遍好评．2017年应邀参加中国教育学会物理教学委员会年会科学晚会创新展示．

利用互联网+的优势，在“深圳物理”公众教研群中，发布共享实验视频和图像资料，受到全市老师的热捧和好评．在土豆视频网站创建物理习题实验化专辑，便于全国老师的交流和下载．

在对口帮扶学校深圳展华学校，先后由黄正玉、田清茹老师就《习题实验化的实践》做报告和示范，并对2017届高三年级引进和实施了习题实验化教学试验．试验过程中，学生学习积极性普遍得到提高，在2017年深圳市模拟考试中，物理成绩也有了一定的提高．

课题组主持人黄正玉先后获得“深圳市物理教学研究突出贡献奖”“深圳市优秀科技辅导员”“深圳市高考备考优秀个人”等称号．2016年在深圳市教师继续教育课程申报工作中，课题组组长黄正玉老师申报的《高三物理习题实验化教学案例分析》获得市教育局审批通过，为研究成果进一步在更大范围内推广提供了更大的平台．《基于经典习题的物理创新实验活动》好课程的申报获得教科院审批通过，并正在创建特色好课程．2018年受聘于广东省名师工作室任技术专家，同时受聘于《中学物理教学参考》杂志担任特约编辑．

在整个研究和试验过程中，得到了人教社课程专家黄恕伯老师的支持，黄老师来信肯定了课题组的研究方向，并鼓励继续深入研究，在具体研究过程中不断给予专业方面的积极建议．省教研员姚跃涌对课题组进行了专业指导，并将课题组阶段性成果收录到特级教师陈汉光编写的《高中物理实验教学方法策略与案例研究》一书中，并作为中学物理教师教学能力发展系列丛书，于2016年由广东高等教育出版社出版．期间，深圳市教科院黄积才研究员、物理教研员汤幸初、姚中化也先后提出了许多建设性的宝贵意见．

2014年高考，考前三天的自制实验——铜管中的电磁感应与高考题完全相同，相关事件被南方都市报、深圳教育网、腾讯网、晶报、FM126.0广播等几十家媒体竞相报道．

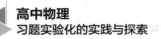

四、习题实验化教学可以让习题教学多样化

习题实验化教学让学生从实验的设计和探究中寻找快乐，对疑难问题产生触类旁通的顿悟效应．习题实验化教学实施的关键之处不仅仅在于多了几个演示实验，而是根据教学需要通过实验来真正体现“实践是检验真理的唯一标准”．同时，通过大量的、学生全员参与其中的互动式、探究式和验证式实验，使课堂中多了一些质疑，学生多了一点展示，也实现了教学方式和学习方式的多样化．

在实践过程中，我们发现在如何做好前期动员工作和激发学生的积极性等方面还需要进一步探索．此外，对老师的培训和额外工作量的增加，也是试验中需要解决的现实问题．

第六节　物理习题实验化的主要成果目录

一、数字资料目录（约1G实验视频和图片）

右侧二维码为相关学习资料，优酷视频地址：http://i.youku.com/i/UMTczMzg1MDg0？spm = a2hzp.8244740.0.0 更多创新实验视频也在微信公众号不断更新，左侧为“芯叩此黄”公众号二维码.

序号	名称	相关教材	负责人
1	铜管中的电磁感应	选修3－2	黄正玉
2	小球在圆弧底部压力的大小	必修2	黄正玉
3	力的合成中的菱形（分力不变演示器）/听话的绳子	必修1	黄正玉/余旭东（学生）/赖伟鉴（学生）
4	圆弧轨道通过最高点的速度关系	必修2	杨小林
5	电梯中的超失重	必修1	朱艳旭
6	电磁感应中的跳环实验	选修3－2	杨建庆
7	一指断钢丝	必修1	汤凯
8	摇绳切割地磁场发电	选修3－2	邓书
9	网球篮球弹弓效应	选修3－5	梁文平/陈逸飞（学生）
10	洛仑兹力演示器（实用新型专利）	选修3－1	黄正玉

续 表

序号	名称	相关教材	负责人
11	彩虹圈中的牛顿第二定律	必修 1	黄正玉
12	磁力刹车	选修 3－2	郑景华
13	曲线运动的速度方向的研究	必修 2	田清茹/邱玉山（学生）
14	碰撞中的电灯泡理论	选修 3－5	梁文平
15	斜抛物体的运动的研究	必修 2	黄正玉
16	钳表演示电流互感器	选修 3－2	梁文平
17	摩擦力巧取瓶塞	必修 1	冯雅琦
18	砸烂你的鼻子	必修 2	涂星火/张伟伟（学生）
19	鸡蛋烧瓶	选修 3－3	李尧玉
20	自制电动机	选修 3－1	鲁小东/欧春贤（学生）
21	小车惯性的研究	必修 1	鲁小东
22	电容器充电规律的研究	选修 3－1	张付雷
23	磁场对电流的作用力的研究	选修 3－1	汤凯
24	神奇的魔术小球	必修 1	程建生

二、研究期间教师发表相关论文一览表

序号	成果形式	名称	作者	刊物名称
1	论文	物理习题实验化的案例分析	黄正玉	2014 年 12 月中学物理教学参考（北大核心）
2	论文	物理习题实验化的案例分析（续）	黄正玉	2016 年 5 月物理教师（北大核心）
3	论文	洛仑兹力演示器的自制	黄正玉	中学物理教学参考（北大核心）
4	论文	钳表演示电流互感器的实验研究	黄正玉、姚力涛（学生）	物理教师（北大核心）

续表

序号	成果形式	名称	作者	刊物名称
5	论文	欧姆表读数教学探骊	黄正玉	2015 物理教学探讨
6	报告	实验习题化与习题实验化——高三实验备考策略谈	黄正玉	2016 届、2017 届深圳市高三备考研讨会推广发言
7	报告	习题实验化的探索与实践	黄正玉	第 8 届全国物理特级教师大会发言 2016. 6
8	论文	一种环形洛仑兹力演示器的制作	黄正玉 黄珏	物理教师（北大核心）2017. 2
9	论文	物理习题实验化的设计原则	黄正玉	物理教师（北大核心）2018. 4

参考文献

[1] 陶昌宏. 物理教学的基本特征 [J]. 物理教学，2008 (12).
[2] 黄恕伯. 高中物理例题讲解策略 [J]. 中学物理教学参考，2011 (8).
[3] 邢红军. 物理教学论 [M]. 北京：北京大学出版社，2015.
[4] 姜钢. 探索构建高考评价体系，全方位推进高考内容改革 [N]. 中国教育报，2016.
[5] 乔际平. 中学物理习题教学研究 [M]. 北京：北京师范学院出版社，1993.
[6] 许冉冉，胡扬洋，邢红军. 我国物理习题教学思想的回顾与反思 [J]. 北京教育学院学报（自然科学版），2016 (03).

2

第二章
物理习题实验化教学的理论研究

哥德尔不完备定理告诉我们，在一个没有矛盾的公理体系内，总有一些命题是说不清楚对错的．因而一个理论体系要证明自身的合理性，就必须借助另一个比它更加完备的，或者说更加强大的理论．

本章主要采用理论联系实际的方法，借鉴以往的教育教学研究和改革实践，基于高中物理新课程标准，依据先进的教育理论与理念，试图寻找出习题实验化的理论依据，为“物理习题实验化”实践工作提供理论支撑．

第一节 物理习题实验化的学习理论基础

一、知识的掌握

知识掌握是指个体科学文化知识的形成过程，也即个体运用已有的知识同化和理解新知识，使其在头脑中得到表征并用于解决有关问题的过程．

广义的知识从总体上可以分为两类，即陈述性知识和程序性知识．陈述性知识，用于回答是什么的问题，如“匀速圆周运动的特点是什么”．程序性知识用于回答“怎么办”的问题，如“求重力和支持力的合力”．随着“一点四层四翼”高考评价体系的形成，为了选拔和培养符合新时代发展要求的人才，目前高中物理高考题中大多数题目属于对程序性知识的考核．高中物理程序性知识是一个知识系统，教学过程往往较长，而且要符合学生的认知规律，教学才能更高效．利用习题实验化的方式，通过创设情境让学生感知、探究、认知和练习，最终形成综合能力．

奥苏伯尔关注的是有意义材料的学习问题．根据其研究成果，将知识的学习分为三种类型：表征学习、概念学习和命题学习．

1. 表征学习

表征学习是学习单个符号或一组符号的意义，或者说学习代表什么．表征学习的主要内容是词汇学习，即学习单词代表什么．学习的心理机制，是符号和它们所代表的事物或观念在学习者认知结构中建立的相应的关系．例如，“桌子”这个符号，对初生儿童是完全无意义的，在儿童多次看到桌子的过程中，儿童的长辈或其他年长儿童多次指着桌子（实物）说“桌子”，儿童逐渐学会用“桌子”（语音）代表他们实际见到的桌子．我们说“桌子”这个声音符号对某个儿童来说获得了意义，也就是说，“桌子”这个声音符号引起的认知内容和实际的桌子所引起的认知内容是大致相同的，同为桌子的表象．

2. 概念学习

有意义学习的另一类较高级的形式叫概念学习．概念学习，实质上是掌握同类事物的共同的关键特征．例如，学习“匀速圆周运动”这一概念，就是“速率不变”和“轨迹是圆形”这两个共同的关键特征，而与运动的物体的大小、形状、颜色等特征无关，如果“匀速圆周运动”这个符号对某一个学习者来说，已经具有这种一般的意义，那么它就成了一个概念，即成了代表概念的名词．同类事物的关键特征可以由学习者从大量的同类事物的不同例证中独立发现，这种获得概念的方式叫概念形成，也可以用定义的方式直接向学习者呈现，学习者利用认知结构中原有的有关概念理解新概念，这种获得概念的方式叫概念同化．

3. **命题学习**

有意义学习的第三种类型是命题学习．命题是以句子的形式表达的，可以分为两类：一类是非概括性命题，只表示两个以上的特殊事物之间的关系，如“平抛运动是一种匀变速运动”．这个句子里的“平抛运动”代表一种典型的运动，“匀变速运动”也是一种特殊运动的分类名称．这个命题只陈述了一个具体事实．另一类命题表示若干事物或性质之间的关系，这类命题叫概括性陈述，是若干概念之间的关系，如“匀变速直线运动的速度大小等于位移与时间的比值”．这里的“速度”“位移”和“时间”可以代表任何一个匀变速直线运动的速度、位移及其时间，这里的比值关系是普遍的关系．在命题学习中，也包含了表征学习．如果学生对一个命题中的有关概念没有掌握清楚，他就不可能真正理解这一命题．命题学习必须以概念学习为前提．如果没有时间和位移概念的学习，就无法进行速度概念的教学．

二、技能的习得

技能是指学习者在特定目标指引下，通过练习而逐渐熟练掌握的对已有的知识经验加以运用的操作程序．

按照技能的性质和特点，可以把技能分为动作技能和心智技能．

克伦巴赫认为，动作技能是习得的，能相当精确地执行且对其组成的动作很少或不需要有意识地注意的一种操作．

心智技能是借助于内部言语在头脑中进行的智力活动方式，包含感知、记忆、抽象和思维等认知因素，其中抽象思维因素占据着最重要的地位．

我国心理学家冯忠良提出了心智技能形成的三阶段学说，即原型定向、原型操作和原型内化．

（1）原型定向阶段中的原型即事物的原样，心智活动也有其外化的物质原型，即实际操作活动的程序和实践模式．原型定向，即了解这种实践模式的动作结构，各动作成分及其顺序等．该阶段学员主要是在头脑中形成程序性知识．通过原型定向，学员在头脑中形成了有关活动方式的定向映象，而这种定向映象一旦建立，它就可以调节以后的实际心智活动，这同时也是心智活动得以产生的基础．

（2）原型操作阶段中的原型操作即根据心智活动的实践模式，把头脑中建立起来的动作程序以外显的方式付诸实施．在该阶段中，活动方式是物质化的，即以外部语言、外显的动作，按照活动模式一步步展开执行．

学员在该阶段的活动是展开的、外显的，并经常需要借助于外部言语的引导和外部辅助手段．学员在该阶段尚不能摆脱实践模式，而是依赖于实践模式进行活动．

（3）原型内化阶段中的原型内化即心智活动的实践模式向头脑内部转化，借助于内部言语，学员可以在头脑内部进行程序化的心智活动，而且能够以非常简缩快速的形式进行．

不管是动作技能还是心智技能，其形成均需要科学练习．而如何练习成了高中物理教学中最迫切的、最值得探讨和实践的现实问题．

物理习题大多是对心智技能的考核，因而物理习题的解答大多属于智力活动．黄恕伯老师提出技能训练要达到“下意识”的效果，需要建立条件反射，每一次动作的重复，都有利于两系统（中枢）之间建立直接联系，形成条件反射，但它不需要经过大脑的逻辑盘点．因此动作技能训练需要“大运动量”．

然而，学生解答题目是一种智力活动，其技能因素只占各解题因素中的一小部分，解决问题主要是依靠理解、应用、分析等心理行为，这些能力并不依靠条件反射形成，需要学生深入思考并加以总结归纳．大运动量机械训练，将对这些能力的发展造成冲击，使学生思维钝化，从而难以形成良好的解题习惯．黄恕伯老师还开创性地提出心智技能达成度和训练量的非线性曲线，如图2－2－1所示．从曲线可以看出，物理练习不能靠“大运动量”达成目标，而是需要“合适的训练量”．

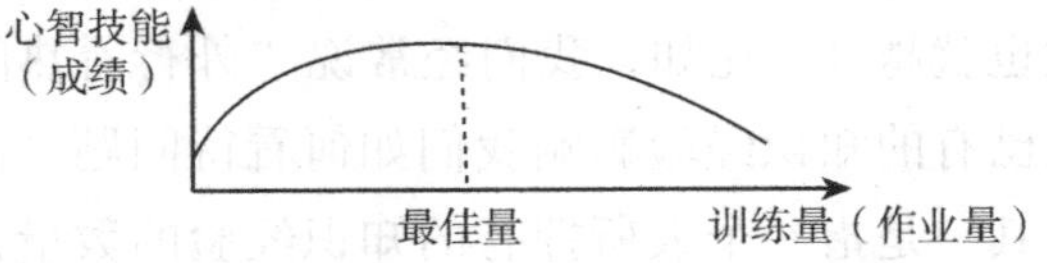

图2－1－1

研究表明，为了达成技能训练成绩最大化，练习要适量适度、循序渐进．练习量太少，不足以使智能活动达到自动化．练习量太多，由于练习曲线有高原期，会使学生事倍功半，“练而无功”甚至还会产生有害影响，从而给练习带来负面影响．因此，要提倡适量．适度是练习要从易到难、从简单到复杂地进行，练习要适应学生的认知发展水平．只有当学生通过练习对基本知识达到熟练掌握的程度，获得成功的喜悦感和价值感后，学生练习难题的条件才真正成熟，才会更有信心地进行练习．同时，对心智技能的训练在训练方式上也提出了新的挑战，习题实验化就是为满足心智技能训练方式多样化的要求而产生的．

三、问题的解决

问题是指在目标明确的情况下却不知道达到目标的途径或手段．运用自己的已有知识去成功地寻找目标的手段或途径，这一过程就是问题解决．问题形式千差万别，但具有基本成分：第一，给定：一组已知的有关问题条件的描述，即问题的起始状态；第二，目标：有关构成问题的描述，即问题要求的答案或目标状态，问题解决就是把问题的给定状态转化成目标状态；第三，障碍：正确的解决方法不是直接的、显而易见的，必须通过一定的思维活动才能找到答案，从而达到目标状态．如果没有障碍，问题解决实质上就成了回忆，而不是真正的思维过程．

影响问题解决的因素有很多，主要有以下几个方面．

1. 问题的特征

个体解决有关问题时，常常受到问题的类型、呈现的方式等因素的影响．比如：我们给学生讲完“电磁感应中感应电流的产生条件”后，如果我们只是简单地提问产生感应电流的条件是哪些？同学们会比较容易地回答出来．如果我们出一组关于不同情境下是否产生感应电流的判断题，学生可能就不会轻易地得出结果．这就是我们常说的问题的特征影响着我们问题的解决．

2. 已有的知识经验

已有经验的质与量都影响着问题的解决，与问题解决有关的经验越多，解决该问题的可能性也就越大．比如，我们经常说“外行看热闹，内行看门道”，说的就是我们个人已有的知识经验影响我们如何看待问题．已有的知识经验通常包含两层含义，其一是指一个人所拥有的知识经验的数量，其二是指一个人所拥有的知识经验的质量，即在实践活动中积累起来的知识经验．习题实验化就是尝试在练习中积累实践经验的过程．

3. 定势与功能固着

定势影响问题解决．功能固着也可以看作是一种定势，即从物体正常功能的角度来考虑问题的定势．当在某种情形下需要利用物体的某一潜在功能来解决问题时，功能固着可能起到阻碍的作用．定势就是我们说的思维定势，如果这个问题与我们之前接触的问题相似，那么定势就可促进问题的解决，如果新问题与原来问题大相径庭，定势就会阻碍问题的解决．功能固着是说我们对事物某个功能有了了解以后，往往忽视了事物的其他功能．比如，我们都熟悉磁铁多数是长条形的，其左右两端就是两个磁极，但是我们不容易想到磁铁两极可以出现在条形物体的两个侧面，比如说上下两个表面，这就是功能固着．习题实验化中的变式训练，就是既要发挥学习过程中积极的固着功能，又要防止消极的思维定势．

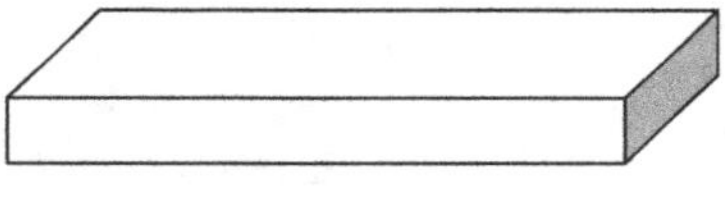

图 2－1－2

4. 问题情境

问题情境是个体面临的刺激模式与其已有知识结构所形成的差异．一般而言，如果呈现问题的刺激模式能直接提供适用于解决问题的线索，就有利于找到解决问题的方向、途径和方法；反之，如果呈现问题的刺激模式掩蔽或干扰了问题解决的线索，就会增大解决问题的困难．在学习和日常生活中，也经常出现本来是简单而熟悉的问题，由于问题呈现的方式有了改变，出现干扰或阻碍问题解决的情况．习题实验化可以更好地创设问题的情景，促进学生从文字表述向真实情景的转化．

第二节　物理习题实验化的几个核心概念

一、物理习题

习题就是一门课程或者一部教材为学生或读者提供的，可供练习和实践的具有已知答案的问题．在学校教育中，习题也常常指用作教学练习用的题目．物理习题当然就是指物理学习中用于帮助理解物理概念和规律而进行的练习题目．

二、物理习题教学

我国关于物理习题教学的研究很少出现在师范院校正规教育心理学的教材中．文献可查的具有代表性的有两个，一本是闫金铎主编的《中学物理教材教法》，一本是北京师范大学乔际平教授的《物理习题教学研究》．

1. 闫金铎《中学物理教材教法》对物理练习教学的看法

闫金铎先生在书中将物理习题教学称为物理练习教学，两者本质完全相同．

物理练习，是指在理解物理教学内容的基础上，或以讨论解答、书面解答，或以实际操作等形式，反复地完成一定的作业．这是知识运用的一种方式，它既是检验学生对知识理解和巩固程度的一种手段，又是使学生加深理解、巩固知识、提高运用能力的一种措施，同时也是掌握物理知识、发展能力过程中不可缺少的一个阶段．

学习物理，必须要做物理练习．概括地讲，练习的主要目的是：①巩固、深化、活化物理学的基础知识和实验技能；②教给学生解题的思路与方法，提高运用知识分析问题和解决问题的能力．同时，通过练习教学还可以随时得到学生情况的反馈信息，以利于调整教学程序和教学方法，从而收到更好的教学效果．

闫金铎先生提出，本书贯彻的教学思想是：教好中学物理和学好中学物理，应遵循“一观察、实验，二思维，三运用”的认识过程，使学生亲自动手、动脑从而完成认识上的两个飞跃．在教学过程中，要把培养能力放在首位，使学生在掌握知识的同时掌握方法，从而提高能力．

物理练习是复习、巩固所学知识的有效手段之一，应当贯穿在整个物理教学过程的各个阶段．

物理练习教学，不应片面地追求练习的数量，而应当根据教学的需要，针对学生存在的问题，比如有的学生不善于从物理概念出发，而凭主观经验或想当然猜测，不重视物理过程分析，忽视物理规律的适用条件等等．通过练习，纠正其错误认识，加深其对知识的理解，提高他们运用知识解释说明现象、分析问题和解决问题的能力．

闫金铎先生还提出了练习教学的方法和目标：

（1）通过练习教学，纠正学生的错误认识，加深他们对物理基本概念和规律的理解．

（2）通过练习教学，一定要使学生养成科学地分析问题的习惯，在具体分析时，要做到有依据，明道理．

总之，物理练习教学的目的是巩固、深化、活化物理基本概念和基本规律，提高运用知识、技能、方法来分析问题和解决问题的能力．

我国目前对习题教学的研究普遍存在两种不正确的看法．其一是受“题海战术”的影响，似乎认为习题教学就是搞题海战术．似乎只要一谈到习题教学，便是与素质教育为敌．行动上可以接受一切用于提高分数的习题教学形式，但不允许理论上为习题教学站边，否则就是为题海战术摇旗呐喊．其二是误认为习题教学就是问题解决，将物理问题和物理习题混为一谈．

2. 乔际平先生的物理习题教学理论

20 世纪 70、80 年代，老一辈物理教育工作者对物理习题教学的研究始于对违反教学规律的诸多现象的反思．1980 年，乔际平先生指出：“当前中学物理教学中……只抓了一个运用数学解决物理习题的能力，而培养学生的解题能力的目的仅在于应付高考．”习题教学的目的在于“巩固和加深课内所学的知识，提高学生灵活运用物理知识的能力”．进而，他提出了“少则得，多则惑”的思想．这是早期对物理习题教学作用的反思．这一思想从物理知识教学入手探讨习题的作用，提出了一种知识教学与习题教学之间主次关系的主张，对当时的物理教学具有重要的启示作用．

在《中学物理习题教学研究》（1993 年版）中，对物理习题教学给出了一个明确的定义，物理习题教学是指以解答物理习题为主要形式的一切课堂内外

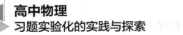

教与学的活动．它包括解答物理习题的课内练习、课外练习、习题课、课堂测验等教学活动．有人认为习题教学就是上习题课，这是一种片面的理解．如果我们能把对教学活动主体的认识从教师的教转移到学生的学上来，我们自然就会把学生课外独立的解题活动看作物理习题教学的一种重要形式．

在习题教学的地位方面，乔际平先生认为习题教学是巩固概念和规律的重要环节．但是概念、规律的教学才是整个物理教学的核心．学习物理最重要的就是要掌握由基本概念、规律组成的物理知识基本结构．因此，用来巩固概念、规律的习题教学必须为概念、规律的教学服务，也称为概念、规律教学的补充和延伸．我们这样去认识习题教学的重要地位，就不会因过分抬高其地位而把物理习题教学同概念和规律教学、实验教学等量齐观地并列为物理教学的“三大支柱”．

从上述论述中可以看出，从20世纪90年代起，我国已经将物理习题教学研究纳入到物理教学研究的基本体系．

3. 黄恕伯老师对新课标下习题教学目标的阐述

（1）知识与技能．物理概念、规律及其应用通常是高中物理课程习题讲练的重要内容，这是毫无疑问的．

根据高中物理《课程标准》的要求，了解物理学的基本观点和思想，了解物理学的发展历程，关注科学技术的主要成就和发展趋势，了解物理学对经济与社会发展的影响，运用有关的物理知识解释自然现象和生活中的问题，这都是课程标准所要求的知识目标，它们都应该包括在习题讲练的内容之中．

基本技能的练习，应该从提高学生科学素养的视角来实施，而不是让学生呆板地进行某种技能的训练，因为随着社会和科学的进步，技能的内容也在与时俱进．

（2）过程与方法．“方法”通常是指解决某一类问题的做法和步骤，它来源于对各种个例共性的抽象．对于解题方法，当前高中物理教学中比较流行的做法是“方法概述＋应用举例”．即先用准确、概括的语言介绍某种方法的意义和步骤，然后用具体的例子来说明它，再用相似的练习题来巩固它．这种做法的基本特征是“记住”和“套用”，其教学效果值得怀疑．

习题教学中应清醒认识以下几点：学生对某一方法的建立需要有具体的感性认识作为基础，而不是来自于抽象的条文．解决某类问题的方法，需要通过对该类个例的共性进行抽象得出，而不是一个问题一种方法．方法的掌握，贵在能自觉运用，它需要通过不断渗透以形成科学的思维习惯来达到，而不是机械地灌输．方法的掌握，需要把它灵活运用于新的情景，以对其巩固和加深理解，并拓展其含义．

简单概括，物理习题教学中，学生应该经历如下过程：

个例渗透→抽象概括→运用巩固→拓展提高

（3）态度、精神和习惯．习题教学首先是培养严谨和实事求是的态度，然后是养成具体问题具体分析的习惯．黄恕伯老师认为，帮助学生养成正确的审题习惯是习题教学的重要目标．

实际上，从我国物理教学大纲的演变可以发现，我国对物理课程教学目标经历了知识→能力→实践→素养的路线图．从以上学者对物理习题教学的研究历程可以看出，人们对物理习题教学的态度和观点，和我国对物理课程目标的认识演变过程是一致的．具体地讲，就是在20世纪70－80年代，物理教学最重要的目标之一就是掌握知识，所以习题教学的任务就是要有利于学生对知识的掌握．20世纪90年代，物理教学目标偏重于学生能力的培养，因而自然而然地就有了物理习题教学目标应该有利于思维方式和学生能力的培养．到21世纪，物理教学目标强调过程与方法以及学科素养的培养，因而物理习题教学理应承担着实践意识培养和科学素养达成之任务．

三、物理习题教学及其研究现状

研究物理教材的改革历史，不难发现，原来采用物理甲种本时，高三上半年还要上一段时间的新授课，而发展到现在，高三阶段全部用于复习，其中绝大多数是习题课教学．因而可以说，物理习题教学在日常教学中所占比重越来越大，然而物理习题教学的研究却一直滞后，很长时间以来，物理教学理论中并没有物理习题教学的篇章，其地位和重要性更无法和物理概念教学、物理规律教学相提并论，与物理习题教学相近的理论就是问题解决的理论．

首都师范大学邢红军教授和胡杨洋博士在《我国物理习题教学思想的回顾与反思》一文中指出，当前的物理教学出现了一种偏差，且在很大程度上由于系统论的引入在观念上助长了这种偏差的产生．具体而言，信息反馈原理发展于20世纪五六十年代的系统论，从八九十年代开始逐渐被应用到物理习题教学研究中．在教学实践中，习题的“反馈功能”也通常被理解为习题的检测功能，而反馈的一般意义则在于系统的（部分）输出反作用于系统的输入端，从而对系统的再输出产生影响，进而作用于系统的整个功能，并影响系统的进一步输出．在物理教学实践中，考试成绩的不理想，往往被师生归因于平时习题质量不好或者平时做题太少．这种归因倾向一方面是因为目前考试基本都是以习题的形式出现，因此容易使师生将做习题和考试等同起来；另一方面，由于考查“考点”的有限性和解题的可模仿性，通过大量练习来训练解题技能，对习题类型不断归类，在考试中自然会取得一定的“分数”．于是就形成了一个从不断做题到为了考试得高分的循环．这种功利性目的脱离了物理教学的主体，偏离了物理习题作为辅助物理概念、规律教学手段的目的．在这个意义上，所谓“高分低能”现象的出现也就不足为奇了．在系统论的意义上，系统的功能和结构是相互影响的，因此这种对反馈功能“驱利”的理解会影响物理教学内部的结构，进而违反物理教学的规律．有些教师在物理概念、规律教学中，将抽象的概念、规律讲解后直接跳到习题教学，然后试图通过让学生做练习、教师分析考点来学好物理．有些教师甚至在分析高考试题时满篇都是考查“记忆能力的”，仿佛通过“背”就可以学好物理，这种将习题的反馈功能逐渐异化为考试选拔功能的倾向会使物理教学“系统”走向崩溃，这些问题应该引起我们的深思．

中国科学院朱邦芬院士在《“减负”误区及我国科学教育面临的挑战》一文中提到，随着课程难度和挑战度的下降，高考的区分度缩小将对创造性较强的学生不利，学生高分获得的路径更加依赖于学生的细心、记忆力和勤奋程度，为此学生大量时间耗费在“刷题”上，即反复做各种类型的模拟性试题直至熟练，更多的工作都是在“死记硬背”．特别是高三整整一年的复习和模拟考试，使得不少真心喜欢科学、有天分的学生，学习兴趣和热情都消磨殆尽，由此产生的厌学情绪将延续很长一段时间，影响到大学生甚至研究生阶段，这对我国学生创造力和想象力的发展产生了长远的负面影响．

我们不能完全否定高三年级这种普遍存在的重复性、高强度的训练，它在陈述性知识为主的课堂或学科上的积极作用不可否认，并且它在今后一定时间内还将继续广泛存在．但是作为一个有担当的物理老师，我们有责任对物理教学理论做一些简单梳理，或者对物理习题教学方式做出一些大胆尝试，在理科教学方面，尤其在程序性知识为主的物理课堂中，让学生在解题能力提高的同时，真正在创新实践方面有所提高，并从内心真正喜欢上物理．

四、物理原始问题

在首都师范大学教授邢红军看来，物理原始问题是我国教育领域涌现出来的具有里程碑意义的教学理论．所谓原始问题，是指自然界及社会生活、生产中客观存在的未经加工的物理问题．而物理习题则是指从实际问题中经人为加工出来的物理问题．习题教学“掐头去尾烧中段”，不能对学生进行完整的思维训练．这样就导致了杨振宁教授所言的结果：“中国过去几十年念物理养成了念死书的习惯．整个社会环境，家长的态度，报纸的宣传都一起向这个方向引导．其结果是培养了许多非常努力，训练得很好，知识非常扎实的学生，可是他们的知识是片面的，而且倾向于死板的方向．这是很有害的．”

物理原始问题和物理习题两者的关系如图 2－2－1 所示．

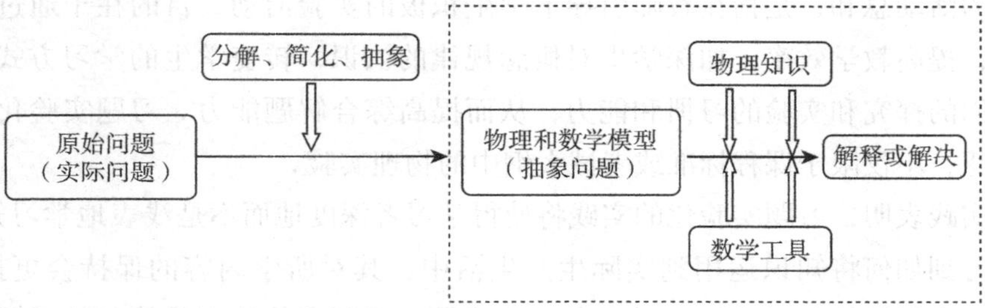

图 2－2－1

五、物理习题实验化教学

物理习题实验化教学，显然属于物理习题教学的一种形式，它涵盖了课堂的例题讲解，学生进行的与习题相关的实验活动，以及课外的独立的解题活动．其核心是师生共同进行的与习题相关的实验探索活动．

从上面论述可以看出，物理习题的解答与问题解决相近，但肯定不是一回事．所以用问题解决的理论直接指导物理习题教学，显然会显得捉襟见肘．物理习题教学应该有自身的策略、方法和原则，有其自身应该有的地位和作用．物理习题实验化提供了习题教学的一种新形式，为习题教学形式的多样化提供了一条可行路径，通过物理习题实验化教学，为物理原始问题向物理习题的转化提供了一种可能．

随着我国近年来所进行的几次课程改革，新的课程理念逐渐在教师内心深处扎根，习题教学的现状开始有所改观，呈现出多样化的习题教学模式．2000 年的第八次课程改革中，《课程标准》明确提出了探究学习既是一种新的教学模式，又是一种新的学习方式．2017 年的新课程标准更是凝练了学科核心素养，明确了学生学习高中物理课程后应达成的正确价值观念、必备品格和关键能力，对知识与技能、过程与方法、情感态度与价值观三维目标进行了整合．同时明

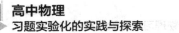

确指出，物理学促进了人类生产生活方式的变革，对人类的思维方式、价值观念等都产生了深远影响，为人类文明和社会进步做出了巨大贡献．

所有这些课程理念都为高中物理习题实验化的顺利实施，提供了理论支持和方向自信．在此基础上，我们创造性地归纳出如下的习题实验化教学的概念内涵．

习题实验化是指在物理学科的习题教学中，为了对物理概念与规律、对象与过程、现象与结论有更深刻的理解和认识，将习题情景转化为真实实验的教与学的活动总和，是指在教师引导下学生积极的实验活动．目的在于通过资源建设，提高教学效率，加深学生对概念规律的认识，转变学生的学习方式，培养他们的探究和实验的习惯和能力，从而提高综合解题能力．习题实验化的内容宽泛，不仅限于课程标准或考试大纲中的物理实验．

实践表明，习题实验化的实践将使得学习者深度地而不是浅表地学习知识，且学习到如何将知识运用到实际生产生活中，其对所学内容的保持会更持久，并可以进行概括和迁移运用到更广阔的情景．习题实验化不是简单的习题结论的验证，而是对学生物理学科素养的全面培养．

参考文献

[1]《乔际平教育思想文集》编委会．乔际平教育思想文集［M］．北京：首都师范大学出版社，2011．

[2] 闫金铎．中学物理教材教法［M］．北京：北京师范大学出版社，1981．

[3] 乔际平，梁树森．中学物理习题教学研究［M］．北京：北京师范学院出版社，1993．

[4] 查有梁．物理教学论［M］．广西：广西教育出版社，1996．

[5] 黄怨伯．中学物理教学中实践意识的培养［Z］．深圳市公开讲座，2017－5－13．

[6] 王至正，张宪魁．物理教育学［M］．青岛：青岛海洋大学出版社，2001．

3

第三章

物理习题实验化教学的操作

本章主要采用理论联系实际的方法，从物理习题实验化的实际操作出发，通过教学实例具体阐述习题实验化的功能、设计原则、教学方式及其实施前后调查问卷的设计问题.

第一节　物理习题实验化教学的功能

一、习题实验化在转变学习方式上的功能

1. 有利于增强学生的实践意识

案例名称：磁力小火车．

习题：央视《是真的吗》节目做了如下实验：用裸露的铜导线绕制成一根无限长螺旋管，将螺旋管放在水平桌面上，用一节干电池和两块磁铁制成一辆"小车"，两磁铁的同名磁极粘在电池的正、负两极上，只要将这辆小车推入螺旋管中，小车就会加速运动起来，如图 3－1－1 所示．关于小车的运动，以下说法正确的是（　　）

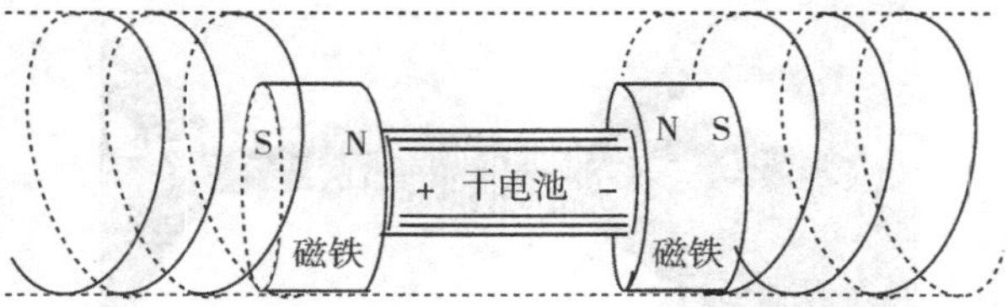

图 3－1－1

A. 将小车上某一磁铁改为 S 极与电池粘连，小车仍能加速运动

B. 将小车上两磁铁均改为 S 极与电池粘连，小车的加速度方向将发生改变

C. 图中小车加速度方向向右

D. 图中小车加速度方向向左

实验设计及其说明：本题考点包含左手定则、磁场、安培力．难点在于非匀强磁场对非直线电流的安培力方向的判断，如何合理选取电流元是解决问题的关键．

两磁极间的电场线如图 3－1－2 所示，干电池、磁体及磁体间的部分线圈组成闭合回路，在磁极间的线圈中产生电流．其中线圈中电流方向的左视图如图 3－1－3 所示，由左手定则可知中间线圈所受的安培力方向向右．根据牛顿

第三定律可知，管内的“小车”受力向左，所以向左加速运动，D 选项正确．如果改变其中一个磁极，则两磁体在中间产生的磁场在径向方向上相反，安培力抵消，合力为零，A 选项错误．

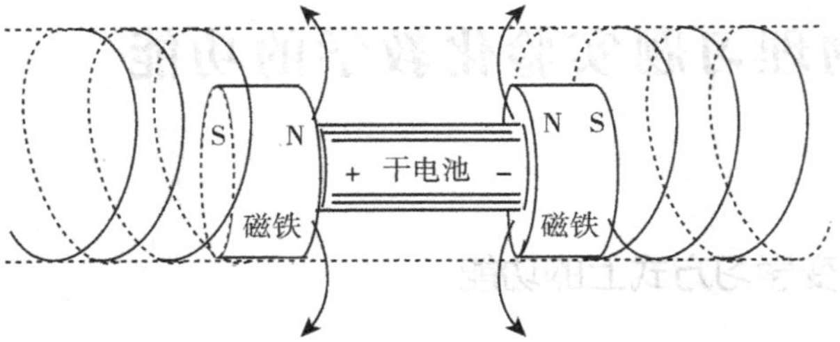

图 3－1－2

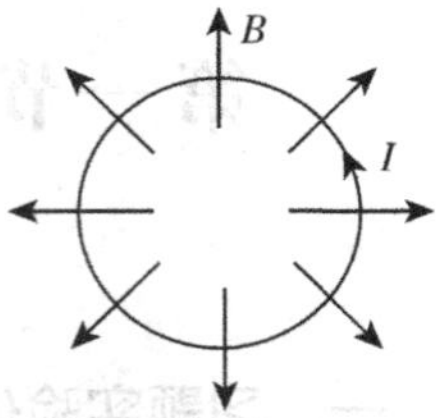

图 3－1－3

答案为 BD.

为了对上述情景进行展示和拓展，特安排如下习题实验化步骤．

（1）如图 3－1－4，将两块强磁铁的磁极相对，吸于圆柱形干电池两端，再将其整体放入事先做好的螺旋状铜丝内部，可以看到电池如火车状在螺旋状的铜丝管内持续向前运动．

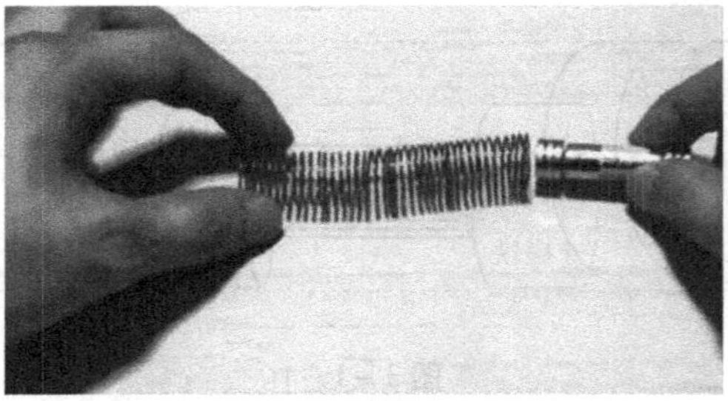

图 3－1－4

（2）若将螺旋管前后端连成闭合状，可以看到电池在管内持续转圈．

（3）改变其中一个磁体的磁极重新观察，可以看到“小火车”不动．

（4）习题实验化过程中，可提出若将螺旋铜丝改为铜管，管内阻力更小，是否能达到更好的效果？实践证明“小火车”不能在铜管内运动．从上面的理论分析可以看出，正是螺旋状的铜丝提供了切向电流，安培力才有沿轴向的分力，从而为“小火车”提供动力．若改为铜管，电流变为轴向，安培力将变为切向，从而无法提供动力．

（5）进一步研究螺旋铜丝的螺距对实验效果的影响．实验表明，螺旋管绕线过密，相邻铜丝接触，影响实验效果；铜丝螺距太大，“小火车”运动阻力将增大，同时也不能保证电流的持续供给，实验效果最终也受影响．

从黄恕伯老师的研究知道，实践意识是指客观存在的实践情景在人们头脑中的反射和能动的反应．实践意识反映了把理论或文字符号跟实践情景相联系的意愿和能力．在高中物理学习和问题解决中，实践意识体现了把物理知识和实践情景相关联的水平以及把文字符号转化为实践情景的自觉性．

在习题实验化活动中，总有学生不断变换条件尝试研究，实际上就是在自觉地将理论与实践相结合，这部分学生同时也在对同伴的实践意识产生积极影响．习题实验化为学生实践意识的培养提供了机会和可能．记得一个毕业的学生回校时交流的一段场景，该学生说通过习题实验化实践，觉得有些问题通过实验可以“秒懂”，所以实践意识的培养应该还包含学生对实验重要性的认可，也就是引导学生认识到理论和实践相结合的重要性，从而真正实现在实践过程中培养实践意识．

2. 有利于提高探究活动的自主性

案例名称：超失重现象．

习题：原来做匀速运动的升降机内，有一被伸长弹簧拉住的、具有一定质量的物块A静止在地板上，如图3－1－5所示，现发现物块A突然被弹簧拉向右方．由此可判断，此时升降机的运动可能是（　　）

A．加速上升　　B．减速上升

C．加速下降　　D．减速下降

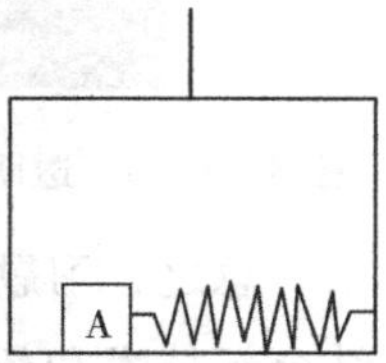

图3－1－5

实验设计及其说明：当升降机匀速运动时，地板给物体的静摩擦力与弹簧弹力平衡，且该静摩擦力可能小于或等于最大静摩擦力．当升降机有向下的加速度时，处于失重状态，物体对地板的压力减小，也就减小了地板给物体的最大静摩擦力，这时最大静摩擦力小于升降机匀速运动时的静摩擦力，而弹簧的弹力又未改变，故只有这种情况下物块才可能被拉向右方．四个选项中B、C两种情况下电梯的加速度是向下的，故选BC.

（1）本题考查多个知识点，但是难点在于超失重现象的理解．对超失重现象，教师可安排同学将电子秤放在电梯里面，人站在体重计上静止不动，观察电梯在上下楼过程中人的超失重特征，实验场景选用透明的电梯间，如图3－1－6所示．通过实验，学生首先可以真实感知电子秤是用来测量弹力的，示数的变化反映了人对电子秤的压力或者人受到的支持力；其次可以真实感受乘电梯上升过程可以细分为超重和失重两个过程，下降过程同样有先失重后超重的过程，明确超重的条件与速度方向没有直接关系.

（2）在安排学生课后观察时，意想不到的结果是学生不是简单地按照老师的方案去体验，而是主动探究，并提供了新的实验方案. 如图 3－1－7 所示，利用手机中的慢镜头可以直接拍摄站在电子秤上的人在蹲下和起立过程中的超失重现象，效果也很明显. 这样，学生在家里就可以独立完成，并能够直观观察. 通过慢动作视频，可以把短时间的下蹲动作清楚记录下来，下蹲过程中电子秤示数先小于重力，后大于重力，反映出下蹲过程中先失重后超重. 起立过程反之，电子秤显示出先超重后失重. 最终形成观点：超失重现象与物体竖直方向的加速度方向有关，与速度方向无关.

图 3－1－6　透明垂直电梯中观察超失重

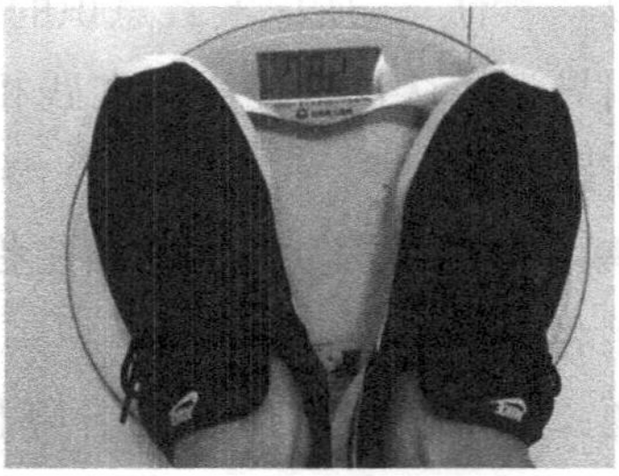

图 3－1－7　电子秤观察起蹲时的超失重

总之，习题实验化有利于提高探究活动的自主性，一旦自主性得到提高，结合新技术和新材料，学生可以创造出更多更好的实验探究方法.

习题实验化的方式可以由老师完成，也可以布置给学生完成，更可以师生共同完成，具体根据实验的难易程度来确定. 趣味性较强但又不能在教室完成的实验，可以先由师生共同在室外做好，然后再到教室展播. 这样，通过学生亲自操作，提高了他们的动手实践能力，为课堂教学的问题情境创设提供了丰富的素材，参与人员对概念和规律的理解将更加透彻，而后期学习的学生也会由于身边同学的作品增强对所学知识认知的好奇心和亲切感，实际教学效果非常好.

3. 有利于培养学生的探究能力

案例名称：自制钢球枪中的小球运动.

物理试题：一足球运动员用大力将球竖直向上开出，足球能够达到的最大高度为 h，若以相同大小的速度将足球斜向上开出，请求出最大射程，此时的初速度方向跟水平面的夹角为多少？

实验设计及其说明：本题考点是上抛和斜抛运动规律. 难点在于理解速度

是两个运动联系的纽带.

设计如下习题实验化步骤，如图 3-1-8 所示.

(1) 利用弹簧，通过师生共同合作完成钢球枪的改造和制作.

(2) 先将弹簧枪竖直向上发射，完成钢球枪中钢球初速度的测定（利用竖直上抛的高度计算钢球的初速度 $v_0^2 = 2gh$ ）.

(3) 通过改变抛射角，观察射程的变化规律. 通过实验现象可以得出抛射角逐步变大，射程将先变大后变小.

图 3-1-8 师生合作完成实验

(4) 按照抛出点和落地点在一个水平面上，$x = v_0\cos\theta \times \dfrac{2v_0\sin\theta}{g}$ ，当 $\theta = 45°$ 时，取得最大射程 $x_{\max} = \dfrac{v_0^2}{g} = 2h$，恰好等于竖直上抛高度 h 的 2 倍. 实验中，先计算，再用杯子在预设的水平位置接住小球.

(5) 拓展思考，如果落地点 C 比抛出点 O 低 h，即不在同一个水平面，抛出速率为 v_0 ，求最大射程并判断其条件是否还是抛射角等于 45 度?

如图 3-1-9 所示，由匀速直线运动与自由落体两个分运动可得，$x^2 = (v_0t)^2 - \left(\dfrac{1}{2}gt^2 - h\right)^2$ ，应用二次函数求极值得，$x_{\max} = \dfrac{v_0}{g}\sqrt{2gh + v_0^2}$ ，此时抛射角 $\theta = \arccos\sqrt{\dfrac{2gh + v_0^2}{2(gh + v_0^2)}}$.

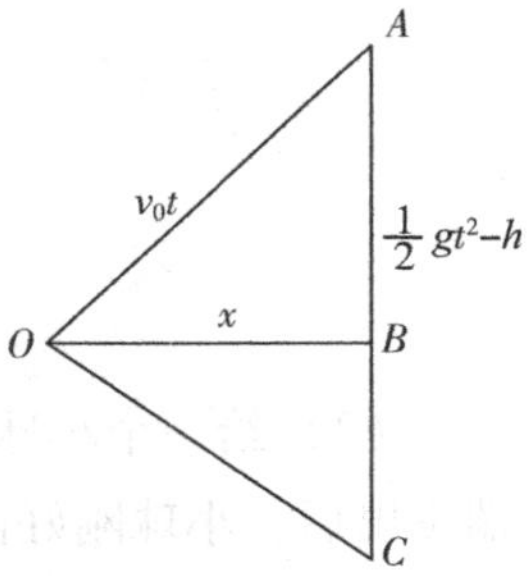

图 3-1-9

在习题实验化过程中，学生亲身经历基于观察和实验提出物理问题，形成猜想并设计实验和做出解释等科学探究的基本过程，在实践中培养学生的科学探究能力.

4. 有利于增进学生间的合作交流

案例名称：曲线弹射器.

习题：一带负电荷的质点，在电场力作用下沿曲线 abc 从 a 运动到 c，已知质点的速率是递减的. 关于 b 点处电场强度 E 的方向，下列图示 3-1-10 中可

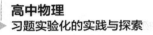

能正确的是（虚线是曲线在 b 点的切线）（　　）

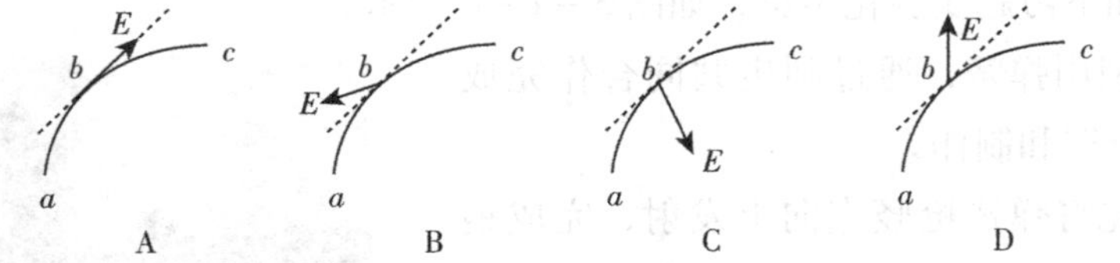

图 3－1－10

实验设计及其说明：本题答案为 D. 本题考点为曲线运动中的合外力与速度的方向关系. 合外力指向曲线的凹侧，但是难点首先是要明确速度方向沿曲线在该点的切线方向，故安排以下实验.

（1）如图 3－1－11，利用装修用导线的压线槽，做成弯曲轨道. 将轨道放置于水平地面上.

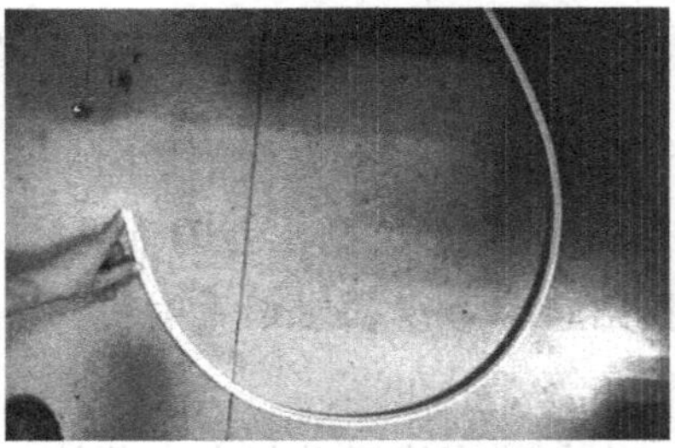

图 3－1－11

（2）给一个小球一定的初速度，要求小球在弯曲轨道运行，从弯曲轨道末端飞出后，小球刚好击中前端一定距离的另外一个小球.

（3）改变实验步骤，可以先固定轨道，要求在轨道前端 20cm 处放置不同小球，判断小球飞出轨道后可能击中的小球，并给猜中的同学发奖. 该活动可以设置为科技节上的比赛项目.

（4）实验中安排两个同学控制轨道，一个同学为小球提供速度，另外一个同学摆放被碰小球. 通过实验可以增进他们之间的合作交流.

在学生充分体验速度方向沿曲线在该点的切线（是有向线段，不是直线）之后，其他几个矢量的方向，就可以围绕着速度方向展开进一步推理，具体推理过程如图 3－1－12.

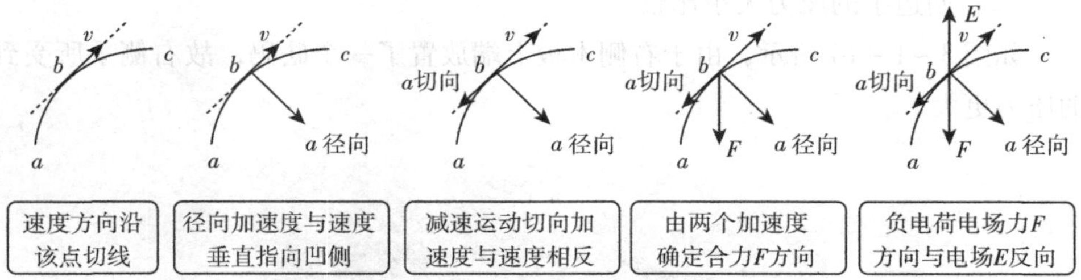
速度方向沿该点切线
径向加速度与速度垂直指向凹侧
减速运动切向加速度与速度相反
由两个加速度确定合力F方向
负电荷电场力F方向与电场E反向

图 3－1－12

5. 有利于提高知识应用的主动性

案例名称：摩擦力拔河比赛．

习题：如图 3－1－13 所示，甲、乙两位同学进行“拔河”游戏．两人分别用伸平的手掌托起长凳的一端，保持凳子水平，然后各自向两侧拖拉．若凳子下表面各处的粗糙程度相同，两位同学手掌的粗糙程度也相同，在乙端的凳面上放有四块砖，下列说法中正确的是（　　）

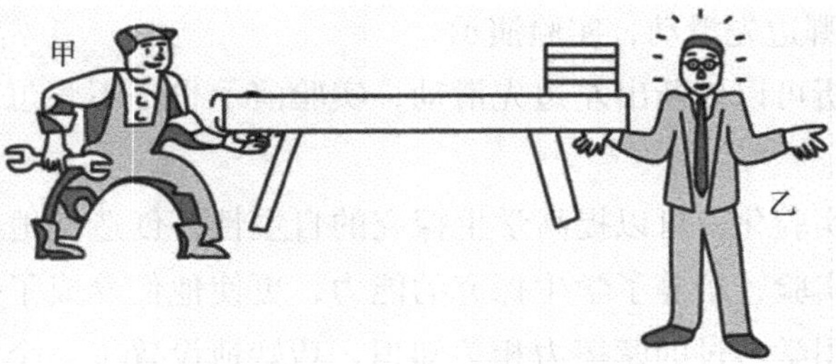
甲
乙

图 3－1－13

A. 由于甲端比较轻，甲容易将凳子拉向自己

B. 谁用的力气大谁就可以将凳子拉向自己

C. 由于乙端比较重，凳子和手之间产生较大的摩擦力，乙可以将凳子拉向自己

D. 拔河过程中，乙的手和凳子之间不会有相对滑动，甲的手可以和凳子间有相对滑动，也可以没有相对滑动

实验设计及其说明：本题考点为滑动摩擦力，答案为选项 D.

（1）在滑动之前，甲、乙两者手与木板之间的摩擦力大小比较．

由于滑动前均为静摩擦力，且木板处于静止状态，所以应该大小相等．

（2）两边手的压力大小比较．

如图 3－1－14 所示，由于右侧木板上端放置了一个砝码，故右侧手所受到的压力更大．

图 3－1－14

（3）两边最大静摩擦力大小比较．

通常将滑动摩擦力近似看作是最大静摩擦力，若忽略木板两边手粗糙程度的差别，那么最大静摩擦力就只决定于压力，右侧手所受压力大，故右侧最大静摩擦力大．

（4）判断哪边先滑动，实验演示．

由上述分析可以判断出左边先滑动，实验演示也是不管怎么用力，均为右侧赢．

通过习题实验化，可以提高学生探究的自主性，创造性地采用身边容易获得的材料完成实验，培养了学生探究的能力，更使他们养成了探究的习惯．实验中，学生利用学习过的摩擦力相关知识，巧妙地设置了一个游戏，将学过的知识主动地应用到实践中．

下图二维码为实验视频，请看“摩擦力拔河比赛”实验：

二、习题实验化教学在优化思维品质方面的功能

1．有利于提高过程分析的严谨性

案例：水银柱重力引起的压力差．

习题：（选修 3－3）如图 3－1－15 所示，粗细相同的导热玻璃管 A、B 由橡皮软管连接，一定质量的空气被水银柱封闭在 A 管内，气柱长 $L_1=40\text{cm}$．B

管上方与大气相通，大气压强 $p_0 = 76\text{cmHg}$，环境温度 $T_0 = 300\text{K}$. 初始时两管水银面相平，若 A 管不动，将 B 管竖直向上缓慢移动一定高度后固定，A 管内水银面上升了 $h_1 = 2\text{cm}$. 求 B 管上移的高度为多少？

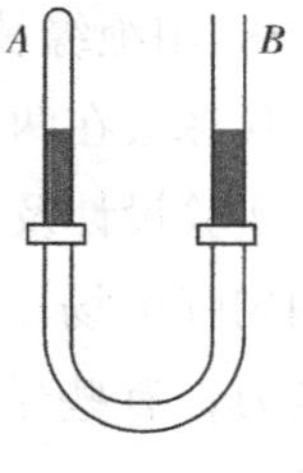

图 3-1-15

实验设计及其说明：本题的解答难点在于物理过程的划分，解答时需引入两个假设的过程，分析如下.

(1) 整个玻璃管先不动，根据液体体积不变可知左液面上升 2cm，则右液面必下降 2cm. 此时左液面比右液面高 4cm.

(2) 根据封闭气体等温变化可以算出左边气体压强为 80cmHg，比大气压强大 4cmHg.

(3) 因此右液面需要比左液面高 4cm.

(4) 所以创设的第二过程：左边玻璃管和左液面不动，右边液面需要随玻璃管一起上升 8cm. 即 B 管上移的高度为 8cm.

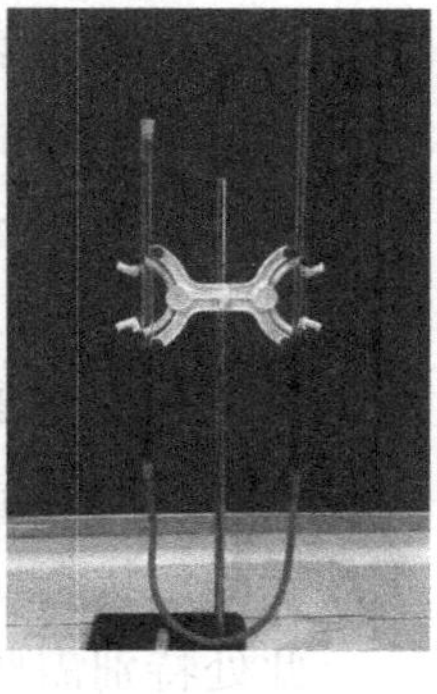
图 3-1-16

为了更真切地感受以上多个假设的物理过程，安排如下对应的习题化实验. 出于安全考虑，实验需要采用红墨水代替水银柱，如图 3-1-16 所示，并且需要使用尽可能长的玻璃管和橡胶管.

(1) 移动右管，当右侧液面比左侧液面低 h 时，在图中找出左端封闭气体压强与大气压的关系 $p = p_0 - p_h$.

(2) 移动右管，当右侧液面比左侧液面高 h 时，在图中找出封闭气体压强与大气压的关系 $p = p_0 + p_h$.

(3) 移动右管时，观察并体会玻璃管的运动、左液面升降、右液面升降、右液面相对于玻璃管的升降及其关系. 在整个解答过程中，注意体会液柱总长度不变这个极其重要的隐含条件.

2. 有利于提高模型建立的标准化

案例名称：静电乒乓.

习题：如图 3-1-17 所示为静电力演示仪，两金属极板分别固定于绝缘支架上，且正对平行放置. 工作时两板分别接高压直流电源的正、负极，表面镀铝的乒乓球用绝缘细线悬挂在金属极板中间，则( )

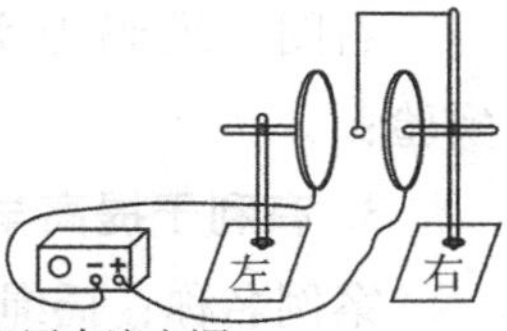

图 3-1-17

A. 乒乓球的左侧感应出负电荷

B. 乒乓球受到扰动后，会被吸在左极板上

C. 乒乓球共受到电场力、重力和库仑力三个力的作用

D. 用绝缘棒将乒乓球拨到与右极板接触，放开后乒乓球会在两极板间来回碰撞

实验设计及其说明：本题考点有库仑力、静电感应和匀强电场．难点是乒乓球受到的力是匀强电场的电场力，有些学生错误地应用库仑力来判断而误选了 B.

图 3-1-18

设计如下几个实验步骤，观察乒乓球在静电场中的运动并认识不同的电场及其电场力．

（1）通过真实实验认识平行板间的匀强电场（理想模型）的特征，体会匀强电场与点电荷电场的区别．

（2）当在两极板间加上 400V 的直流电压时，感受 400V/10cm 的电场实际上有多大．

（3）处于电场中的乒乓球会发生静电感应，在沿着电场方向的两侧会感应出异种电荷，但是平行板间的电场近似为匀强电场，所以本身不带电的乒乓球仍处于静止状态．

此处特别需要引导学生区分轻小物体会受到带电小球的吸引．那是因为不带电的轻小物体在非匀强电场中发生静电感应后，受到的非匀强电场力的合力不为零．

（4）对静止的乒乓球扰动后，乒乓球接触某一极板带上电后，乒乓球会带上与所碰极板相同性质的电荷，相互排斥接着又碰向另一极板，一直持续下去．

（5）通过实验区分不带电的轻小物体在匀强电场中和非匀强电场中发生静电感应后的受力特征的不同．

右图二维码为实验视频，请看“静电乒乓”实验：

3. **有利于提高学生的估算能力**

案例名称：摇绳发电．

习题：（2014 西城区一模）如图 3-1-19 所示，几位同学在做“摇绳发电”实验：把一条长导线的两端连在一个灵敏电流计的两个接线柱上，形成闭

合回路．两个同学迅速摇动 AB 这段“绳”．假设图中情景发生在赤道，地磁场方向与地面平行，由南指向北．图中摇“绳”同学是沿东西站立的，甲同学站在西边，手握导线的 A 点，乙同学站在东边，手握导线的 B 点，则下列说法正确的是（　）

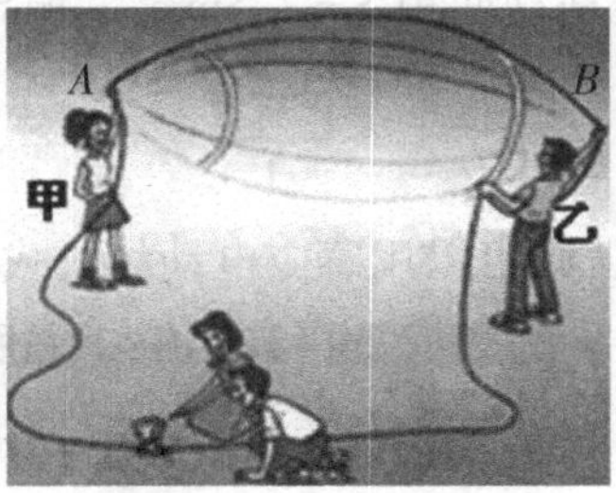

图 3－1－19

图 3－1－20

A. 当“绳”摇到最高点时，“绳”中电流最大

B. 当“绳”摇到最低点时，“绳”受到的安培力最大

C. 当“绳”向下运动时，“绳”中电流从 A 流向 B

D. 在摇“绳”过程中，A 点电势总是比 B 点电势高

实验设计及其说明：本题定性考查地磁场和右手定则，正确答案为 C. 为了让同学们认识到摇动绳子确实可以发电，进行了如下习题实验化步骤．在此基础上利用法拉第电磁感应定律进行了地磁场 B 的大小的估算．

选用长为 100m，横截面为 2.5mm^2 的铜导线．实验时将导线绕成 10 圈，为了便于检测感应电动势，检测仪表选用 J01401 数字演示电表 20mV 挡．将导线与电表连接后，两个同学沿东西方向站立，将半圈导线置于地面不动，另一半做摇绳动作，切割地磁场，通过电压表示数的显示可清楚感知地磁场的存在，电磁感应现象的发生以及感应电流的方向和大小的改变情况．实验过程中，若将 10 圈导线整体一起摇动，则电压表示数极小，原因是 10 圈导线产生的电动势相互抵消，实际上只是一圈的电动势．

下图二维码为实验视频，请看“空中摇绳能发电吗”实验：

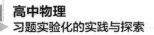

查找资料可知，地球上地磁场强度大约是 500 ~ 600 毫高斯，1 高斯 $=10^{-4}$ 特斯拉，所以地磁场强度约为 $5\times10^{-5}\sim6\times10^{-5}$ 特斯拉．

记录实验数据：最大电动势 $E=8.0\text{mV}$，有效长度约为半圈导线长度 $L=5\text{m}$，匝数 $N=10$ 匝，摇动速度每 10s 约为 10 次，即转速约为 $n=0.5\text{r/s}$，旋转半径 $r=0.5\text{m}$，算出线速度 $v=6\text{m/s}$，导线横截面积 $S=2.5\text{mm}^2$，铜导线电阻率 $\rho=0.01851\Omega\cdot\text{mm}^2/\text{m}$.

估算地磁场 B 的大小？

将最大电动势的产生理想化为垂直切割，则可以用感应电动势公式 $E=nBLv$ 很快算出 $B=2\times10^{-5}$ 特斯拉．与链接资料提供的数据数量级相符，之所以结论偏小，是因为实验中不可能垂直切割地磁场．若用电流表测量电流，结合电阻率也可以估算地磁场的大小．

本习题考核的知识点为法拉第电磁感应定律，高三学生动手参与实验的积极性并不低于高一，但不同于高一的兴趣为主，高三的习题实验化是带有任务的．实验过程中不仅仅要观察现象，更要记录数据，理想化处理模型，并算出具体的数据．该项目已被引入学校科技节作为传统保留节目，习题实验化不只是凑热闹，更要有门道．学生的实际操作过程采用手机软件判断地磁场方向，确定摇绳同学的站位，整个线圈的摇晃方式的选择判断，高斯和特斯拉的换算关系等问题，其解决均无法从课本直接获取．高三学生在问题解决过程中表现的比高一学生更专注、更有条理。实践表明，这种带有任务的习题实验化有利于提高学生动手参与的积极性，因为学生知道这种实验对高三解题能力的提高是有帮助的．在习题实验化过程中培养学生的估算能力，使学生知道估算在实际生活中的广泛应用，认识到估算教学本身蕴含着丰富的创造因素，对学生智力和思维的发展均具有非常重要的影响．

4. 有利于培养学生的发散性思维

案例：重力加速度的测量．

题目：滴水法测重力加速度的过程是让水一滴一滴地滴在其正下方的盘子里，调整水龙头，让前一滴水落到盘子而听到声音时后一滴恰好离开水龙头，测出 n 次听到水击盘声的总时间为 t，用刻度尺量出水龙头到盘子的高度差为 h，即可算出重力加速度．设人耳能区别两个声音的最小时间间隔为 0.1s，声速为 340m/s，则（　　）

A. 水龙头距人耳的距离至少为 34m

B. 水龙头距盘子的距离至少为 34m

C. 重力加速度的计算式为 $g=\frac{2hn^2}{t^2}$

D. 重力加速度的计算式为 $g=\frac{2h(n-1)^2}{t^2}$

实验设计及其说明：此题用简单的生活现象解决一个物理问题，简单方便．因为人耳能区别两个声音的最小时间间隔为0.1s．故只要使两滴水相隔0.1s滴下即可，则水龙头距盘子距离为 $h=\frac{1}{2}gt^2=0.05\text{m}$，所以B项错．水龙头距人耳的距离随意，因为声音在空气中传播速度相同，只要两滴水滴下的时间间隔为0.1s，则不论人耳距离水龙头距离远近，听到声音的间隔总是0.1s．故A项错．听到 n 次声音，应为（$n-1$）个间隔，则一滴水下落时间为 $T=\frac{t}{n-1}$，因为 $h=\frac{1}{2}gT^2$，所以 $g=\frac{2h}{T^2}=\frac{2h(n-1)^2}{t^2}$．故选项C错，而选项D正确．

发散性思维是指充分发挥人的想象力，突破原有的知识圈，从一点向四面八方展开联想，并通过知识和观念的重新组合，寻找到更新更多的设想、答案和方法．发散性思维具有以下基本特性：顺畅性、变通性和独特性．给学生指定测定重力加速度的实验，学生根据现有条件可以设计出不同的创新实验，进而达到培养学生发散性思维的目的．

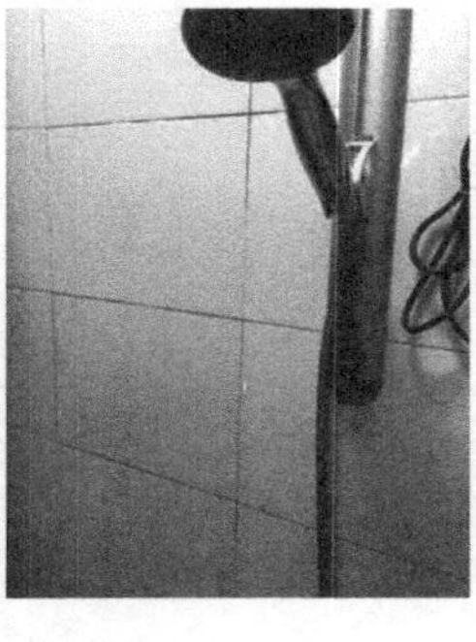

图3－1－21

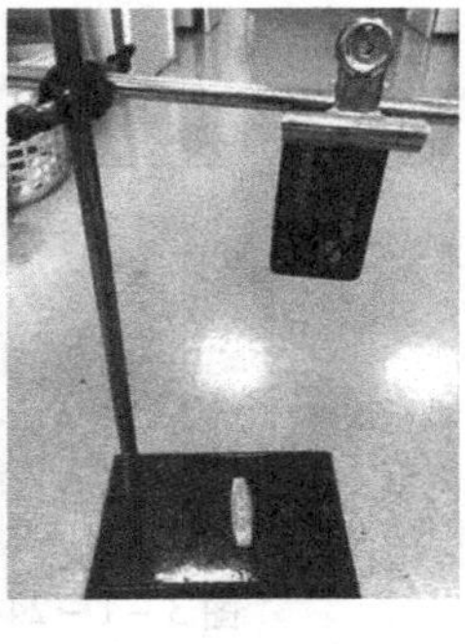

图3－1－22

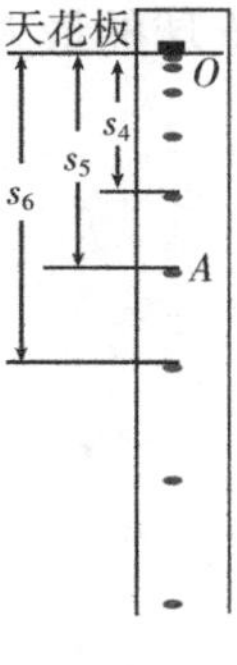

图3－1－23

方法1：滴水法．

关键步骤在于调节水滴保证听到前一滴水落地声音的同时，下一滴水刚好离开管口．为保证一定的高度，采用淋浴喷头，调节至2m的高度，如图3－1－21所示．为了方便计算，第一滴水离开管口时计数为零，如此记下序号为50时共记录总时间为32.15s，代入数据得到 $g=9.7\text{m/s}^2$．

方法2：DIS法．

将DIS位移传感器的发射器作为重物，让其自由下落，发射器的运动可近似视为自由落体运动，如图3－1－22所示．用DIS测出发射器在相同时间段内的位移，再拟合出其运动的$v-t$图像，选择其中接近直线的部分，得出直线的斜率即为重力加速度的值．

方法3：频闪照相法．

利用频闪摄影，拍摄小球做自由落体运动的照片．它直接显示了物体在做自由落体运动的过程中连续相等时间内位移与时间的关系．利用匀变速运动处理纸带专用公式$\Delta x = aT^2$，就可以求出重力加速度的值．

不同的实验方案所应用的物理原理不同，对实验能力要求也不尽相同．这种多角度解决同一问题的思维方式殊途同归，从而反映出思维的发散性．

5. 有利于把握好规律成立的条件

案例名称：牛顿摆．

习题：如图3－1－24所示，小钢球a、b用等长细线悬挂于同一固定点O．让球a静止下垂，将球b向右拉起，使细线水平．从静止释放球b，两钢球碰撞时间极短，忽略碰撞中的机械能损失．此后，a球细线与竖直方向之间的最大偏角为60°．忽略空气阻力，求：

（1）a、b两球的质量之比．

（2）b球的最大摆角．

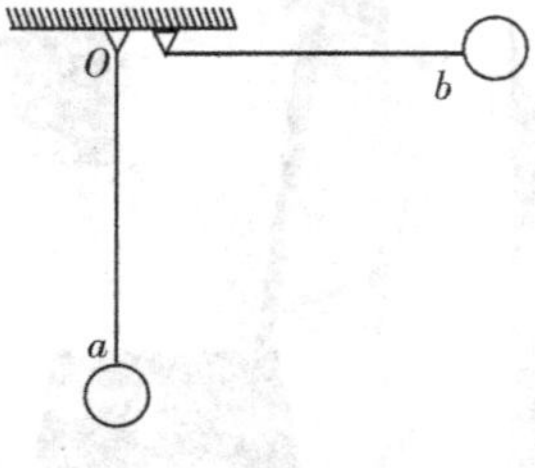

图3－1－24

实验设计及其说明：本题考点为动量守恒定律，守恒条件是系统所受外力之和为零．难点在于理解弹性碰撞的特征．由于碰撞时间极短，碰撞瞬间两球处于同一水平线，绳子处于竖直方向，因为碰撞瞬间水平方向没有外力，所以水平方向动量守恒．

习题实验化可以展示双线摆中的碰撞时间短的特征．

（1）如图3－1－25所示，实验所用仪器为精品玩具牛顿摆“NEWTON'S

CRADLE”，将五个球中的最外边的一个球拉起由静止释放，观察到碰撞过程中中间三个球几乎不动．分析可知，不是一个球与四个球的碰撞，而是相邻两个球之间的依次弹性碰撞．这反映出钢球间的碰撞时间极短．因为如果是一球与四球的弹性碰撞，这一球应该会反弹．

图 3－1－25

（2）再将最外侧的两个球一起拉开由静止释放，观察到碰撞过程中中间一球几乎不动，两侧的两球交替摆起．分析可知，实际上发生的也是相邻两球之间的依次碰撞，并没有发生一球与多球的同时碰撞．

通过实验现象，可以展示出碰撞的特征：碰撞力很大，作用时间短．只有这样才满足动量守恒的条件．也就是说，b 球撞击 a 球，撞击瞬间不考虑任何摆动，当撞击发生完成后才开始摆动，显然这是一个理想化的过程模型．因此，外观上看起来是多球的同时碰撞，而实质上均为相邻两球之间的依次先后碰撞.

第二节　物理习题实验化教学的设计原则

一、习题实验化的趣味性设计原则

高中阶段教学时间紧任务重，习题实验化应该遵循趣味性原则．也就是说，实验设计应充分考虑高三学生的心理特点和认知水平，针对高三阶段学习任务紧的现状，因而习题实验化要力求生动有趣，学生在进行实验过程中，可以始终保持很高的兴趣，对单调而枯燥的高三生活起到调节作用．

案例 1：如图 3－2－1 所示，在竖直放置的弯形光滑支架上，一根不可伸长的轻绳通过光滑的轻质滑轮悬挂一重物 G．现将轻绳的一端固定于支架上的 A 点，另一端从 B 点沿支架缓慢地向 C 点靠近（C 点与 A 点等高），则绳中拉力大小变化的情况是（　　）

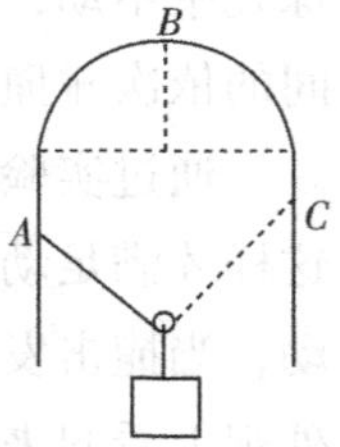

图 3－2－1

A. 先变小后变大　　B. 先变小后不变

C. 先变大后不变　　D. 先变大后变小

习题实验化 1：听话的绳子

实验目的：通过滑轮的移动，体会力的合成和分解的实际应用，增强对平行四边形定则规律真实性的理解，培养学生的实践意识．

实验器材：2m 长的细线，304 不锈钢滑轮一个（M20）．

图 3－2－2

实验步骤：按图示竖直悬挂滑轮后，保持右侧悬点固定，左侧悬点沿着竖直方向移动，观察滑轮的移动方向和细线方向的改变．实验时，在黑板上画出参考线，可以更清楚地看出右侧细线方向始终保持不变．或者说滑轮会按照所画的背景线向右上方移动，故称“听话的滑轮”，或“听话的绳子”．

下图二维码为实验视频，请看视频“听话的绳子”：

习题实验化

TIPS：移动左侧悬点时不要让滑轮与黑板发生摩擦哦，移动悬点的速度不能太慢，可以稍微快一点，因为滑轮间也存在静摩擦力，且静摩擦力会大于滑动摩擦力．这一点与一般习题中要求的缓慢移动不相符，老师应该对这一现象进一步给出合理解释．当然，如果能买到摩擦力更小的滑轮，也可以缓慢移动悬点，这样和动态平衡条件会更相符．

习题实验化 2：猜猜我怎么动（学术游戏）

实验目的：通过感知绳子拉力变化，判断对方抓绳子的手的运动方向，达到对平行四边形定则熟练应用的程度．

实验器材：2m 长的细线，动滑轮一个．

实验步骤：右边同学抓住绳子一端固定不动，背对着悬挂的重物和左边的同学．通过绳子上的力的变化，猜测抓绳子另一端同学的手的移动方向．

图 3－2－3

TIPS：当左边同学远离时，右边同学可以根据绳子拉力变大做出正确判断；同样，若靠近时，可以根据拉力变小作出判断．但是当左边同学抓住绳子一端上下缓慢移动时，猜运动方向的同学却迟迟没有作出判断，在反复催问下回复“你动了吗？”，这样的精彩场面让所有同学开怀大笑．同学们在这个学术游戏中体会到了科学的魅力，同时增强了实践意识．

上述的两个方案均可以演示力的平行四边形定则，并可以验证以下结论：绳子总长度不变，重物质量不变，绳子上的拉力只和绳端水平距离 x 有关．相比于课本上的验证平行四边形定则实验，这个学术游戏更加具有趣味性．设计这种类似于我们所说的学术游戏的实验，肯定会深受学生喜爱，也确实能提高高三阶段的复习效率．

二、习题实验化的理论联系实践设计原则

理论联系实际原则是指实验设计不仅要有观察、测量的过程，而且需要建立物理模型，对实验的现象和结果要根据物理模型得出的表达式进行解释，从而培养学生运用理论解决实际问题的能力．

案例：（2017 年全国卷丙）某同学自制的简易电动机示意图如图 3－2－4 所示．矩形线圈由一根漆包线绕制而成，漆包线的两端分别从线圈的一组对边的中间位置引出，并作为线圈的转轴．将线圈架在两个金属支架之间，线圈平面位于竖直面内，永磁铁置于线圈下方．为了使电池与两金属支架连接后线圈能连续转动起来，该同学应将（　　）

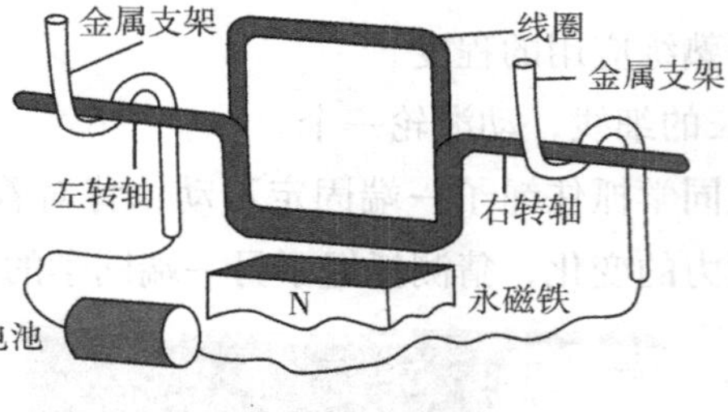

图 3－2－4

A. 左、右转轴下侧的绝缘漆都刮掉

B. 左、右转轴上、下两侧的绝缘漆都刮掉

C. 左转轴上侧的绝缘漆刮掉，右转轴下侧的绝缘漆刮掉

D. 左转轴上、下两侧的绝缘漆都刮掉，右转轴下侧的绝缘漆刮掉

习题实验化：

如图 3－2－5，四个方案均充分体现了理论联系实践的原则，更反映出研究过程中螺旋式上升的曲折过程．习题化方案主要引导学生对模型进行建构，包括线框模型、电刷模型、闭合回路模型、磁场模型等．建构理想模型时要学会忽略次要因素，抓住主要因素，并培养理论联系实际的能力．以上各届学生

创作的新作品，可以呈现出研究过程的循序渐进的原则，整个研究沿着从简单到复杂的方向螺旋式发展．

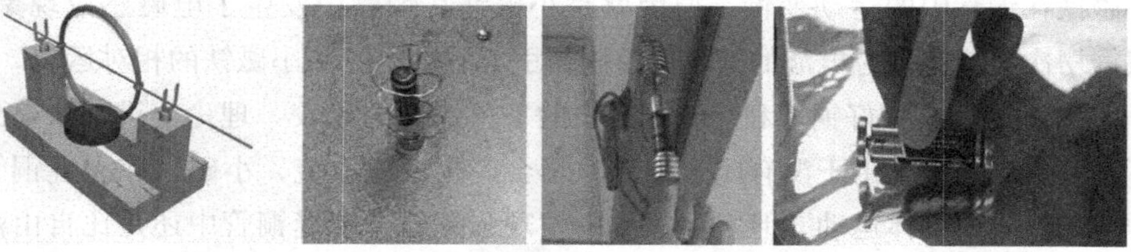

方案1：两端漆包线恰当（同为下侧）刮皮　方案2：铜导线的旋转　方案3：电池的旋转　方案4：磁铁和电池在铝板上的滚动

图 3－2－5

三、习题实验化的简易性设计思路

简易性是指实验设计时，要尽可能采用较少的仪器，所使用的仪器应尽可能简单．有些实验器材不是实验室配备的器材，来源于生活实际，这就需要老师平时教学的同时做个有心人，注意“瓶瓶罐罐”的收集和合理利用．

案例：如图所示，铝质的圆筒形管竖直立在水平桌面上，一条形磁铁从铝管的正上方由静止开始下落，然后从铝管内部下落至水平桌面上．已知磁铁下落过程中不与管壁接触，不计空气阻力．下列说法正确的是（　）

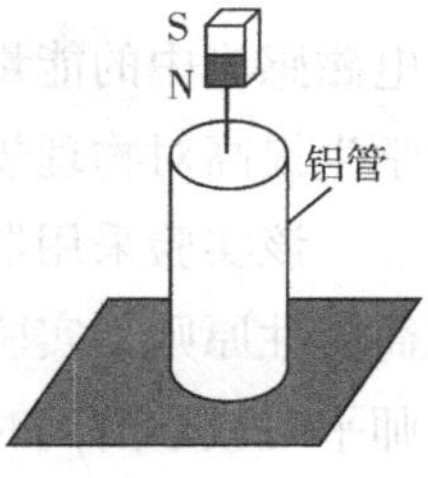

图 3－2－6

A．磁铁在整个下落过程中做自由落体运动

B．磁铁在管内下落过程中机械能守恒

C．磁铁在管内下落过程中，铝管对桌面的压力大于铝管的重力

D．磁铁在管内下落过程中，动能的增加量小于其重力势能的减小量

习题实验化方案：铜管中的电磁感应

铜、铝都不是铁磁性材料，均不会被磁铁磁化．铜管在废旧空调中可以很方便地获取，所以实验采用取材更为方便的铜管代替铝管完成实验设计．完成小磁铁在空心塑料管、铜管和裂缝铜管中下落快慢的对比实验，如图3－2－7所示．

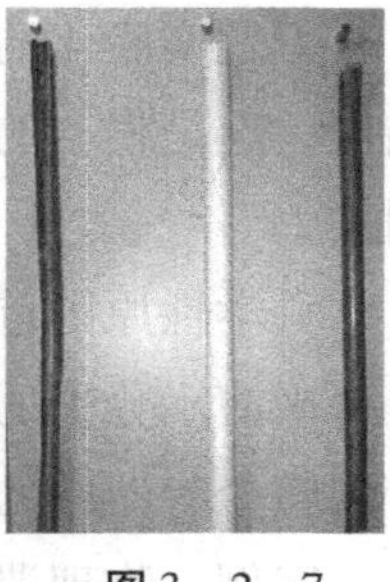

图 3－2－7

（1）非磁性小物体在三根空心管中的下落快慢完全

一样，都是做自由落体．

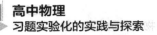

（2）小磁铁分别在完好铜管和塑料管中下落快慢的比较．实验可以发现，小磁铁在铜管中的运动变慢，原因就是小磁铁在铜管中发生了电磁感应现象，根据楞次定律，感应电流的安培力将阻碍引起感应电流的小磁铁的相对运动．

（3）磁铁在完好铜管和裂缝铜管中的下落快慢的比较．理论上讲，从上到下割开的铜管中，由于没有闭合回路，不会产生感应电流，小磁铁在裂缝铜管中应该是自由落体运动．但实际操作中发现强磁铁在裂缝铜管中还是比自由落体要慢．研究发现，实际上磁铁在裂缝铜管中运动，会在经过的铜管附近小范围内产生类似于涡流一样的感应电流，所以磁铁在完整铜管中下落明显变慢，裂缝铜管中下落也会变慢，只是效果没有那么明显．

实际教学中，需要到大型空调维修店购买大直径的铜管，实验（3）中两管距离过近对实验结果的影响以及采用铁架台出现的实验失败等情况的处理和解决，这些都不是单独通过做题能体验和学到的．

本习题考查的知识点有法拉第电磁感应定律．习题的难点在于电磁场的抽象性．但通过习题的实验化，可以帮助学生准确理解电磁感应部分的几乎所有重要规律——感应电流产生的条件、楞次定律、涡流、电磁感应中的受力问题、电磁感应中的能量转化等．总之，习题的实验化可以化抽象为形象，从而帮助学生提高对物理规律理解的准确性．

该实验采用器材：铜管、强磁铁，比照用的塑料管．实验设计充分考虑了简易性原则．实验器材不是实验室配备的器材，来源于生活实际，这就需要老师平时教学的同时做个有心人，注意“瓶瓶罐罐”的收集和合理利用．

若用复杂而昂贵的仪器，学生为了保护仪器，只能按照老师的指导进行操作，反而会束缚学生的主动性和积极性．

四、习题实验化的科学性设计思路

习题实验化的设计需要遵循科学性原则：实验设计必须保证不出现科学性错误，这是根本的要求；其次，实验设计还要包含科学思想和科学方法等教育因素．

科学性原则首先要求保证实验原理正确．例如，向装有水的容器中滴入红墨水来演示分子的扩散现象时，对容器进行加热的做法就不妥当，因为加热后看到整个容器中的水变红，其主要原因是液体的对流，而不是扩散现象．

案例：物理课上，老师做了一个奇妙的“跳环实验”．如图 3－2－8 所示，她把一个带铁芯的线圈 L、开关 S 和电源用导线连接起来后，将一金属套环置于线圈 L 上，且使铁芯穿过套环，闭合开关 S 的瞬间，套环立刻跳起．某同学另找来器材再探究此实验．他连接好电路，经重复实验，线圈上的套环却未动．对比老师演示的实验，下列四个选项中，导致套环未动的原因可能是（　　）

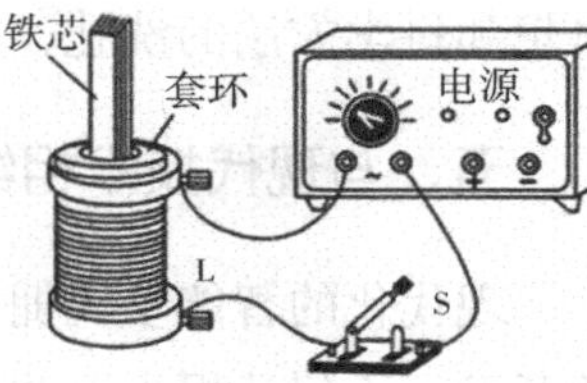

图 3－2－8

A. 线圈接在了直流电源上

B. 电源电压过高

C. 所选线圈的匝数过多

D. 所用套环的材料与老师的不同

习题实验方案：

实验采用的装置，包括铁芯、线圈和铝环．一开始设计实验时，铁芯部分和线圈自由放置在桌面上．每次通电时，铝环上升的高度非常理想．于是考虑设计对比实验，同学们换用开口铝环实验，实验结果仍然可以看到开口铝环也能高高弹起．铝环开口变大，效果依旧，后来改为一截铝片，还是能高高弹起．于是我们换用不导电的塑料环，意外地发现，塑料环居然也能被弹起．

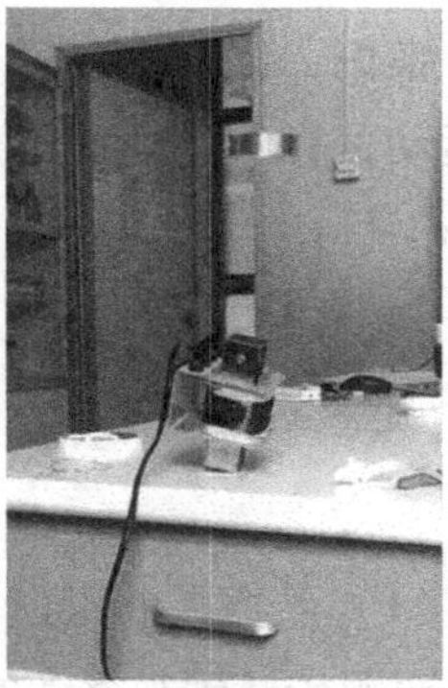
图 3－2－9

这是怎么回事呢？

同学们对实验视频慢动作进行了逐帧仔细分析．终于发现，实际上开口铝环弹起的原因，是由于线圈和铁芯之间有电磁感应，根据楞次定律，铁芯跳起，于是铁芯将开口铝环弹起，弹起的力是铁芯与开口铝环间的弹力，而不是磁场力．通过批判性的分析实验探究过程，学生发现原先所做的看似跳得很高的实验实际上是一个“假实验”．

如图 3－2－9 所示，进一步设计实验，将铁芯和线圈用热溶胶固定在桌面上重做以上实验，发现铝环能够弹起，但是弹起的高度明显变低，而开口的铝环不会被弹起．

通过对实验装置进行改装，实验效果虽然没有一开始那么明显，但是更符合习题实验化过程的科学性原则，同学们在实验装置改造的过程中，真正体验到了创造性解决问题的思想．在整个习题实验化过程中，师生共同经历了科学

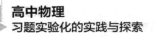

思想和科学方法的洗礼，同时培养了实事求是的科学态度．

五、与现代技术相结合的设计原则

现代化的智能手机拥有了更多的功能和实用方法，特别是手机中各种 APP 的开发，不仅从根本上改变了人们的生活，对学习方式的改变也是一个不小的冲击，使人们的生活和学习发生了翻天覆地的变化．物理教学中，让手机 APP 走进课堂，在演示实验、探究性实验和模拟实验中均可以发挥积极的作用，特别是传感器、QQ 等各种手机 APP 的开发和功能的丰富，极大提高了物理实验的直观性、趣味性和针对性．更重要的是，学生对新生事物的接受能力和学生个性的发展得到了最大限度地尊重和发挥，激发了学生物理学习的兴趣，切实提高了学生实践探究的积极性．

案例：（江苏高考）如图 3－2－10 所示，声源 S 和观察者 A 都沿 x 轴正方向运动，相对于地面的速率分别为 v_s 和 v_A．空气中声音传播的速率为 v_p，设 $v_s < v_p$，$v_A < v_p$，空气相对于地面没有流动．

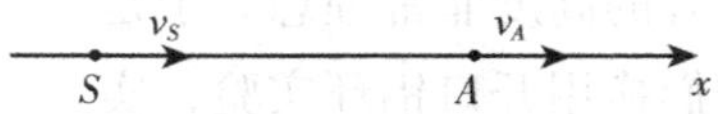

图 3－2－10

（1）若声源相继发出两个声信号，时间间隔为 Δt，请根据发出的这两个声信号从声源传播到观察者的过程，确定观察者接收到这两个声信号的时间间隔 Δt.

（2）请利用（1）的结果，推导此情形下观察者接收到的声波频率与声源发出的声波频率之间的关系式．

习题实验化方案：看得见的多普勒效应

多普勒效应，指的是由于观察者和波源之间的相对运动导致接收到的波的频率发生变化的现象．教学中通常是通过听觉感受声音频率的变化，学生一般会对频率的变化产生怀疑．本设计就是想让学生不仅能听到声音的变化，还可以让学生“看到”频率的变化．教学设计如下．

表 3-2-1　教学设计表

教学环节（导入、讲授、复习、训练、实验、研讨、探究、评价、建构）	教师活动	学生活动	信息技术支持（资源、方法、手段等）
导入	播放视频	观看视频，用听觉分辨火车进出站的汽笛声的频率变化	视频、音频、播放器
设疑	提问：声音的变化一定是频率的变化吗	回答：有的回答是，有的回答不一定是，出现意见分歧	
探究	实验仪器介绍	学生代表参与合作	无线音箱手机
实验	引导	参与	频率检测 APP 手机同频软件 itool
评价	引导	参与	投影仪投影 结论：多普勒效应

具体方案：手机安装频率检测 APP，检测听到的声音频率，再将检测到的频率变化情况，通过电脑手机同频软件 itool 显示在大屏幕上，学生直观看到频率的变化.

实验一：声源不动，手机运动，观察接收频率的变化.

实验二：手机不动，声源运动，观察接收频率的变化.

实验三：手机和声源相对运动，观察接收频率的变化.

实验四：手机和声音一起做相同的运动，观察接收频率的变化.

实验五：利用接收频率和固有频率的关系，估测运动物体的速度，利用声波的多普勒效应测速.

下图二维码为实验视频，请看“手机演示多普勒效应”实验：

实验记录：

（1）初步实验：选择合适的频率检测 APP 安装在手机上，选择同屏技术

APP—itool. 无线音箱发出声音，当手机和音箱发生相对运动时，通过大屏幕观察接收频率的变化.

甲：声源和接收者均静止，声音频率 $f=710\text{Hz}$

乙：声源不动，接收者远离声源，接收频率 $f=707\text{Hz}$

丙：声源不动，接收者靠近声源，接收频率 $f=714\text{Hz}$

图 3－2－11

（2）可行性和合理性的理论验证.

表 3－2－2　接收频率理论值表

序号	1	2	3	4	5	6	7	8	9	10
声音频率（Hz）	710	710	710	710	710	710	710	710	710	710
观察者速度（m/s）	1	2	3	4	5	0	0	0	0	0
声源速度（m/s）	0	0	0	0	0	1	2	3	4	5
接收频率（Hz）	712.1	714.2	716.3	718.4	720.4	712.1	714.2	716.3	718.5	720.6

表 3－2－3　接收频率理论值表

序号	11	12	13	14	15	16	17	18	19	20
声音频率（Hz）	710	710	710	710	710	710	710	710	710	710
观察者速度（m/s）	－1	－2	－3	－4	－5	0	0	0	0	0
声源速度（m/s）	0	0	0	0	0	－1	－2	－3	－4	－5
接收频率（Hz）	707.9	705.8	703.7	701.6	699.6	707.9	705.8	703.8	701.7	699.7

多普勒接收频率 $f'=\dfrac{v+v_{observe}}{v-v_{source}}f$，其中空气中的声速 $v=340\text{m/s}$. 若声音频率为 710Hz，接收频率为 714Hz，查表得到人在小跑时的速度约为 2m/s，检验后与事实完全相符.

六、与核心考点相结合的设计原则

高三复习时选择可以实验化的习题，应尽量做到经典和核心，经典在于模型具有代表性，核心是指涉及高考主干知识和核心考点，通常是选择高考题．综合性较强的试题有利于二轮复习构建知识框架，选题不应再过分关注趣味性．选题要便于学生开展实验，同时要求所选问题可以层层拓展，举一反三．

表 3－2－4　力学部分复习中几个习题实验化的案例表

序号	1	2	3
考点	拉力变化（静力学经典题型，掌握平行四边形定则）	拖把问题（牛顿第二定律综合问题）	动量与碰撞经典题型（解决碰撞的电灯泡问题，并学会迁移）
题源	2014 年重庆	2012 全国新课标；2013 高考山东理综第 22 题	2014 年全国卷 1
情景	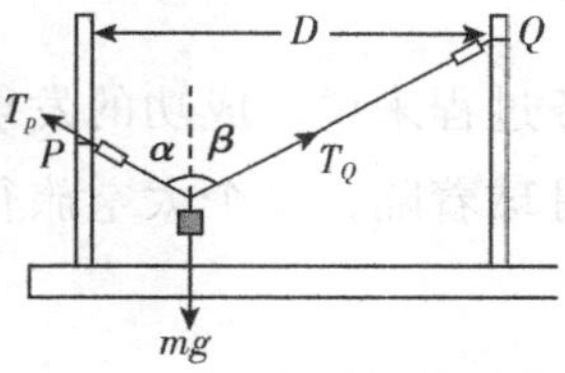	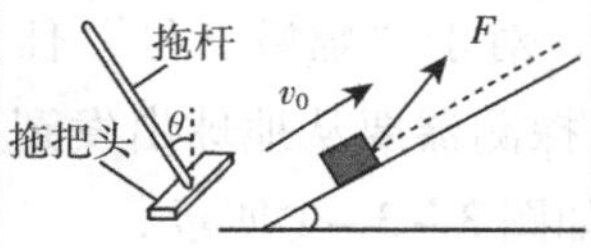	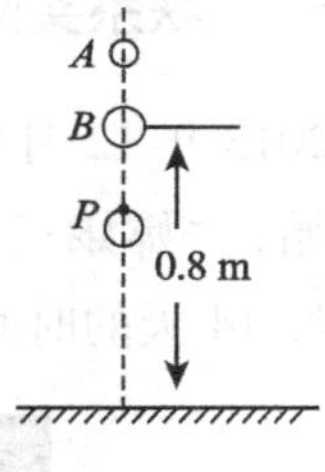
实验化	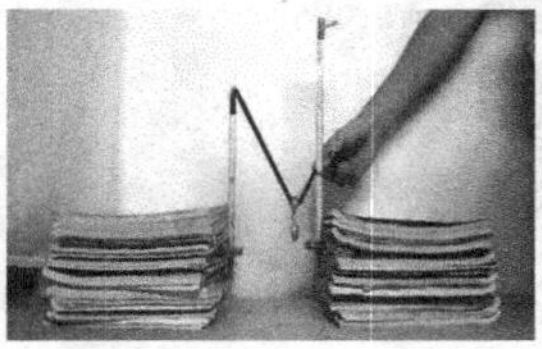	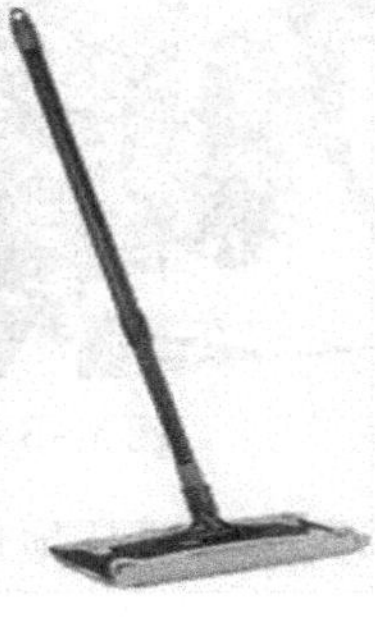	

第三节　物理习题实验化的常用教学方式

我们知道，在概念或者规律教学中通常会有很多演示实验，演示实验通常会有一些基本的要求，比如说，遵循大纲教材，必须排除次要细节，突出重点和关键，必须力求实验效果清楚明显．

但是习题实验化更多的是强调实验的创造性，强调从实验事实中挖掘与学过的知识间的联系，有时更强调知识的综合应用，允许实验有更多的复杂性，不排除一个实验涉及多个知识点．同时，习题实验化可以实现与生产生活的紧密联系，培养学生热爱科学的精神和社会责任．所以，习题实验化教学中有一些特有的方法．

一、联系实际，展示联系生活和社会的图片

2013 年 12 月 2 日，对于"嫦娥三号"任务过程来说，成功的发射只是一个开始，"嫦娥三号"探测器要从地球出发到月球着陆，整个太空旅行大约需要持续 14 天的时间，如图 3－3－1 所示．

图 3－3－1

新闻一："嫦娥三号"探测器要从地球出发到月球着陆，整个太空旅行大约需要持续 14 天的时间．

新闻二：阿波罗登月只用 4 天，为什么"嫦娥三号"登月要用 14 天？

举国欢庆的日子里，面对以上两条对比新闻，物理老师该做点啥呢？我们引导学生将学过的万有引力知识与实际联系起来，适时地对学生所学过的开普勒第三定律进行了拓展．在学生中开展了以下分析活动．

由图 3－3－2 可知，月球的圆周轨道的长轴和嫦娥 3 号的椭圆轨道长轴之比等于 2，应用开普勒第三定律，设卫星在月地之间转移轨道（椭圆）周期为 T_1，月球绕地球圆周运动周期为 T_2，则 $\frac{T_1^2}{T_2^2}=\frac{1}{2^3}$，得 $T_1=\frac{1}{\sqrt{2^3}}T_2$，已知 $T_2=27$ 天，代入数据得，椭圆轨道周期 T_1 约等于 9 天．奔月是半个周期，刚好是 4.5 天，与报道的阿波罗登月时间相符．学生利用理论分析完阿波罗轨道周期合理性后，接着展示了第三条相关新闻并对其进行了解读．

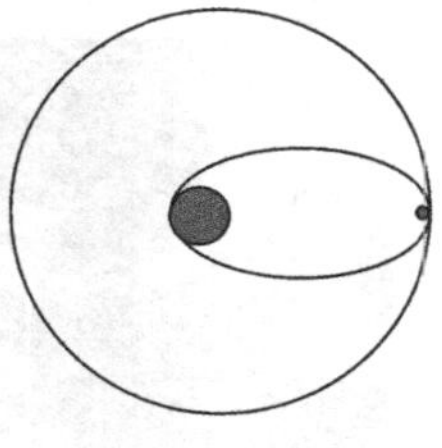

图 3－3－2

新闻三：了解一下嫦娥奔月时间表：①运载火箭将嫦娥三号送入地月转移轨道；②在轨飞行约 5 天，近月制动被月球捕获，进入 100 公里环月圆轨道；③飞行约 4 天后，变轨进入椭圆轨道；④再飞行约 4 天，开始动力下降；⑤着陆后，探测器择机释放月球车．

同学们经历了几个回合的质疑和释疑，既搞清楚了社会新闻事实中的疑惑，也让学生真正感受到了科学的魅力．同时还能产生我国航空领域的研究在国际上所处领先地位的自豪感，真实体验到“厉害了，我的国！”

二、通过视频演播联系生活、社会

随着我国经济、国防、科技等的飞速发展，同学们可以感受到一个又一个的科技成果：“太空授课”，“大飞机”试飞，“蛟龙号”深潜等．教师必须创造条件让学生观看相关视频，和学生一起感受科技的进步，与学生一起挖掘其中的物理元素，分析相关的物理知识．

比如看完太空授课视频后，我们知道了，在失重状态下，固定悬点的小球即使获得较小的初速度，也不再是来回摆动，而是做完整的匀速圆周运动．我们也知道了角动量守恒的应用，了解到高速旋转陀螺仪的定轴性．而演示“水膜水球”表面张力时，无意中看到了在水球前，王亚萍还有一个倒立的清晰的实像，为什么？通过同学们分析，可以知道“水膜水球”相当于一个凸透镜，通过“水膜水球”，我们看到了王亚平倒立缩小的像，这说明王亚平距离“水膜水球”大于 2 倍焦距．这种课堂的创生性可以大大提高同学们对未知的探求欲望，由于从一开始就没有预设性，从而更能培养学生的实践意识——将实验现象与所学物理知识相联系的自觉性．这也充分体现了习题实验化教学中的实验特征．

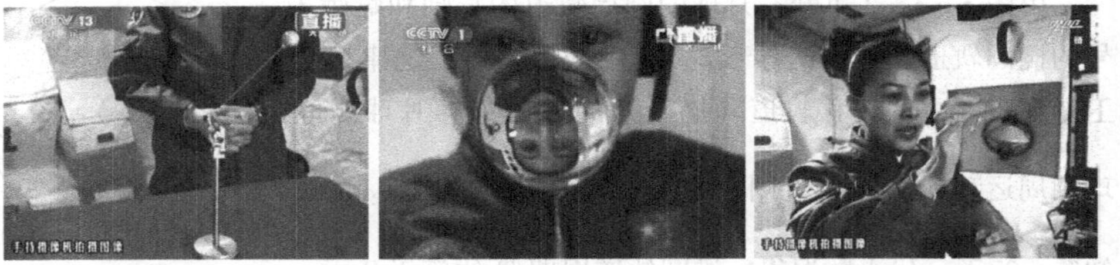

图 3－3－3

三、通过学术性游戏，增加学生趣味性

如图 3－3－4 所示，学习平行四边形定则，我们在新授课时也会安排一些实验，比如说平行四边形定则演示仪的制作，通过制作演示仪，可以演示分力大小不变，合力随着夹角的增大而减小，也可以演示两个大小一定的力的合力的最大值等于两个力大小之和，最小值等于两个力大小之差．新授课主要侧重于对新学知识和规律的理解．

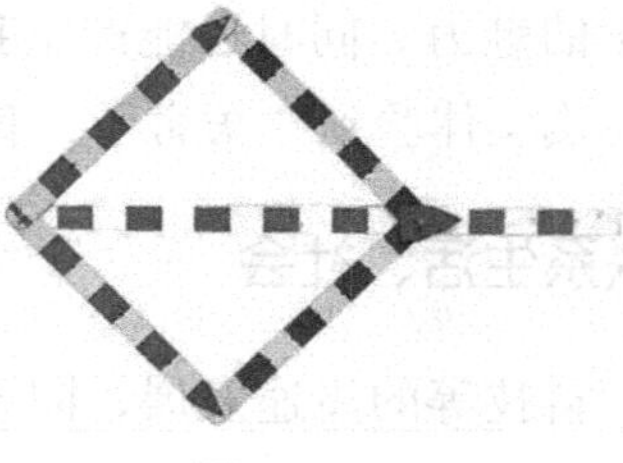

图 3－3－4

但是在习题实验化过程中，实验设计可以更加丰富，学生已经学习了相关知识，观看实验时已经有了一个“共同的语言”，对实验的理解可以做到“心领神会”，能够自行进行主要因素的提取．所以，同样是学习平行四边形定则，但是在习题实验化教学中，可以安排“听话的绳子”，“猜猜我咋动”等更具趣味性的学术性游戏．

四、利用创生性，经历创造性解决实际问题的过程

习题实验化教学中的实验，主要来源于师生的共同创造．实验中难免有一些错误和不合理的地方．但这也正是习题实验化教学的真正意义所在，真实反

映了实验或者问题的原始性.

比如，在演示“听话的绳子”实验的过程中，习题中的知识点通常是考查“物体的动态平衡”，所以习题中常用的表述是“缓慢移动绳子一端”. 但是实际上，当同学们在实验中缓慢上下移动绳子左端时，右边的绳子总是很难和设定的背景线重合. 同学们正苦思冥想时，另一个同学上来操作，并没有像之前那样“缓慢”移动绳端，而是采用较快速度移动时，实验奇迹般地成功实现了.

到底是怎么回事呢？学生们经过进一步分析知道，实验中实际采用的滑轮摩擦力较大，所以效果不是很理想. 那为什么快速移动实验效果反而更加理想呢？原来是因为缓慢移动时，滑轮之间存在静摩擦力，而最大静摩擦力往往略大于滑动摩擦力，所以快速移动时，摩擦力变小，反而更加接近理想状态. 后来换用摩擦力更小的滑轮使实验效果更加“完美”. 但就是通过这些“不完美”的“原始实验”，同学们才能真正经历创造性地解决问题的过程，才能有机会将学过的多个知识点在一个物理现象中进行灵活应用.

在有关弹性碰撞的习题实验化过程中，也曾经历了一次创生性问题的现场解决. 对于一静一动的弹性碰撞，我们有一些经典的结论，设质量为 m_1 的小球 A 以速度 v_0 在光滑水平面上运动，与质量为 m_2 的静止小球 B 发生对心弹性碰撞，则有关系式 $v_A=\frac{m_1-m_2}{m_1+m_2}v_0$，$v_B=\frac{2m_1}{m_1+m_2}v_0$.

结论 1，若小球碰大球，即 $m_1<m_2$，小球会反弹. 结论 2，若大球碰小球，且 $m_1>>m_2$，小球不会出现“被撞飞”的现象，其最大速度约为入射速度 v_0 的两倍.

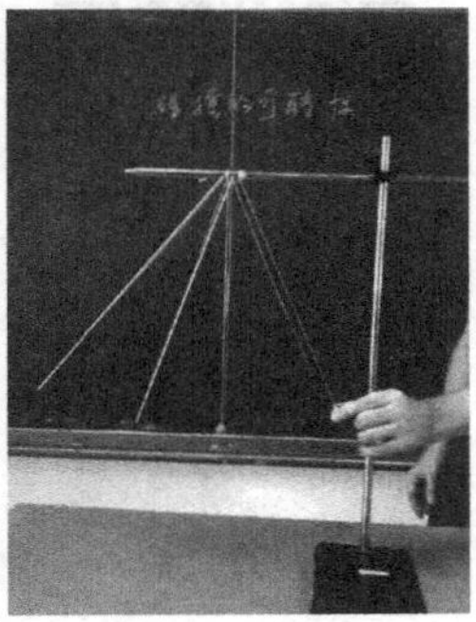

图 3－3－5

讲完理论分析后，开始进行实验验证，起初只做了小球撞大球时小球被反弹的情况，用塑料球与钢球做对心碰撞，可以看到塑料球明显地被弹回了.

当时只是觉得，第一个结论容易论证，第二个结论需要定量比较，速度不是很好测量，本没有打算进行实验验证.但是同学们当堂就提出了想验证一下的想法.于是经过讨论和汇总，很快提出了实验方案.测量一下钢球释放点的高度，和塑料球弹起的高度做一个对比就行了.说完马上行动，经过反复操作、测量，基本上可以看出塑料球弹起的高度略小于钢球释放点高度的四倍.但是总觉得实验效果不够直观，因为高度（差）并不能很方便地测量和观察.

这时，又有同学提出采用摆动角度测量是否可以更加直观.于是我们在摆球背后的黑板上画好几个预设的摆线位置，结果意外地看到塑料球被撞后的摆角约为钢球释放时摆角的两倍，如图 3－3－5 所示.

随后与几个参加竞赛的同学进行了推导，在小角度范围内，速度确实与摆角成正比，于是从观察摆角的两倍关系可以直观地验证速度约为两倍关系.推导过程如下.

$\frac{1}{2}mv^2 = mgh = mgl(1-\cos\theta) = mgl \cdot 2\sin^2\frac{\theta}{2} \approx mgl \cdot \frac{\theta^2}{2}$，故速度 v 与摆角 θ 成正比.查表可以知道 $\sin 15° \approx 0.26$，$\sin 7.5° \approx 0.1305$，即在 15°范围内，摆角 θ 与其正弦值也近似成正比.即通过摆角的倍数关系可直观呈现出钢球的入射速度与被碰塑料球的速度之间的关系.

总之，习题实验化可以让师生一起经历创生性问题的解决过程，同时还考验教师临场实际教学的应变能力.

下图为二维码实验视频，请看“重球对轻球的弹性碰撞”实验：

第四节　物理习题实验化研究使用的调查问卷

亲爱的同学：

您好！这是一份为了帮助我校物理教学更好开展习题实验化活动而设计的问卷，目的是了解物理习题实验化对学习物理的作用，明确物理习题实验化在习题教学中的地位，研究培养实验操作能力的方法，提出适合您学习的方案．请您根据平时的实际情况，真实填写．

祝您学习进步！身体健康！谢谢！

1. 你的性别？（　　）

A. 男　　B. 女

2. 你的年级？（　　）

A. 高一　　B. 高二

C. 高三

3. 你喜欢学物理吗？（　　）

A. 非常喜欢　　B. 较喜欢

C. 不喜欢　　D. 其他

4. 你认为物理学习困难吗？（　　）

A. 很难　　B. 难

C. 一般　　D. 容易

5. 物理题难解，你觉得难在以下哪个环节？（　　）

A. 文字叙述向物理情景的转化　　B. 物理情景向物理条件的转化

C. 物理条件向数学条件的转化　　D. 数学条件向数学关系的转化

6. 习题实验化主要可以帮助到以下哪个环节？（　　）

A. 文字叙述向物理情景的转化　　B. 物理情景向物理条件的转化

C. 物理条件向数学条件的转化　　D. 数学条件向数学关系的转化

7. 如果你的老师需要你参与习题实验化的工作，你愿意积极参加吗？(   )

A. 非常愿意　　B. 愿意

C. 一般　　D. 不愿意

8. 你对老师在课堂上演示的实验现象主动进行过分析吗？(   )

A. 我不知道怎样观察，所以很少主动分析

B. 我观察到实验现象，但不知道哪一个是主要现象

C. 我观察到实验现象，但不会主动去分析

D. 我观察到实验现象，但是不理解，所以不会主动去分析

E. 我会主动去分析

9. 在你看来，通过习题实验化，可以提高学生剖析概念的精确性吗？(   )

A. 可以　　B. 不可以

C. 没有关系

10. 在你看来，通过习题实验化，可以促进学生模型建立的准确性吗？(   )

A. 可以　　B. 不可以

C. 没有关系

11. 在你看来，通过习题实验化，可以达成学生对规律理解的深刻性吗？(   )

A. 可以　　B. 不可以

C. 没有关系

12. 在你看来，通过习题实验化，可以提高学习过程中分析的严谨性吗？(   )

A. 可以　　B. 不可以

C. 没有关系

13. 在你看来，通过习题实验化，可以引导学生知识应用的主动性吗？(   )

A. 可以　　B. 不可以

C. 没有关系

14. 在你看来，通过习题实验化，可以增进学生探究活动的积极性吗？(   )

A. 可以　　B. 不可以

C. 没有关系

15. 通过现在的物理实验，你的最大的收获是什么？（　　）

A. 解决实际问题的能力得到提高

B. 探索新事物的欲望得到增强

C. 有助于知识的记忆和理解

D. 收获很小

16. 你希望将来做的物理实验是什么？（　　）

A. 与实际生活联系密切一些

B. 实验结果事先不知道，需要探索

C. 能为我们提供自己动手制作的条件

D. 一些关于科研前沿的实验

17. 目前学校的物理实验仪器给你的印象是什么？（　　）

A. 实验仪器比较先进

B. 实验仪器比较落后

C. 实验仪器的种类多

D. 实验仪器的种类少

E. 实验结果通常不准确，误差较大，老师的解释有些牵强

4

第四章
基于经典例题创新实验案例分析——力学

第一节　基于滑轮组件的习题实验化活动

一、典型例题呈现

例题1：（多选）（2017 · 天津卷）如图 4－1－1 所示，轻质不可伸长的晾衣绳两端分别固定在竖直杆 M、N 上的 a、b 两点，悬挂衣服的衣架挂钩是光滑的，挂于绳上处于静止状态．如果只人为改变一个条件，当衣架静止时，下列说法正确的是（　　）

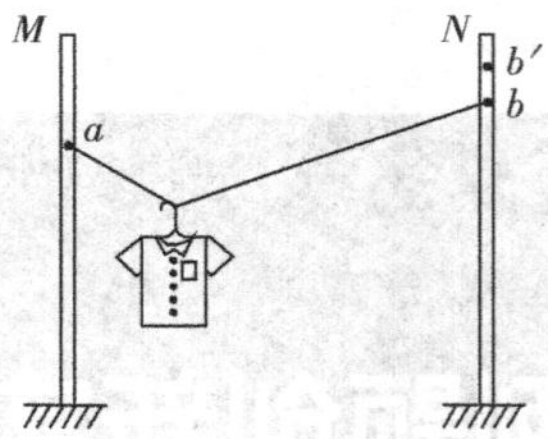

图 4－1－1

A. 绳的右端上移到 b'，绳子拉力不变

B. 将杆 N 向右移一些，绳子拉力变大

C. 绳的两端高度差越小，绳子拉力越小

D. 若换挂质量更大的衣服，则衣架悬挂点右移

答案：AB.

解析：绳的右端上下移动及改变绳子两端高度差都不会改变挂钩左右两部分绳间的夹角，A 正确，C 错误；两绳间的夹角与衣服的质量大小无关，D 错误；将杆 N 向右移一些，两部分绳间的夹角变大，绳子拉力变大，B 正确．

考点：探究弹力和弹簧伸长的关系实验，验证力的平行四边形定则实验．

例题2：如图 4－1－2 所示，倾角为 α 的粗糙斜劈放在粗糙水平面上，物体 a 放在斜面上，轻质细线一端固定在物体 a 上，另一端绕过光滑的滑轮 1 固定在 c 点，滑轮 2 下悬挂物体 b，系统处于静止状态．若将固定点 c 向右移动少

许，而物体 a 与斜劈始终静止，则（　　）

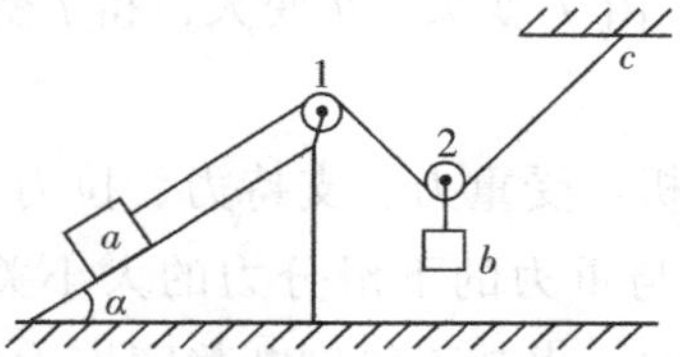

图 4－1－2

A. 细线对物体 a 的拉力增大

B. 斜劈对地面的压力减小

C. 斜劈对物体 a 的摩擦力减小

D. 地面对斜劈的摩擦力增大

考点：共点力平衡的条件及其应用，力的合成与分解的运用 .

分析：对滑轮 2 和物体 b 整体进行受力分析，根据平衡条件求解细线上的拉力变化情况；对物体 a 受力分析，判断物体 a 与斜劈间的静摩擦力的情况；对斜劈、物体 a、物体 b 整体进行受力分析，根据平衡条件求解整体与地面间的静摩擦力和弹力的情况 .

解答：对滑轮 2 和物体 b 作为整体进行受力分析，受重力 m_bg 和两个拉力 T，如图 4－1－3 所示：

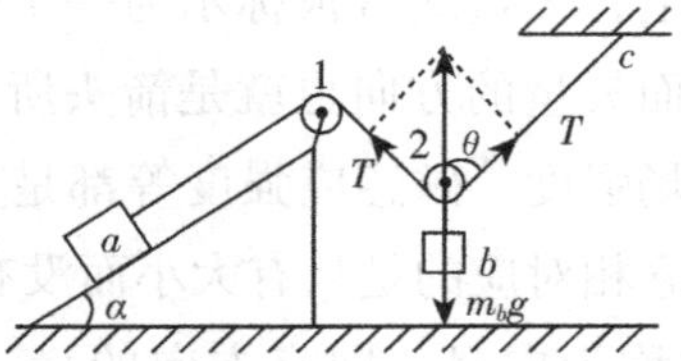

图 4－1－3

根据平衡条件，有 $m_bg=2T\cos\theta$，

解得，$T=\dfrac{m_bg}{2\cos\theta}$，将固定点 c 向右移动少许，则 θ 增加，故拉力 T 增大，故 A 正确 .

讨论地面摩擦力时，应选斜劈、物体 a、滑轮和物体 b 整体为研究对象进行受力分析，整体受重力 $G_{总}$、地面支持力 N、右侧细线的拉力 T 和地面的静摩擦力 f，如图 4－1－4 所示 .

根据平衡条件，有 $N=G_{总}-T\cos\theta=G_{总}-\dfrac{1}{2}m_bg$，所以 N 与角度 θ 无关，恒

定不变；根据牛顿第三定律，压力也不变，故 B 选项错误．地面摩擦力 $f=T\sin\theta$，由 T 变大，θ 变大，得 f 变大，故 D 选项正确．

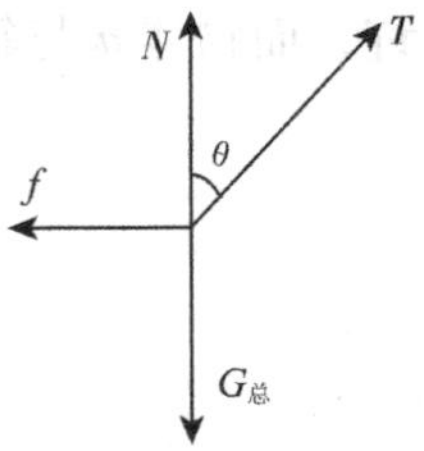

图 4－1－4

对物体 a 进行受力分析，受重力、支持力、拉力和静摩擦力，由于不知道拉力与重力的下滑分力的大小关系，则无法判断静摩擦力的方向，也就不能判断静摩擦力的变化情况，故 C 错误．

故正确答案为 AD 选项．

二、经典内容概述

大概念主题	核心考点	模型构建	思想方法	物理观念
物体的相互作用	平行四边形定则	滑轮、细绳、活结和死结	整体和隔离法、作图法、理想化模型、等效替代	矢量、相互作用

本主题考查的核心考点是力的平行四边形定则，培养的物理观念——矢量和力的相互作用．

矢量（英语：Vector）是数学、物理学和工程科学等多个自然科学中的基本概念，指一个同时具有大小和方向的几何对象，因常常用箭头符号标示以区别于其他量而得名．直观上，矢量通常被标示为一个带箭头的线段．线段的长度可以表示矢量的大小，而矢量的方向也就是箭头所指的方向．物理学中的位移、速度、力、动量、电场强度、磁感应强度等都是矢量．矢量的运算遵循平行四边形定则．与矢量概念相对应的是只有大小而没有方向的标量．

在数学中，矢量也常称为向量，即有方向的量，并采用更为抽象的矢量空间（也称为线性空间）来定义，而定义具有物理意义的大小和方向的向量概念则需要引进了内积的欧几里得空间．

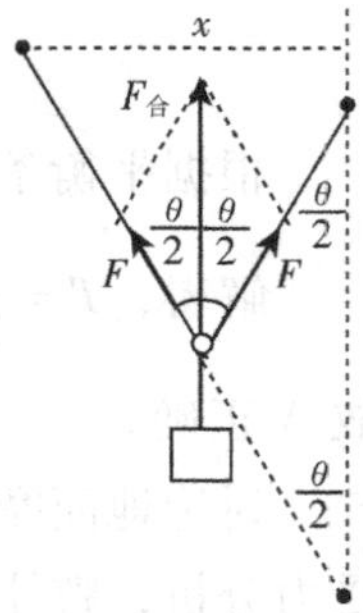

图 4－1－5

矢量合成遵循平行四边形定则，在细绳上悬挂一个无摩擦的滑轮时，两边细绳拉力均为 F，F 的合力对应的平行四边形褪化为常见的更简单的模型——菱形，如图 4－1－5，此时 $F_{合}=2F\cos\frac{\theta}{2}$，其中 θ 为大小相等的两个分力 F 间的夹角．若细线悬点间水平距离为 x，线长为 L，则有关系式 $\sin\frac{\theta}{2}=\frac{x}{L}$，其中 $0<\frac{\theta}{2}<\frac{\pi}{2}$．在第一象限内，$\sin\frac{\theta}{2}$ 为增函数，$\cos\frac{\theta}{2}$ 为减函数．故假设重物不变，若其中一个悬点左右移动时，引起 x 变大，θ 变大，F 变大；若其中一个悬点沿竖直方向移动时，x 不变，则 θ 不变，F 不变．

关于多对象的静力学问题，常常考查整体和隔离的思想方法，其选择依据是简单原则．在平时学习中，受力分析时要尝试不同对象的选取，在实践中总结出一些可供考试使用的方法．而不能只满足于一种对象的选取，这样才能做到举一反三，同类迁移，触类旁通．

物体的平衡分为平行力系的平衡和共点力系的平衡，中学通常讨论的是共点力系的平衡，或者简化（等效）为共点力系的平衡．物体的平衡条件是合力为零，且合力矩为零．

比如，静止在斜面上的木块，若质量均匀分布，其受力分析图就很容易画错．图4-1-6是正确的受力图，既满足合力为零也满足合力矩为零．若不考虑物体的转动，即不考虑合力矩是否为零，而只考虑合力是否为零，力的作用线不仅可以延长，也可以平移，即可以画成图4-1-7．图4-1-8是一个典型的错误，过分强调力的作用点，却忽略合力矩为零的条件．其中，弹力 N 的等效作用点不应该在底面的中点，而是应偏向下侧．

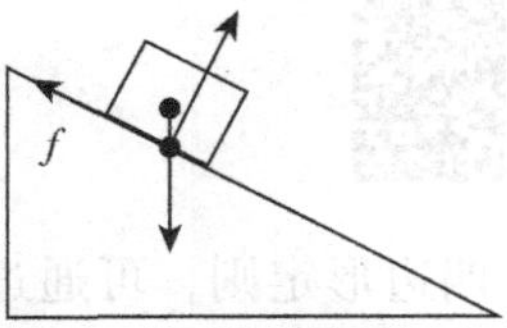

图4-1-6　实际受力图
力的作用线延长交于一点

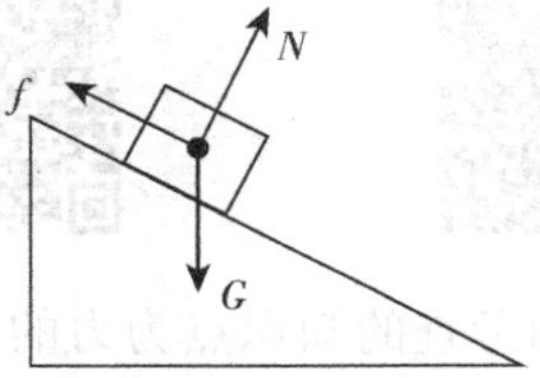

图4-1-7　简化受力图
力的作用点为同一点

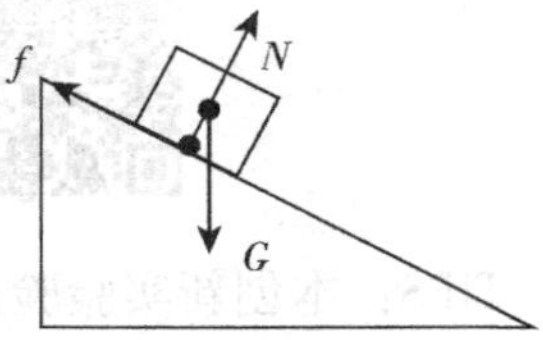

图4-1-8　典型错误

三、相关创新实验

创新实验：分力不变演示仪

实验仪器：两堆书作为整个实验的底座，细线、滑轮、铅垂仪．

实验步骤：展示绳子拉力（分力）的变化规律．

（1）学生就地取材，采用随手可得的两堆书作为整个实验的底座，保证了实验装置的稳定性．用纸做成管状加上笔杆作为竖直支架，安装细线和滑轮．

旁边安装的铅垂仪，用来保证右边的笔管支架是竖直的．

（2）当系统平衡时，观察发现，动滑轮两侧上的绳子与竖直方向的夹角始终保持相等．这个现象由平行四边形（这里是菱形）的特点和三力平衡知识可证明．

（3）将右边底座整体向右移动，两绳子间夹角变大，所以绳子上的拉力变大，但是两绳子与竖直方向上的夹角仍保持相等．

（4）将绳子右端悬点沿竖直支架上下移动时，滑轮也随着移动，但两绳子的夹角始终不变．由平行四边形定则可验证绳子上的拉力大小不变．

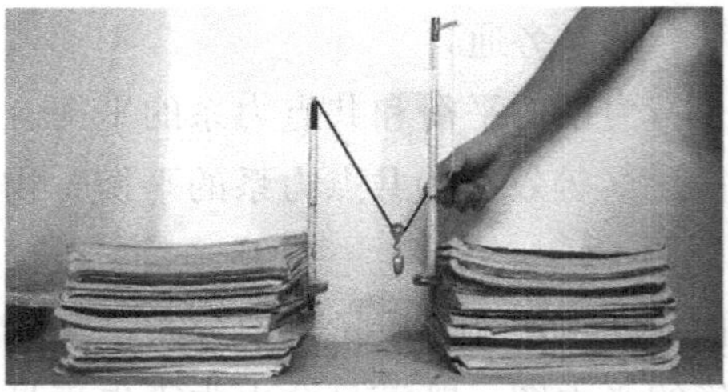

图 4－1－9

下图二维码为实验视频，请看“分力不变演示仪”和“分力与夹角的大小关系”实验：

习题实验化之分力与夹角的关系　　习题实验化之分力不变演示仪

TIPS：本创新实验验证和考查的知识点为力的平行四边形定则，可通过数学上的相似三角形证明，尤其是第四点结论是理解的难点．通过习题实验化，可以提高学生探究的自主性，创造性地采用学生身边的材料完成实验，同时培养了学生探究的能力，使他们养成探究的习惯．实验中的书作为稳定的底座、纸和笔筒做成支架以及用于判断支柱是否竖直的铅垂仪等装置的整合，是习题实验化过程的意外收获，但实际上也正是我们物理教学所追求的本源．这也说明解题能力的提高和探究能力的培养是完全可以不对立的．

四、对应考题链接

1.（2016·高考全国卷Ⅰ）如图 4－1－10，两个轻环 a 和 b 套在位于竖直面内的一段固定圆弧上；一细线穿过两轻环，其两端各系一质量为 m 的小球．在 a 和 b 之间的细线上悬挂一小物块．

平衡时，a、b 间的距离恰好等于圆弧的半径．不计所有摩擦，则小物块的质量为（　　）

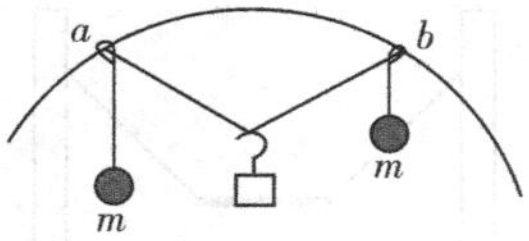

图 4－1－10

A. $\frac{m}{2}$　　　　B. $\frac{\sqrt{3}}{2}m$

C. m　　　　D. $2m$

考点：力的平行四边形定则．

分析：本题涉及平行四边形定则应用的一个最常见的模型——大小相等的不共线的两个力的合力方向恰好在已知两力所夹角的角平分线上．

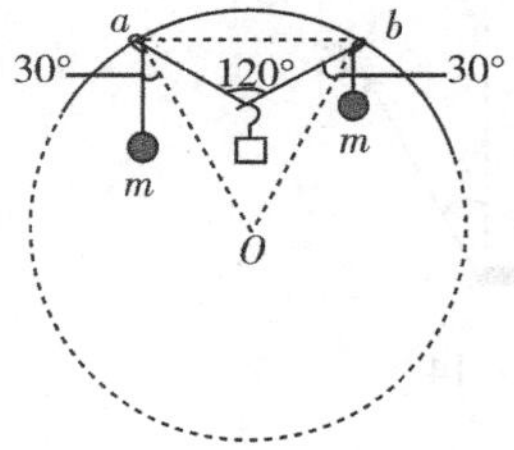

图 4－1－11

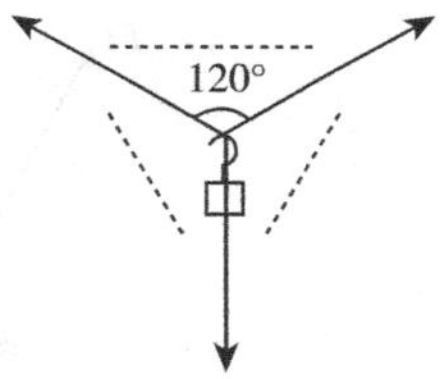

图 4－1－12

如图 4－1－10 所示，由于不计摩擦，线上张力处处相等，由于轻环与圆弧间的弹力沿圆弧半径方向，所以轻环受两根细线的拉力的合力方向沿半径指向圆心．由于相等的两个力的合力方向将沿着已知两个力的角平分线，故半径 aO 刚好是两细线所夹角的角平分线，bO 亦如此．由于 a、b 间距等于圆弧半径，则 $\angle aOb = \angle Oba = 60°$，故两细线与 aO、bO 间的夹角皆为 30°．取悬挂的小物块为研究对象，悬挂小物块的两细线张角为 120°，如图 4－1－11．再以物块悬挂点为研究对象，如图4－1－12，互成 120°的三个力合力为零，则这三个力的大小必定相等，所以小物块的重力与细线拉力相等，小物块的质量与小球的质量相等，即为 m．故选项 C 正确．

答案：C．

2. （2014 · 山东高考）如图 4 - 1 - 13 所示，用两根等长轻绳将木板悬挂在竖直木桩上等高的两点，制成一简易秋千，某次维修时将两轻绳各剪去一小段，但仍保持等长且悬挂点不变．木板静止时，F_1表示木板所受合力的大小，F_2表示单根轻绳对木板拉力的大小，则维修后（　　）

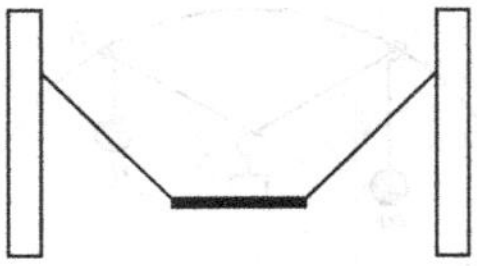

图 4 - 1 - 13

A. F_1不变，F_2变大　　B. F_1不变，F_2变小

C. F_1变大，F_2变大　　D. F_1变小，F_2变小

答案：A.

解析：由于木板始终处于静止状态，因此木板所受合力为零，故选项 C、D 错误；对木板进行受力分析，如图 4 - 1 - 14 所示，由平衡条件得，$2F_2\cos\theta = G$，当轻绳被剪短后，θ 增大，$\cos\theta$ 减小，则 F_2 增大，故选项 A 正确，B 错误．

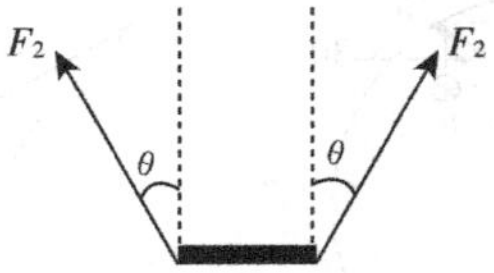

图 4 - 1 - 14

点拨：解答本题时应注意木板始终处于静止状态，应从物体的平衡条件出发进行分析．

3. 半圆柱体 P 放在粗糙的水平地面上，其右端有固定放置的竖直挡板 MN. 在 P 和 MN 之间放有一个光滑均匀的小圆柱体 Q，整个装置处于静止状态．如图 4 - 1 - 15 所示是这个装置的纵截面图．若用外力使 MN 保持竖直，缓慢地向右移动，在 Q 落到地面上以前，发现 P 始终保持静止．在此过程中，下列说法中正确的是（　　）

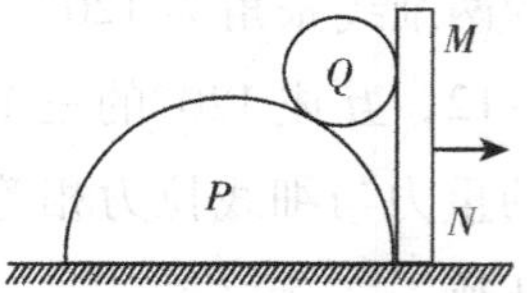

图 4 - 1 - 15

A. MN 对 Q 的弹力逐渐增大

B. MN 对 Q 的弹力逐渐减小

C. P、Q 间的弹力逐渐增大

D. P、Q 间的弹力逐渐减小

考点：共点力平衡的条件及其应用，力的合成与分解的运用．

分析：首先对圆柱体 Q 进行正确的受力分析，并建立直角坐标系，对 P 和 Q 间的作用力进行正交分解，得出 MN 对 Q 和 P 对 Q 的作用力的表达式，即可得知在向右移动 MN 时，这两个力的变化情况．

解答：对小圆柱体 Q 进行受力分析，受竖直向下的重力 G，背向 P 的圆心的 P 对它的支持力 N_1 和挡板的水平向左的支持力 N_2 的作用，如图 4－1－16 所示，建立直角坐标系，把 N_1 进行正交分解，设 N_1 与 x 轴方向上的夹角为 θ，

沿 x 轴方向上有，$N_1\cos\theta=N_2$ ①

沿 y 轴方向上有，$N_1\sin\theta=G$ ②

联立①②解得，$N_1=\dfrac{G}{\sin\theta}$ ③

$N_2=G\cot\theta$ ④

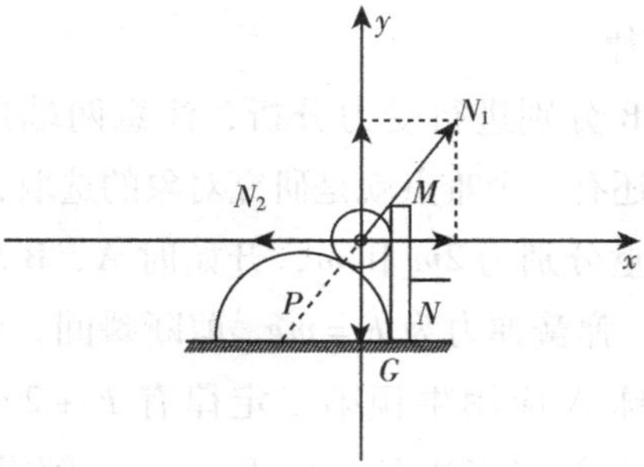

图 4－1－16

在 MN 向右移动时，θ 角减小，由④式可知，MN 对 Q 的弹力 N_2 逐渐增大．故 A 正确，B 错误．

在 MN 向右移动时，θ 角减小，由③式可知，P、Q 间的弹力 N_1 逐渐增大．故 C 正确，D 错误．

故选：AC.

第二节　基于弹力突变和摩擦角力学习题实验化活动

一、典型例题呈现

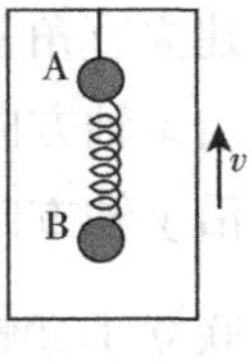

图 4-2-1

例题 1：（弹力突变问题）质量之比为 2∶1 的球 A、B，由轻质弹簧相连后再用细线悬挂在正在竖直向上做匀速运动的电梯内，某时刻突然剪断细线，则在细线剪断的瞬间，A、B 球的加速度分别为（　　）

A. $a_A = g$，$a_B = g$　　B. $a_A = 0$，$a_B = 0.5g$

C. $a_A = 1.5g$，$a_B = 0$　　D. $a_A = 0.5g$，$a_B = 1.5g$

考点：牛顿第二定律.

分析：对小球 A、B 分别进行受力分析，注意两端连着物体的轻弹簧的弹力不会发生突变. 本题还有一个难点就是研究对象的选取，容易将 m 和 $2m$ 混淆.

解答：设 A、B 质量分别为 $2m$ 和 m，开始时 A、B 均处于平衡状态，剪断前细线拉力为 $T = 3mg$，弹簧弹力为 $F = mg$. 剪断瞬间，细线弹力变为零，弹簧弹力仍为 mg，故对小球 A 应用牛顿第二定律有 $F + 2mg = 2ma_A$，解得 $a_A = 1.5g$；对小球 B 应用牛顿第二定律有 $mg - F = ma_B$，解得 $a_B = 0$. 正确答案选 C.

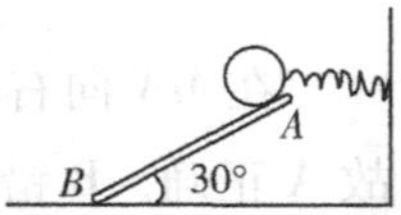

图 4-2-2

例题 2：（弹力突变问题）如图 4-2-2 所示，原长为 l_0，劲度系数为 k 的弹簧一端与质量为 m 的小球相连，另一端固定在竖直墙壁上，小球用倾角为 30° 的光滑木板 AB 托住，当弹簧水平时小球恰好处于静止状态，重力加速度为 g，则（　　）

A. 弹簧的长度为 $l_0 + \dfrac{\sqrt{3}mg}{3k}$

B. 木板 AB 对小球的支持力为 $\dfrac{\sqrt{3}mg}{2}$

C. 若弹簧突然断开，断开后小球的加速度大小为 $\frac{1}{2}g$

D. 若突然把木板 AB 撤去，撤去瞬间小球的加速度大小为 g

考点：牛顿第二定律，力的合成与分解的运用．

分析：对小球进行受力分析，应用平衡条件与胡克定律求出弹簧的长度和木板对小球的支持力，然后应用牛顿第二定律求出弹簧断开或撤去木板时小球的加速度．

解答：小球受力如图 4－2－3 所示．

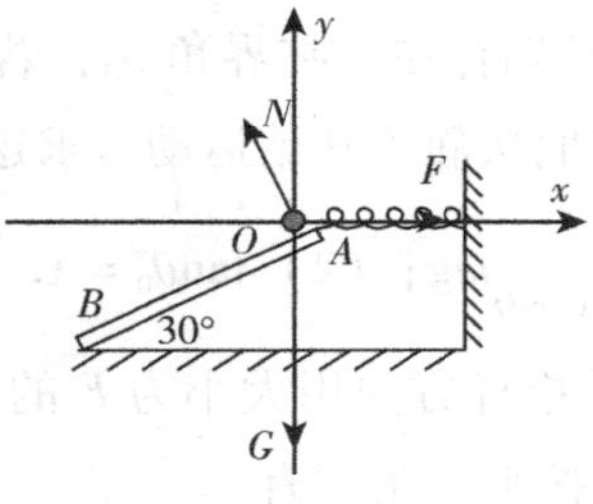

图 4－2－3

小球静止，处于平衡状态，由平衡条件得，$F-N\sin30°=0$，$N\cos30°-mg=0$，解得，$N=\frac{2\sqrt{3}mg}{3}$，$F=\frac{\sqrt{3}mg}{3}$，由胡克定律得，$F=\frac{\sqrt{3}mg}{3}=kx$，解得，$x=\frac{\sqrt{3}mg}{3k}$，则弹簧的长度：$l=l_0+x=l_0+\frac{\sqrt{3}mg}{3k}$，故 A 正确，B 错误；

弹簧突然断开，小球所受支持力将发生突变，小球合外力将不沿弹簧方向．由于小球将沿斜面向下运动，由牛顿第二定律得，断开后小球的加速度方向也沿斜面向下，其大小 $a=\frac{mg\sin30°}{m}$，$a=\frac{1}{2}g$，故 C 正确；

木板 AB 突然撤去的瞬间，支持力消失，重力和弹簧弹力均不发生变化，故合力大小等于撤去挡板前的支持力 N，方向与 N 反向，加速度为 $a=\frac{N}{m}=\frac{2\sqrt{3}g}{3}$，方向垂直于木板向下，故 D 错误．

故选：AC.

例题 3：（摩擦角）（2012 · 新课标全国卷 · T24）拖把是由拖杆和拖把头构成的擦地工具，如图 4－2－4 所示．设拖把头的质量为 m，拖杆质量可以忽略；拖把头与地板之间的动摩擦因数为常数 μ，重力加速度为 g. 某同学用该拖把在水平地板上拖地时，沿拖杆方向推拖把，拖杆与竖直方向的夹角为 θ.

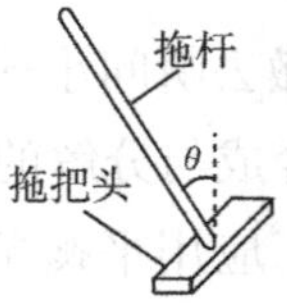

图 4－2－4

（1）若拖把头在地板上匀速移动，求推拖把的力的大小.

（2）设能使该拖把在地板上从静止刚好开始运动的水平推力与此时地板对拖把的正压力的比值为 λ. 已知存在一临界角 θ_0，若 $\theta \leqslant \theta_0$，则不管沿拖杆方向的推力多大，都不可能使拖把从静止开始运动. 求这一临界角的正切 $\tan\theta_0$.

答案：（1）$F=\dfrac{\mu}{\sin\theta-\mu\cos\theta}mg$；（2）$\tan\theta_0=\lambda$.

解析：（1）设该同学沿拖杆方向用大小为 F 的力推拖把，将推拖把的力沿竖直方向和水平方向分解，按平衡条件有

$$F\cos\theta+mg=N \quad ①$$

$$F\sin\theta=f \quad ②$$

式中 N 与 f 分别为地板对拖把的正压力和摩擦力. 按摩擦定律有

$$f=\mu N \quad ③$$

联立①②③式得

$$F=\frac{\mu}{\sin\theta-\mu\cos\theta}mg \quad ④$$

（2）若不管沿拖杆方向用多大的力都不能使拖把从静止开始运动，应有

$$F\sin\theta\leqslant\lambda N \quad ⑤$$

这时，①式仍满足，联立①⑤式得

$$\sin\theta-\lambda\cos\theta\leqslant\lambda\frac{mg}{F} \quad ⑥$$

现考察使上式成立的 θ 角的取值范围，注意到上式右边总是大于零，且当 F 无限大时极限为零，即有

$$\sin\theta-\lambda\cos\theta\leqslant 0 \quad ⑦$$

使上式成立的角满足 $\theta\leqslant\theta_0$，这里的 θ_0 是题中所定义的临界角，即当 $\theta\leqslant\theta_0$ 时，不管沿拖杆方向用多大的力都推不动拖把. 此时临界角的正切值为

$$\tan\theta_0=\lambda \quad ⑧$$

二、经典内容概述

大概念主题	核心考点	模型构建	思想方法	物理观念
力与运动	常见的几种力—弹力和摩擦力、牛顿第二定律	轻弹簧、斜面、摩擦角	整体和隔离法、正交分解法	运动观念、相互作用观念

由牛顿第二定律 $F = ma$ 可得，若物体质量 m 趋近于零，则在一个有限力 F 的作用下，物体加速度 a 趋近于无穷大，即完成一定位移的时间 t 也可以趋近于零．比如说，手拉轻质弹簧两端，若突然一端放手，则可认为理想轻质弹簧瞬间恢复原长，即弹力突变为零．

但若弹簧两端各系着一个有质量的物体，则一端放手后，物体加速度不是无穷大，而是有限的，所以释放瞬间弹簧长度不会突变，因而我们一般说连着物体的弹簧弹力不会发生突变．

对于接触面的弹力，由于是由微小形变产生的，即位移趋近于零，所以接触面的弹力可以发生突变．杆的弹力同样如此．

某一接触面的滑动摩擦力 f 总是与该接触面的弹力 N 成正比，表述为 $f = \mu N$，其中 μ 称为该接触面的动摩擦因数．由数学知识可知，f 与 N 的合力的方向将只由 μ 决定，常把该合力称为全反力 Q，设 Q 与 N 的夹角称为摩擦角 θ，则总有 $\tan\theta = \frac{f}{N} = \mu$．有了全反力的概念，经常可以将四个力的平衡问题转化为三个力的动态平衡问题来求极值，这样可以大大简化运算过程．

比如，拉动水平桌面上的物体的最小拉力的计算．

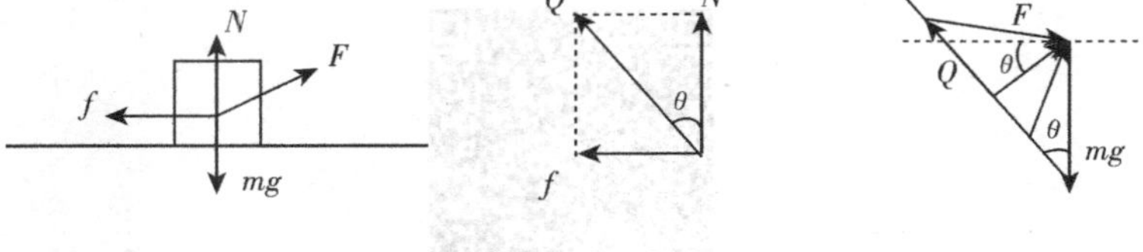

图 4－2－5

当用 Q 代替 N 和 f 后，由图 4－2－5 可得拉力 F 最小时，其方向与 Q 垂直沿斜向上方向，也就是与水平方向成 θ 角．其中 $\tan\theta = \mu$，F 的最小值为

$$F_{\min} = mg\sin\theta = \frac{\mu}{\sqrt{1+\mu^2}}mg.$$

若不用辅助角，也可以用二次函数求极值的办法求出最小值．首先用勾股定理列出式子：$F^2=(\mu N)^2+(mg-N)^2=[(\mu^2+1)N^2-2mgN+\frac{1}{1+\mu^2}(mg)^2]+\frac{\mu^2}{1+\mu^2}(mg)^2$，同样，可以求出 $F_{\min}=\frac{\mu}{\sqrt{1+\mu^2}}mg$.

三、相关创新实验

创新实验1：彩虹圈的运动

实验器材：彩虹圈一个．

实验步骤：如图4－2－6所示，站立高处手握彩虹圈最上端，使整个彩虹圈自由下垂，由静止释放彩虹圈，观察整个彩虹圈的下落情况．

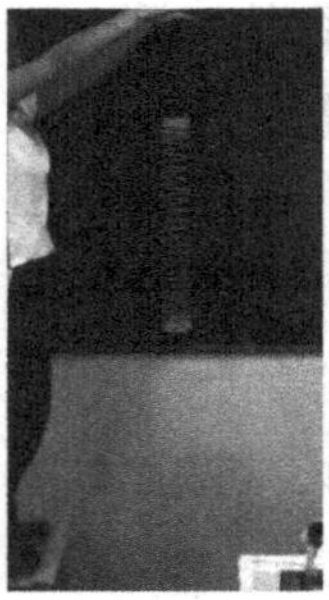

图4－2－6

图4－2－7

通过习题实验化可以观察到，上端释放后，彩虹圈下端几乎不动，等上端向下收缩变为一个整体后，彩虹圈再开始整体下落．由于下落时间非常短，建议采用慢动作拍摄再反复观看，效果更好．

下图二维码为实验视频，请看视频“彩虹圈”：

TIPS：彩虹圈可以等效为若干个小球和理想弹簧组成，由于弹簧的弹力不会突变，对上面等效图进行分析，将整个彩虹圈等效为8个相同质量的小球和8个没有质量的理想弹簧，由此可以知道释放瞬间，也就是剪断A球上面的细线，最上面的小球 A 的加速度可达 $8g$，是重力加速度的 8 倍，而最下面的那个小球所受各力均未发生变化，其瞬时加速度依然为零．因此通过演示实验可以看到，放手瞬间彩虹圈下面几乎不动，而上面迅速向下收拢，几乎待全部收拢后才开始整体作自由下落．圈数越多，其效果越明显．当然由于彩虹圈为塑料材料，环与环的碰撞将会把大部分的势能消耗掉，所以无法观察到弹簧类材料的往复振动现象．

创新实验 2：推拉谁省力

实验仪器：常用拖把一个，如图 4－2－8 所示．

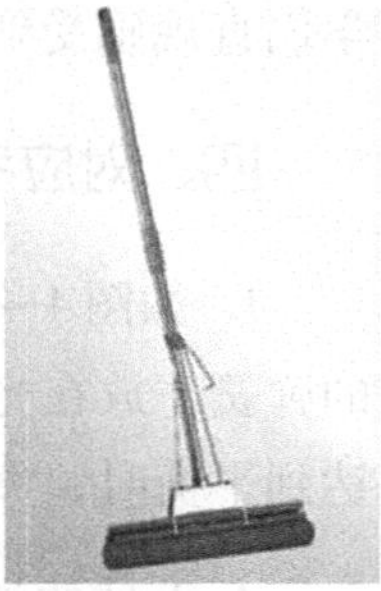

图 4－2－8

实验步骤：分别采用推和拉两种方式，操作拖把工作．体会哪种方式更省力？实验显示，沿斜向上的施力方式比沿斜向下的施力方式更省力．采用推的方式施力时，如果与竖直方向夹角过大，不仅会出现费力现象，甚至可能出现完全推不动拖把的现象，这就是常见的“自锁”现象．

TIPS：实际上，影响用力的因素还有很多，比如你的身高和拖把的长度的关系，推拉作用与人的肌肉骨骼的不同．此时尝试采用控制变量法来对是否省力作一个理性的对比分析．特别需要注意的是，沿斜向上施力方式只是比水平施力方式可能省力，而不是一定省力，具体取决于摩擦因数和施力倾角的关系．

创新实验 3：超重与失重

图 4－2－9

实验仪器：天平（去掉托盘），滑轮（牛顿定律实验用的滑板上拆出），钩码．

实验步骤：将滑轮安装在天平两侧，调节平衡，在左侧滑轮上固定 n 个钩码，右侧滑轮上通过细线各系 3 个和 1 个钩码．先用双手保持整个系统静止，将双手同时放开，右侧滑轮上 3 个钩码一端加速下落，处于失重状态，另 1 个钩码加速上升，处于超重状态．注意观察当左侧钩码个数 n 等于多少时，天平可以保持平衡．

实验原理：由牛顿第二定律，$3mg - T = 3ma$，$T - mg = ma$，解得，$T =$

1.5mg. 所以 $n=3$ 时，天平两边可以平衡．

右图二维码为实验视频，请看视频“3 + 1 = 3 吗?”.

TIPS：通过手机慢动作拍摄后，可以清楚地观察到放手后，在3个钩码落地前，整个天平可以保持平衡．理论计算结果得到合理验证，短暂的零点几秒的实验现象，让同学们直观感受到理论对实践的重大指导意义．

四、对应考题链接

1. 如图4－2－10所示，质量均为 m 的A、B两个小球之间系一个质量不计的弹簧，放在光滑的台面上，A紧靠墙壁．现用恒力 F 将B球向左挤压弹簧，达到平衡时，突然将力 F 撤去，此瞬间（　　）

A. A球的加速度为 $\frac{F}{2m}$　　B. A球的加速度为 $\frac{F}{m}$

C. B球的加速度为 $\frac{F}{2m}$　　D. B球的加速度为 $\frac{F}{m}$

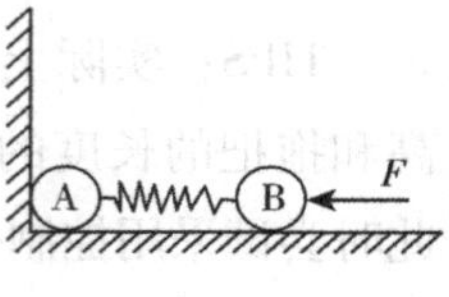

图4－2－10

考点：牛顿第二定律，力的合成与分解的运用．

分析：先分析将力 F 撤去前弹簧的弹力大小，再分析将力 F 撤去的瞬间两球所受的合力，根据牛顿第二定律求解加速度．

解答：力 F 撤去前，弹簧的弹力大小为 F. 将力 F 撤去的瞬间，弹簧的弹力没有变化，则A的受力情况没有变化，合力为零，B的合力大小等于 F，根据牛顿第二定律得到A球的加速度为零，B球的加速度为 $a=\frac{F}{m}$. 所以D正确，ABC错误．故选D.

2. （2013·山东高考）如图4－2－11所示，一质量 $m=0.4\text{kg}$ 的小物块，以 $v_0=2\text{m/s}$ 的初速度，在与斜面成某一夹角的拉力 F 作用下，沿斜面向上做匀加速运动，经 $t=2\text{s}$ 的时间，物块由 A 点运动到 B 点，A、B 之间的距离 $L=10\text{m}$. 已知斜面倾角 $\theta=30°$，物块与斜面之间的动摩擦因数 $\mu=\frac{\sqrt{3}}{3}$. 重力加速度 g 取 10m/s^2.

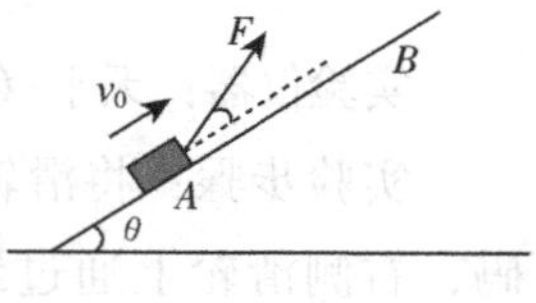

图4－2－11

（1）求物块加速度的大小及到达 B 点时速度的大小．

（2）拉力 F 与斜面夹角多大时，拉力 F 最小？拉力 F 的最小值是多少？

答案：（1）3m/s^2，$8\ \text{m/s}$；（2）$30°$，$\frac{13}{5}\sqrt{3}\text{N}$.

解：（1）设物块加速度的大小为 a，到达 B 点时速度的大小为 v，由运动学公式得

$$L = v_0 t + \frac{1}{2}at^2 \qquad ①$$

$$v = v_0 + at \qquad ②$$

联立①②两式，代入数据得

$$a = 3\text{m/s}^2 \qquad ③$$

$$v = 8\text{m/s} \qquad ④$$

（2）设物块所受支持力为 F_N，所受摩擦力为 F_f，拉力与斜面间的夹角为 α，受力分析如图 4－2－12 所示.

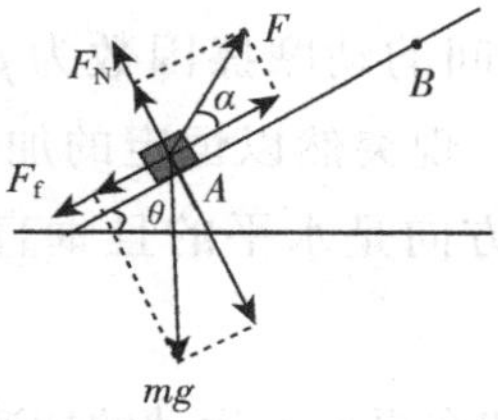

图 4－2－12

由牛顿第二定律得

$$F\cos\alpha - mg\sin\theta - F_f = ma \qquad ⑤$$

$$F\sin\alpha + F_N - mg\cos\theta = 0 \qquad ⑥$$

$$又\ F_f = \mu F_N \qquad ⑦$$

联立⑤⑥⑦式得

$$F = \frac{mg(\sin\theta + \mu\cos\theta) + ma}{\cos\alpha + \mu\sin\alpha} \qquad ⑧$$

由数学知识得

$$\cos\alpha + \frac{\sqrt{3}}{3}\sin\alpha = \frac{2\sqrt{3}}{3}\sin(60° + \alpha) \qquad ⑨$$

由⑧⑨式可知，对应 F 最小的夹角为

$$\alpha = 30° \qquad ⑩$$

联立③⑧⑩式，代入数据得 F 的最小值为

$$F_{\min} = \frac{13\sqrt{3}}{5}\text{N}$$

第三节 板块连接体模型习题实验化活动

一、典型例题呈现

例题1：一小圆盘静止在桌布上，位于一方桌的水平面的中央．桌布的一边与方桌的 AB 边重合，如图4－3－1所示．已知盘与桌布间的动摩擦因数为 μ_1，盘与桌面间的动摩擦因数为 μ_2．现突然以恒定的加速度 a 将桌布抽离桌面，加速度的方向是水平的且垂直于 AB 边．求：

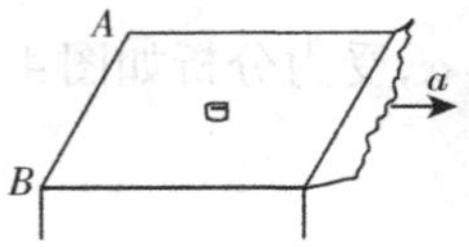

图4－3－1

（1）圆盘分别在桌布上和在桌面上运动的加速度大小 a_1 和 a_2．

（2）若圆盘最后未从桌面掉下，则加速度 a 满足的条件是什么？（以 g 表示重力加速度）

解析：设圆盘的质量为 m，桌长为 l，在桌布从圆盘下抽出的过程中，盘的加速度为 a_1，有 $\mu_1 mg=ma_1$．桌布抽出后，盘在桌面上做匀减速运动，以 a_2 表示加速度的大小，有 $\mu_2 mg = ma_2$，所以 $a_1=\mu_1 g$，$a_2=\mu_2 g$．

设盘刚离开桌布时的速度为 v_1，移动的距离为 x_1，离开桌布后在桌面上再运动距离 x_2 后便停下，有 $v_1^2 = 2a_1x_1$，$v_1^2 = 2a_2x_2$．

盘没有从桌面上掉下的条件是 $x_2 \leqslant \frac{1}{2}l - x_1$．设桌布从盘下抽出的时间为 t，在这段时间内桌布移动的距离为 x，有 $x = \frac{1}{2}at^2$，$x_1 = \frac{1}{2}a_1t^2$．

而 $x = \frac{1}{2}l + x_1$．

由以上各式解得 $a \geqslant \frac{\mu_1 + 2\mu_2}{\mu_2}\mu_1 g$．

二、经典内容概述

大概念主题	核心考点	模型构建	思想方法	物理观念
力与运动	牛顿第二定律	相对运动、滑动摩擦力	图像法、整体和隔离法	运动观念、相互作用观念

经典力学的大厦是以牛顿运动定律为基础建立起来的. 所以，牛顿运动定律的适用范围（或条件）就是经典力学的适用范围. 高中物理教材关于经典力学适用范围的描述是：经典力学只适用于解决宏观物体的低速运动问题，不能用来处理高速运动问题；经典力学只适用于宏观物体，一般不适用于微观粒子. 这样界定经典力学适用范围的描述是否完全正确，有值得探讨的地方：经典力学果真不能用来处理高速的运动问题吗？但事实上，高中物理教材在处理微观粒子（如质子、电子或α粒子等）在电场中的加速、偏转或在匀强磁场中做匀速圆周运动等类型问题时，即使粒子的速率高达到$10^4-10^6\,\mathrm{m/s}$，但仍然应用的是经典力学的观点和规律；显然，“高速”应该是有条件的高速. 其二，“一般不适用于微观粒子”中的“一般”两个字，也并没有将问题的描述绝对化. 它表明，在一定条件下经典力学也适用于微观粒子. 那么，在什么条件下经典力学对微观粒子的描述才是有效的呢？

从上述两方面的疑问出发进行思考，我们应该如何比较具体而全面地界定经典力学的适用范围呢？

经典力学研究的是宏观物体的机械运动，不涉及热运动和电磁场运动. 这里的物体是指实物，不包括“场”这类物质. 在进行理论研究时，对实物的结构还有两点要求：①物体整体可视为质点；②物体是几种特殊的质点组. 有些微观物体的运动同样也适用于牛顿运动定律，如阴极射线管中的电子和脱离原子核束缚的自由电子.

牛顿力学体系的建立，使得人们在认识论上产生了巨大的变化：既然外力是一切运动变化的原因，亦即外力与运动变化有严格的因果关系，那么这个世界上所有的一切都是被严格决定的，机械决定论由此而产生. 经典力学理论精确地指导了我们在航天航空等领域的研究.

多过程、多对象的动力学问题，通常采用$v-t$图像将过程和临界状态进行清晰的展示.

三、相关创新实验

创新实验 1：桌面上的纸张、木块的相对运动关系

实验器材：A3 纸一张，小木块一个.

实验步骤：将 A3 纸放在桌面上，再将木块放在纸上，用不同的水平力拉动纸张，观察木块和纸张的运动方向、快慢及位移关系.

通过手机慢动作拍摄，可以更加清楚地展示出来，如图 4－3－2 所示，纸张相对于地面向右运动，木块相对于地面向右运动，但是木块相对于纸张向左运动. 因而纸张给木块的滑动摩擦力为动力，方向向右，纸张在桌面上受到的摩擦力为阻力，方向向左.

图 4－3－2

TIPS：无论如何，纸张和木块两者的运动方向都是相同的，均向前. 若拉动纸张的速度足够大，木块相对纸张的速度是向后的. 这个实验有利于纠正以前错误的概念：纸张向前，木块向后.

下图二维码为实验视频，请看视频“木块的相对运动”：

创新实验 2：传送带上的木块的相对运动

实验器材：传送带，小木块一个.

实验步骤：先保持传送带水平匀速运动，在传送带上抹上痱子粉，再将木块轻放在运动的传送带上. 观察木块与传送带的相对运动方向和相对运动位移大小.

TIPS：观察痱子粉的划痕长度，可以测出木块与传送带的相对运动位移大小．改变传送带的倾斜角，可以观察倾斜传送带上的木块的相对运动情况．

图 4－3－3

四、对应考题链接

1．（2016·江苏高考·T9）如图 4－3－4 所示，一只猫在桌边猛地将桌布从鱼缸下拉出，鱼缸最终没有滑出桌面．若鱼缸、桌布、桌面两两之间的动摩擦因数均相等，则在上述过程中（　　）

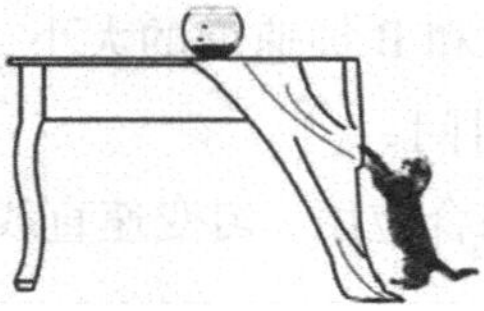

图 4－3－4

A．桌布对鱼缸摩擦力的方向向左

B．鱼缸在桌布上的滑动时间和在桌面上的相等

C．若猫增大拉力，鱼缸受到的摩擦力将增大

D．若猫减小拉力，鱼缸有可能滑出桌面

【解析】选 BD．猫在桌边猛地将桌布从鱼缸下拉出时，桌布对鱼缸摩擦力的方向向右，A 项错误；因为各接触面动摩擦因数相同，鱼缸先加速后减速，初、末速度均为零，加速度大小相等，所以鱼缸在桌布上的滑动时间和在桌面上的相等，B 项正确；若猫增大拉力，鱼缸受到的是滑动摩擦力，大小不变，C 项错误；若猫减小拉力，鱼缸可能受到静摩擦力作用，随桌布一起滑出桌面，D 项正确．

2．（2015·全国卷Ⅱ）下暴雨时，有时会发生山体滑坡或泥石流等地质灾害．某地有一倾角为 $\theta=37°$（$\sin37°=\frac{3}{5}$）的山坡 C，上面有一质量为 m 的石板 B，其上、下表面与斜坡平行；B 上有一碎石堆 A（含有大量泥土），A 和 B

均处于静止状态，如图 4－3－5 所示．假设某次暴雨中，A 浸透雨水后总质量也为 m（可视为质量不变的滑块），在极短时间内，A、B 间的动摩擦因数 μ_1 减小为 $\frac{3}{8}$，B、C 间的动摩擦因数 μ_2 减小为 0.5，A、B 开始运动，此时刻为计时起点；在第 2s 末，B 的上表面突然变为光滑，μ_2 保持不变．已知 A 开始运动时，A 离 B 下边缘的距离 $l = 27\text{m}$，C 足够长，假设最大静摩擦力等于滑动摩擦力．取重力加速度大小 $g = 10\text{m/s}^2$．求：

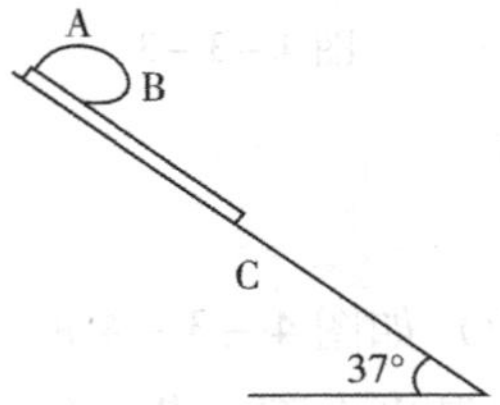

图 4－3－5

（1）在 0～2s 时间内，A 和 B 加速度的大小．

（2）A 在 B 上总的运动时间．

考点：牛顿运动定律的综合应用，匀变速直线运动的位移与时间的关系，牛顿第二定律．

分析：

（1）对 A、B 进行受力分析，根据牛顿第二定律可以求出加速度的大小．

（2）根据 A、B 的加速度的大小，利用速度与时间的关系式和它们之间的距离可以计算出时间的大小．

解答：（1）在 0～2s 时间内，A 和 B 的受力分析如图 4－3－6 所示，

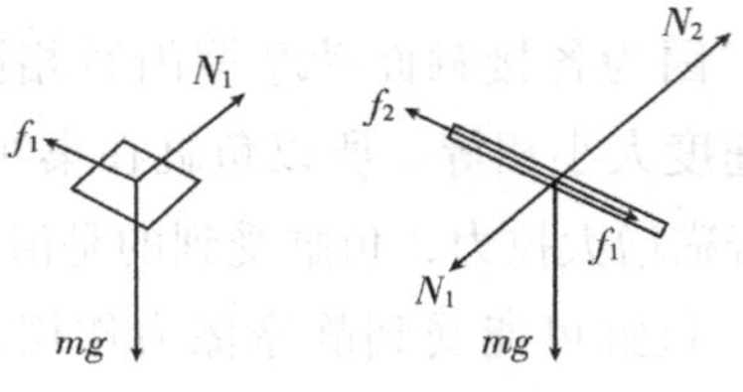

图 4－3－6

其中，f_1、N_1 分别是 A 与 B 之间的摩擦力和正压力的大小，f_2、N_2 分别是 B 与 C 之间的摩擦力和正压力的大小，方向如图 4－3－6 所示．

由滑动摩擦力公式和力的平衡条件得

$$f_1 = \mu_1 N_1 \quad ①$$

$$N_1 = mg\cos\theta \quad ②$$

$$f_2 = \mu_2 N_2 \quad ③$$

$$N_2 = N_1 + mg\cos\theta \quad ④$$

规定沿斜面向下为正方向，设 A 和 B 的加速度分别为 a_1 和 a_2，由牛顿第二定律得

$$mg\sin\theta - f_1 = ma_1 \quad ⑤$$

$$mg\sin\theta + f_1 - f_2 = ma_2 \quad ⑥$$

联立①②③④⑤⑥式，并代入题给的条件得

$$a_1 = 3\text{m/s}^2 \quad ⑦$$

$$a_2 = 1\text{m/s}^2 \quad ⑧$$

（2）在 $t_1 = 2\text{s}$ 时，设 A 和 B 的速度分别为 v_1 和 v_2，则

$$v_1 = a_1 t_1 = 6\text{m/s} \quad ⑨$$

$$v_2 = a_2 t_1 = 2\text{m/s} \quad ⑩$$

当 $t > t_1$ 时，设 A 和 B 的加速度分别为 a_1' 和 a_2'，此时 A 与 B 之间的摩擦力为零，同理可得

$$a_1' = 6\text{m/s}^2 \quad ⑪$$

$$a_2' = -2\text{m/s}^2 \quad ⑫$$

即 B 将做减速运动.

设经过时间 t_2，B 的速度减为零，则有

$$v_2 + a_2' t_2 = 0 \quad ⑬$$

联立⑩⑫⑬式得 $t_2 = 1\text{s}$

在 $t_1 + t_2$ 时间内，A 相对于 B 运动的距离为

$$s = \left(\frac{1}{2}a_1 t_1^2 + v_1 t_2 + \frac{1}{2}a_1' t_2^2\right) - \left(\frac{1}{2}a_2 t_1^2 + v_2 t_2 + \frac{1}{2}a_2' t_2^2\right)$$

$$= 12\text{m} < 27\text{m}$$

此后 B 静止不动，A 继续在 B 上滑动.

设再经过时间 t_3 后 A 离开 B，则有

$$l - s = (v_1 + a_1' t_2)\, t_3 + \frac{1}{2}a_1' t_3^2$$

可得 $t_3 = 1\text{s}$（另一解不合题意，舍去）

设 A 在 B 上总的运动时间为 $t_{总}$，有

$t_{总}=t_1+t_2+t_3=4s$

（利用如图 4－3－7 所示的速度－时间图线求解也可）

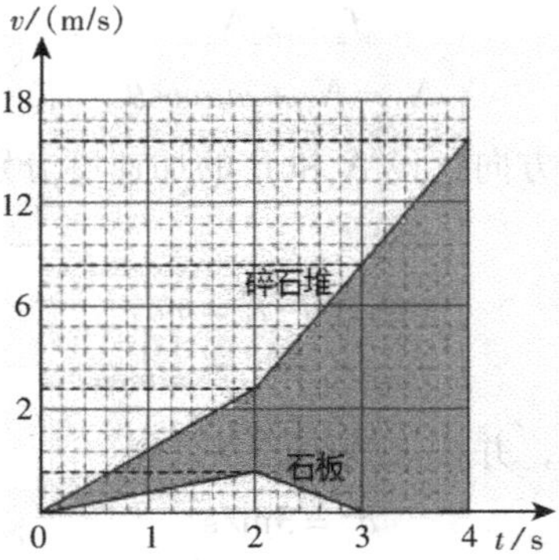

图 4－3－7

3.（2017·全国卷Ⅲ）如图 4－3－8 所示，两个滑块 A 和 B 的质量分别为 $m_A=1kg$ 和 $m_B=5kg$，放在静止于水平地面上的木板的两端，两者与木板间的动摩擦因数均为 $\mu_1=0.5$；木板的质量为 $m=4kg$，与地面间的动摩擦因数为 $\mu_2=0.1$. 某时刻 A、B 两滑块开始相向滑动，初速度大小均为 $v_0=3m/s$. A、B 相遇时，A 与木板恰好相对静止．设最大静摩擦力等于滑动摩擦力，取重力加速度大小 $g=10m/s^2$. 求：

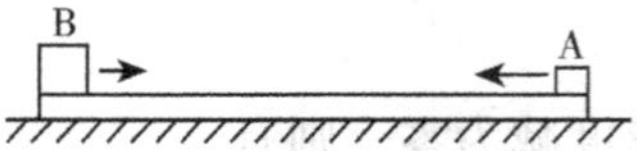

图 4－3－8

（1）B 与木板相对静止时，木板的速度．

（2）A、B 开始运动时，两者之间的距离．

答案：（1）1m/s；（2）1.9m.

解析：滑块 A 和 B 在木板上滑动时，木板也在地面上滑动．设 A、B 所受木板的摩擦力和木板所受地面的摩擦力大小分别为 f_1、f_2 和 f_3，A 和 B 相对于地面的加速度大小分别为 a_A 和 a_B，木板相对于地面的加速度大小为 a_1，在滑块 B 与木板达到共同速度前，有

$$f_1=\mu_1 m_A g \quad ①$$

$$f_2=\mu_1 m_B g \quad ②$$

$$f_3 = \mu_2 (m + m_A + m_B)\ g \quad ③$$

由牛顿第二定律得

$$f_1 = m_A a_A \quad ④$$

$$f_2 = m_B a_B \quad ⑤$$

$$f_2 - f_1 - f_3 = m a_1 \quad ⑥$$

设在 t_1 时刻，B 与木板达到共同速度，其大小为 v_1. 由运动学公式有

$$v_1 = v_0 - a_B t_1 \quad ⑦$$

$$v_1 = a_1 t_1 \quad ⑧$$

联立①②③④⑤⑥⑦⑧式，代入已知数据得

$$v_1 = 1\text{m/s} \quad ⑨$$

（2）在 t_1 时间间隔内，B 相对于地面移动的距离为

$$s_B = v_0 t_1 - \frac{1}{2} a_B t_1^2 \quad ⑩$$

设在 B 与木板达到共同速度 v_1 后，木板的加速度大小为 a_2，对于 B 与木板组成的体系，由牛顿第二定律有

$$f_1 + f_3 = (m_B + m) a_2 \quad ⑪$$

由①②④⑤式知，$a_A = a_B$；再由⑦⑧式知，B 与木板达到共同速度时，A 的速度大小也为 v_1，但运动方向与木板相反 . 由题意知，A 和 B 相遇时，A 与木板的速度相同，设其大小为 v_2. 设 A 的速度大小从 v_1 变到 v_2 所用的时间为 t_2，则由运动学公式，对木板有

$$v_2 = v_1 - a_2 t_2 \quad ⑫$$

对 A 有

$$v_2 = -v_1 + a_A t_2 \quad ⑬$$

在 t_2 时间间隔内，B（以及木板）相对于地面移动的距离为

$$s_1 = v_1 t_2 - \frac{1}{2} a_2 t_2^2 \quad ⑭$$

在（$t_1 + t_2$）时间间隔内，A 相对于地面移动的距离为

$$s_A = v_0\ (t_1 + t_2)\ - \frac{1}{2} a_A\ (t_1 + t_2)^2 \quad ⑮$$

A 和 B 相遇时，A 与木板的速度也恰好相同 . 因此 A 和 B 开始运动时，两者之间的距离为

$$s_0 = s_A + s_1 + s_B \quad ⑯$$

联立以上各式，并代入数据得

$$s_0 = 1.9\text{m} \tag{17}$$

（也可用如图的速度—时间图线求解）

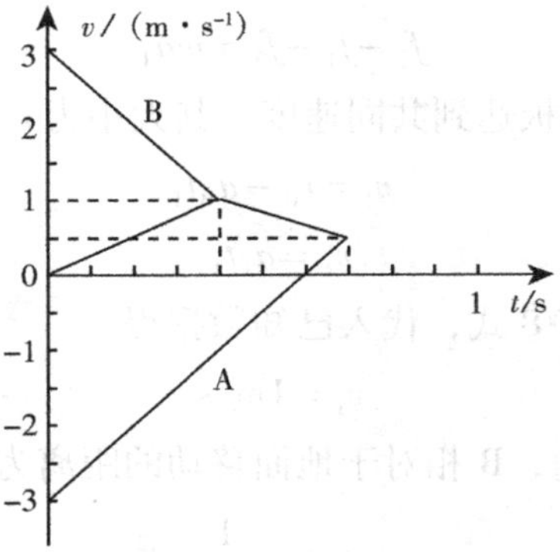

图 4－3－9

第四节　关联速度习题实验化活动

一、典型例题呈现

1. 如图4-4-1所示，倾角30°的光滑斜面上，轻质弹簧两端连接着两个质量均为$m=1\text{kg}$的物块B和C，C紧靠着挡板P，B通过轻质细绳跨过光滑定滑轮与质量$M=8\text{kg}$的物块A连接细绳平行于斜面，A在外力作用下静止在圆心角为60°，半径$R=2\text{m}$的光滑圆弧轨道的顶端a处，此时绳子恰好拉直且无张力；圆弧轨道最低端b与粗糙水平轨道bc相切，bc与一个半径$r=0.2\text{m}$的光滑圆轨道平滑连接．由静止释放A，当A滑至b时，C恰好离开挡板P，此时绳子断裂．已知A与bc间的动摩擦因数$\mu=0.1$，重力加速度取$g=10\text{m/s}^2$，弹簧的形变始终在弹性限度内，细绳不可伸长．

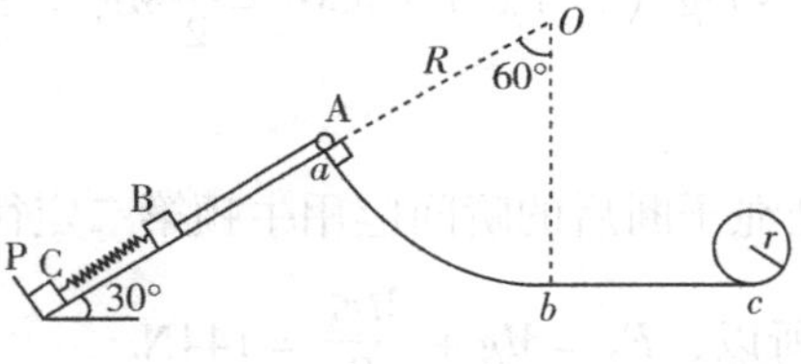

图4-4-1

（1）求弹簧的劲度系数．

（2）求物块A滑至b处绳子断后的瞬间，A对圆轨道的压力大小．

（3）为了让物块A能进入圆轨道且不脱轨，则bc间的距离应满足什么条件？

考点：动能定理的应用，向心力．

分析：

（1）根据A分别在a处和b处时，A、B、C的受力和位置关系求得两次弹簧形变量的关系和弹簧弹力，进而由胡克定律求得劲度系数．

（2）根据能量守恒求得A在b处的速度，然后应用牛顿第二定律求得A受到的支持力，即可由牛顿第三定律求得压力.

（3）根据物块A能进入圆轨道且不脱轨得到A可能到达的位置及速度，然后由机械能守恒得到A在c处的动能，即可根据动能定理求得bc间的距离.

解答：

（1）A在a处时，绳子拉直无张力，弹簧被压缩，设压缩量为x_1，弹簧弹力为$F_1=kx_1=mg\sin30°=\frac{1}{2}mg$；

A在b处时，弹簧伸长，设伸长量为x_2，那么，$x_1+x_2=R=2\text{m}$；又有当A滑至b处时，C恰好离开挡板P，所以，弹簧弹力$F_2=kx_2=mg\sin30°=\frac{1}{2}mg$；

所以，$F_1+F_2=k(x_1+x_2)$，代入数据得，$k=5\text{N/m}$；

（2）A从a到b过程中，A、B、C及弹簧组成的系统只有重力和弹簧弹力做功，且A在a处和b处时，弹簧的形变量相同，故弹性势能不变，弹簧弹力做功为零. 那么，A、B、C及弹簧组成的系统机械能守恒.

设A在b处的速度为v_b，那么，此时B的速度为A的速度在沿绳子方向的分速度，故B的速度$v_B=v_b\cos30°=\frac{\sqrt{3}}{2}v_b$，则由动能定理可得

$$Mg(R-R\cos60°)-mg(x_1+x_2)\sin30°=\frac{1}{2}Mv_b^2+\frac{1}{2}mv_B^2,$$

所以，$v_b=4\text{m/s}$；

对物块A滑至b处绳子断后的瞬间应用牛顿第二定律，则有

$F_N-Mg=\frac{Mv_b^2}{R}$，所以，$F_N=Mg+\frac{Mv_b^2}{R}=144\text{N}$.

故由牛顿第三定律可知，物块A滑至b处绳子断后的瞬间，A对圆轨道的压力大小为144N；

（3）为了让物块A能进入圆轨道且不脱轨，那么，物块A在圆轨道上可能达到的最高点$h\leqslant r$或者$h=2r$.

当$h=2r$时，对物体A在最高点应用牛顿第二定律有$\frac{Mv'^2}{r}\geqslant Mg$.

A在圆轨道上运动，机械能守恒，所以A在c处的动能

$E_{kc1}=\frac{1}{2}Mv'^2+2Mgr\geqslant\frac{5}{2}Mgr=40\text{J}$；

当$h\leqslant r$时，由机械能守恒可得

A 在 c 处的动能 $E_{kc2}=Mgh$，

所以，A 在 c 处的动能为 $E_{kc1}\geqslant 40\text{J}$ 或 $0\leqslant E_{kc2}\leqslant 16\text{J}$.

又有 A 在 b 处的动能 $E_{kb}=\frac{1}{2}Mv_b^2=64\text{J}$，

A 从 b 到 c 运动过程中，只有摩擦力做功，且摩擦力 $f=\mu Mg=8\text{N}$，故由动能定理可得：$-fL_{bc}=E_{kc}-E_{kb}$.

所以，$0\leqslant L_{ab}\leqslant 3\text{m}$ 或 $6\text{m}\leqslant L_{bc}\leqslant 8\text{m}$.

答：(1) 弹簧的劲度系数为 5N/m.

(2) 物块 A 滑至 b 处，绳子断后的瞬间，A 对圆轨道的压力大小为 144N.

(3) 为了让物块 A 能进入圆轨道且不脱轨，则 bc 间的距离为 $0\leqslant L_{ab}\leqslant 3\text{m}$ 或 $6\text{m}\leqslant L_{bc}\leqslant 8\text{m}$.

二、经典内容概述

大概念主题	核心考点	模型构建	思想方法	物理观念
曲线运动	运动的合成与分解	绳端速度的分解	等效替代、微元法	运动观念、相互作用观念

运动的合成与分解是解决复杂运动的基本方法，通过等效替代关系将复杂运动转化为一个简单运动是循序渐进研究思想的具体运用．小船渡河问题和绳端（或者杆端）物体的分解是运动合成和分解中的两个基本物理模型．

由绳子连接的两个物体，由于绳子总长度不变；因而当将绳端两物体的实际速度（作为合速度），均沿绳子和垂直绳子的方向正交分解后，两端物体沿绳子方向的分速度必定大小相等．所以确定两端物体实际运动方向，成为了解决该类问题的关键．由图 4－4－2 可以看出，人的速度 v_1 与船的速度 v_2 关系为 $v_1=v_2\cos\alpha$. $v_1<v_2$，其大小关系视频二维码如下．

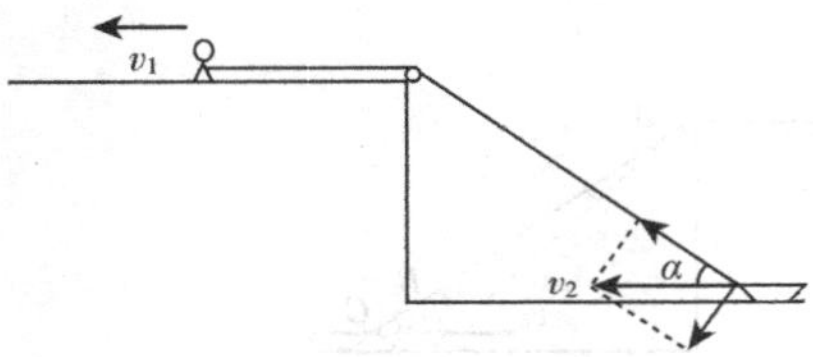

图 4－4－2

实际上，这种分解与物体的实际运动形式无关，无须知道物体的运动状态．换句话说，就是不管物体匀速运动，还是加速运动，某时刻两端物体的瞬

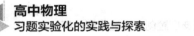

时速度总存在这种关系 $v_1 = v_2\cos\alpha$；也不管物体有几根绳子相连，每根绳子两端的速度关系均独立存在．需要提醒的是，这种速度的分解千万不要与力的分解相混淆，力的分解需要观察物体的运动状态以及其他各力的情况．在我的实际教学中，经常会将这种分解与运动状态无关的特征称为分运动的独立性．

需要注意的是，一个运动分解为两个运动，但分解出来的两个分运动是否独立是有条件的．具体可分为下列两类情况：

（1）一类是某一运动所分解的两个（或两个以上）的分运动各自具有互不影响的规律，则它们之间具有运动的独立性（如空气阻力可忽略或与速率仅为线性关系的抛体运动，……）．对于这类情况，描述运动过程和状态的物理量，如位移、速度、加速度等均可按分运动各自的规律得出，再叠加得到合运动的总效果．

（2）另一类是某一运动所分解的各分运动之间相互影响和制约，则它们不存在运动的独立性（如空气阻力与速率成非线性关系的抛体运动，有洛仑兹力参与的带电粒子的偏转运动，……）．对于这类情况，描述运动过程和状态的物理量，如位移、速度、加速度等依然遵循叠加法则，但各自的分量间是互相关联而并非独立的．

微元法计算人的速度与船速的关系，也是一种比较有代表性的方法．实践证明高中学生尝试微元法有很积极的意义，可以很好地为后续学习做好准备．如图 4－4－3 所示，从考察点 C 位置开始取一个极短过程，将绳与船的运动在图中标示出来，其中 AC 是绳子的初始位置，AD 是绳子的末位置，在 AC 上截取 $AB=AD$ 得到 B 点，并连接 BD. 显然，图中 DC 表示船的位移，BC 是同一时间内绳子的缩短长度，即人的位移大小．由于时间极短，等腰三角形 ABD 的顶角 $\angle A$ 趋近于 0，则底角 $\angle ABD$ 趋近于 90°，三角形 DBC 可以看成直角三角形．故不难看出 $BC = DC\cos\alpha$，等式两边同时除以相同的时间，可得速度关系式 $v_1 = v_2\cos\alpha$.

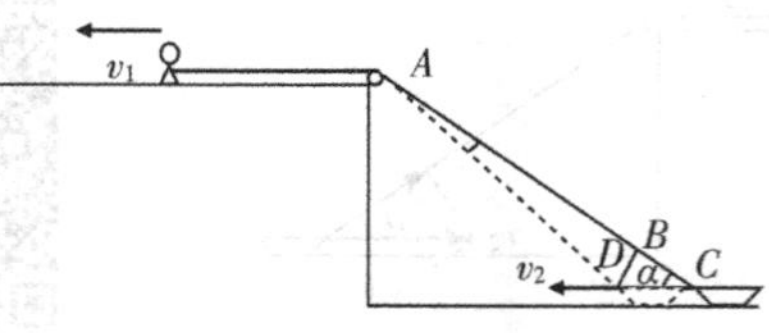

图 4－4－3

一个物体前后进行的两个运动，如果两轨道在衔接点处不相切，则必定在该点发生速度的突变，前过程的末速度分解到后一阶段轨道的切线方向和法线方向，其法线方向的速度突然消失，剩下切线方向的速度作为后一阶段的初速度．此时速度变小，动能必然变小，此运动特点与衔接点往往会发热的事实相吻合．

如图4－4－4所示，小球从A位置经过斜面底端B点到达C点．常见的题目一般会叙述为“忽略B点的动能损失”．实际上并不是光滑就能“忽略B点的动能损失”．

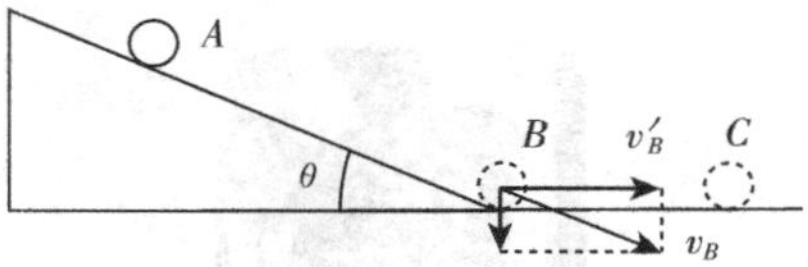

图4－4－4

那在拐角处B点的速度变化到底怎样呢？根据速度的分解可以算出实际速度的变化，设到达B点速度为v_B，斜面倾角为θ，则v_B沿水平面的速度为$v_B'=v_B\cos\theta$，该速度将会保留作为水平轨道BC的初速度，而另一分速度$v_B\sin\theta$将由于激烈碰撞直接损失．所以损失量完全取决于倾角大小，该部分能量损失与光滑程度无关．所以平时有些习题中，叙述成“由于斜面底端足够光滑，B点的速度大小变化可以忽略”，是错误的说法．

那怎样才能做到在B点没有动能损失呢？方法也是有的，除了保证轨道的光滑性以外，还要在斜面底端利用一个半径极小的圆弧将两直线轨道平滑连接，也就是常说的各轨道顺滑连接，这样就可以实现速度大小不发生改变．因为每一个轨道总是依次相切，所以可以保证前一过程的末速度刚好作为下一阶段的初速度．虽然光滑轨道、顺滑连接都是理想化模型，但是B点能量没有损失是需要这两个条件同时满足的．总之，不是说只要B处光滑就能保证没有能量损失的．但如果B处不光滑，则除了竖直分速度$v_B\sin\theta$消失，水平分速度$v_B\cos\theta$也会相应减小。

三、相关创新实验

实验器材：铁架台，细线，小球．

实验步骤：细线一端系一个小球，另一端固定于铁架台上．将小球拉起，使细线绷直，由静止释放小球，观察释放后的小球运动情况．

（1）若小球释放点低于悬点，可以观察到小球在竖直平面内来回摆动．若不考虑空气阻力，可用于验证机械能守恒定律.

（2）若小球释放点高于悬点，可以观察到小球在绳子绷直瞬间，存在一个速度突变的过程，利用手机慢动作拍摄可以看清小球先做自由落体，此过程绳子处于松弛状态，然后做圆周运动．在两个运动过程的衔接点处，速度方向改变，速度大小也明显变小．因为在绷直瞬间绳子上的拉力极大，自由落体末速度的径向分速度突然消失，只剩下切向分速度，作为后续圆周运动的初速度继续运动.

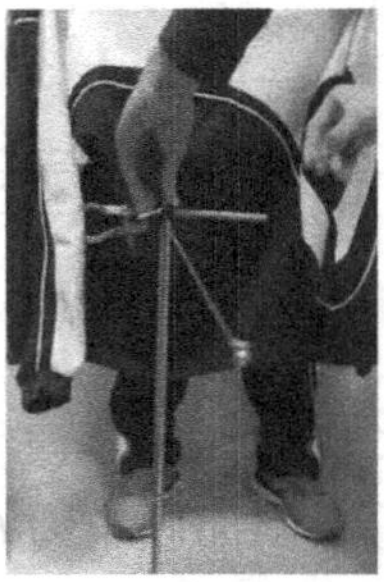

图 4－4－5

TIPS：注意实验采用的细线，弹性不能太好，否则在绷直瞬间，小球将会被弹起变成斜抛运动．尝试采用不同材料的悬线观察各种复杂运动.

下图二维码为实验视频，请看视频“自由落体运动转圆周运动的速度突变”：

习题实验化

四、对应考题链接

1. 如图 4－4－6 所示，一根长为 l 的轻质软绳一端固定在 O 点，另一端与质量为 m 的小球连接，初始时将小球放在与 O 点等高的 A 点，$OA=\frac{3}{5}l$，现将小球由静止状态释放，则当小球运动到 O 点正下方时，绳对小球拉力为（　）（已知：sin37°＝0.6，cos37°＝0.8）

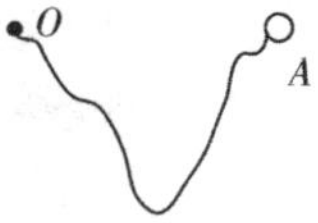

图 4－4－6

A. $2mg$　　B. $3mg$

C. $\frac{247}{125}mg$　　D. $\frac{303}{125}mg$

考点：动能定理的应用，牛顿第二定律，向心力，物体速度的突变．

分析：如图 4－4－7 所示，当小球运动到 O 点的距离等于 l 时，细绳绷紧，绷紧后瞬间，因受线上的拉力作用，其沿绳子方向的分速度突变为零，垂直于细绳的分速度没有变化；从绷紧点到最低点过程中，运用动能定理列式求出最低点的速度，再根据牛顿第二定律列式求解拉力．

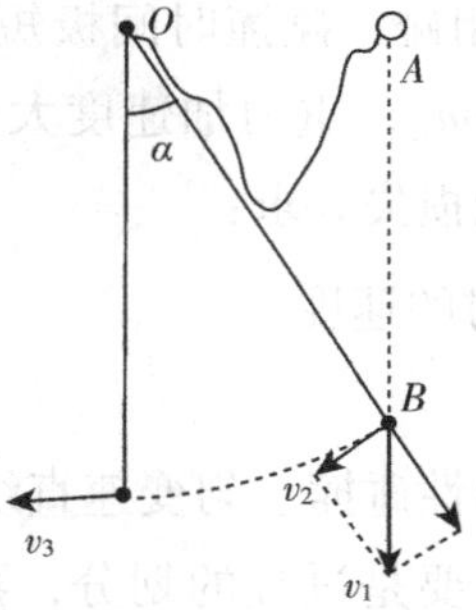

图 4－4－7

解答：设小球到达 B 点时细绳刚好绷紧，则 OB 与竖直方向的夹角的正弦为 $\sin\alpha=\frac{3}{5}$，小球自由下落的高度为 $h=\frac{4}{5}l$，到达 B 点的速度 $v_1=\sqrt{2gh}$．细绳绷紧后瞬间小球只有垂直于细绳的分速度，大小为 $v_2=v_1\sin\alpha$．从 B 到最低点，由动能定理得，$mgl\ (1-\cos\alpha)\ =\frac{1}{2}mv_3^2-\frac{1}{2}mv_2^2$．在最低点有，$T-mg=\frac{mv_3^2}{l}$．

联立以上各式解得，$T=\frac{247}{125}mg$．

故选 C．

第五节　弹性球的碰撞习题实验化活动

一、典型例题呈现

例题1：（2014·新课标全国卷Ⅰ）如图4－5－1所示，质量分别为m_A、m_B的两个弹性小球A、B静止在地面上方，B球距地面的高度$h=0.8m$，A球在B球的正上方．先将B球释放，经过一段时间后再将A球释放．当A球下落$t=0.3s$时，刚好与B球在地面上方的P点处相碰，碰撞时间极短，碰后瞬间A球的速度恰为零．已知$m_B=3m_A$，重力加速度大小$g=10m/s^2$，忽略空气阻力及碰撞中的动能损失．求：

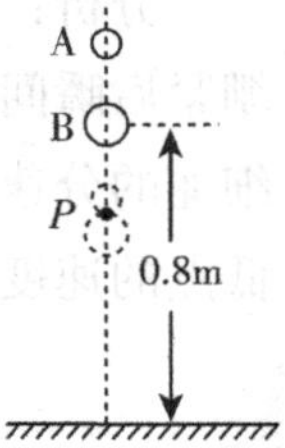

图4－5－1

① B球第一次到达地面时的速度．

② P点距离地面的高度．

考点：动量守恒定律、弹性碰撞、匀变速直线运动．

分析：本题的解答关键主要是过程的划分，再就是弹性碰撞中的动量关系和能量关系的联立求解．迎面碰撞中的正方向的设定也是解答该题的重要步骤．

解答：①设B球第一次到达地面时的速度大小为v_B，由运动学公式有

$$v_B=\sqrt{2gh} \quad ①$$

将$h=0.8m$代入上式，得

$$v_B=4m/s \quad ②$$

②设两球相碰前后，A球的速度大小分别为v_1和v_1'（$v_1'=0$），B球的速度分别为v_2和v_2'，由运动学规律可得

$$v_1=gt \quad ③$$

由于碰撞时间极短，重力的作用可以忽略，两球相碰前后的动量守恒，总动能保持不变，规定向下的方向为正，有

$$m_Av_1+m_Bv_2=m_Bv_2' \quad ④$$

$$\frac{1}{2}m_Av_1^2+\frac{1}{2}m_Bv_2^2=\frac{1}{2}m_Bv_2'^2 \quad ⑤$$

对应设 B 球与地面相碰后速度大小为 v'_B，由运动学及碰撞的规律可得

$$v'_B=v_B \quad ⑥$$

设 P 点距地面的高度为 h'，由运动学规律可得

$$h'=\frac{v_B'^2-v_2^2}{2g} \quad ⑦$$

联立②③④⑤⑥⑦式，并代入已知条件可得

$$h'=0.75\text{m} \quad ⑧$$

例题 2：自主编制习题：网球质量 m，篮球质量 $9m$，叠放在一起，从高为 h 处由静止释放，假设所有碰撞均为弹性碰撞，求网球反弹后上升的高度 H.

变式训练 1：若网球和篮球的半径分别为 R_1 和 R_2，则网球第一次反弹后，求其球心离地面的最大高度.

变式训练 2：如图 4－5－2 所示，假设大球的半径 $R=10\text{cm}$，小球的半径 $r=2.5\text{cm}$. 开始下落时大球球心 O_1 距地面的高度 $h=0.90\text{m}$，大球的质量为 m_1，小球的质量为 m_2，且 $m_1=19m_2$. 在整个运动过程中，两球的球心始终在同一条竖直线上，所有碰撞的时间极短，且能量损失均可忽略不计，重力加速度 g 取 10m/s^2. 求：

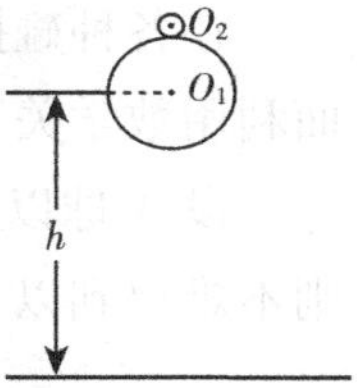

图 4－5－2

（1）小球第一次反弹后，小球的球心会上升到距地面多高的位置？

（2）若天花板距地面的高度 $H=4.25\text{m}$，则小球碰到天花板的瞬时速度为多大？

知识点：弹性碰撞、动量守恒、匀变速直线运动.

分析：对过程分析可得，自由落体—大球与地面的碰撞—大、小球的迎面碰撞—小球的竖直上抛.

解答：（1）自由落体落地前速度为 v_1，$v_1=\sqrt{2g(h-R)}$ ①

将 $h=0.90\text{m}$ 代入上式，得 $v_1=4\text{m/s}$ ②

两球碰撞后瞬间，设大球速度为 v_2，小球速度为 v_3，其中向上为正方向，

$$m_1v_1-m_2v_1=m_1v_2+m_2v_3$$

$$\frac{1}{2}m_1v_1^2+\frac{1}{2}m_2v_1^2=\frac{1}{2}m_1v_2^2+\frac{1}{2}m_2v_3^2$$

联立解得，$v_2=3.2\text{m/s}$，$v_3=11.2\text{m/s}$

上升高度 $d=\dfrac{v_3^2}{2g}=6.272\mathrm{m}$，此时小球的球心离地面高度为 $H_1=d+2R+r=6.5m$.

(2) $v_4=\sqrt{v_3^2-2g(H-2r-2R)}=6.7m/s$

二、经典内容概述

大概念主题	核心考点	模型构建	思想方法	物理观念
动量与动量守恒定律	动量、动量定理、动量守恒定律及其应用	弹性碰撞、非弹性碰撞	理想化模型	运动观念、相互作用观念、守恒观念

根据碰撞中能量（动能）损失的情况，碰撞可分为弹性碰撞与非弹性碰撞，其中碰撞前后总动能不变的碰撞称为弹性碰撞．非弹性碰撞中，当碰撞后两者速度相同时，动能损失最大，把这种非弹性碰撞又称为完全非弹性碰撞．

在各种碰撞中，一动一静模型最常见，碰后速度的范围是常见的题型，下面利用数学关系进行证明．

设 A 球以速度 v_0 与静止的 B 球发生一维的碰撞，设碰后速度分别为 v_A、v_B，则不难得到以下三个关系：

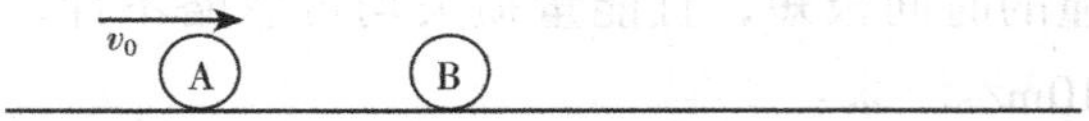

图 4－5－3

动量关系：$m_Av_0=m_Av_A+m_Bv_B$ ①

能量关系：$\dfrac{1}{2}m_Av_0^2\geqslant\dfrac{1}{2}m_Av_A^2+\dfrac{1}{2}m_Bv_B^2$ ②

速度关系：$v_A\leqslant v_B$ ③

将①变形求出 $v_A=\dfrac{m_Av_0-m_Bv_B}{m_A}$，代入②式，

整理得出 $v_B\leqslant\dfrac{2m_Av_0}{m_A+m_B}$ ④

将④代入①，可以解出 $v_A\geqslant\dfrac{(m_A-m_B)v_0}{m_A+m_B}$ ⑤

④⑤两式对应的临界值恰好与弹性碰撞时的两个值相等．

将①变形求出 $v_A=\dfrac{m_Av_0-m_Bv_B}{m_A}$，代入速度关系③式，整理得出

$$v_A \leqslant \frac{m_A v_0}{m_A + m_B}, v_B \geqslant \frac{m_A v_0}{m_A + m_B}$$

此两式对应的临界值恰好等于完全非弹性碰撞的速度.

综上可得，如果没有能量的补充，碰后 A、B 的速度范围分别为

$$\frac{(m_A - m_B)v_0}{m_A + m_B} \leqslant v_A \leqslant \frac{m_A v_0}{m_A + m_B}$$

$$\frac{2m_A v_0}{m_A + m_B} \geqslant v_B \geqslant \frac{m_A v_0}{m_A + m_B}$$

研究以上关系式，可以看出一个有趣的结论：被碰小球 B 的碰后速度的最大值恰好等于最小速度的两倍.

由于完全非弹性碰撞，动能损失最多，所以在教学中常发现学生误以为此时求出的共同速度既是 B 球的最小速度，又是 A 球的最小速度. 实际上，共同速度恰恰是 A 球的最大速度.

碰撞的特点：时间极短，相互作用的内力极大. 所以当三个或三个以上物体同时碰撞时，实际上是先后进行的多个碰撞，每次只发生在相邻的两个物体之间，我们常将这一现象称为“碰撞中的电灯泡理论”. 也就是说，看似三个物体同时碰撞，实际上是两两先后进行，当 A、B 间发生碰撞时，C 是不参与的（充当电灯泡或者说旁观者）；A、B 间碰撞后，A 充当电灯泡，再发生 B、C 间的碰撞. 下图 4－5－4 是牛顿摆的常见现象，用“碰撞中的电灯泡理论”可以很好地解释这种多球间碰撞的有趣现象.

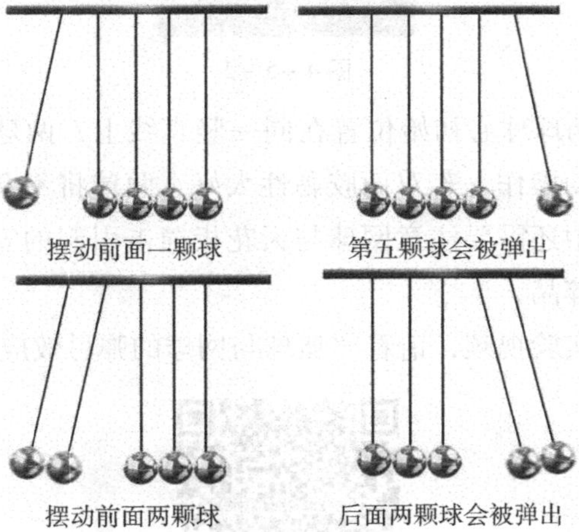
摆动前面一颗球
第五颗球会被弹出
摆动前面两颗球
后面两颗球会被弹出

图 4－5－4

动量守恒不仅适用于宏观物体，也适用于高速微观物体，是自然界中存在的普遍规律．本书附录中转载了黄正玉和郑景华老师合作发表在《物理实验与仪器》2013 年第 9 期上的一篇文章，文章中阐述的正是微观粒子碰撞的一个有趣现象．

三、相关创新实验

创新实验 1：篮球网球的弹弓效应

实验器材：篮球、网球，如图 4－5－5 所示．

实验步骤：

（1）将篮球、网球单独从同一高度自由释放，观察到与地面碰撞后的反弹高度均低于各自释放点的初始高度．部分弹性较好的状态可以近似等于释放高度，但是无论如何均不可能超过释放点的初始高度．

（2）将篮球、网球如图上、下叠放后同时自由释放，再次观察两球的反弹高度．通过习题实验化操作，意外地看到网球反弹高度会远远高于释放点的初始位置．在教室中做这个实验，网球撞击天花板的声音给学生留下了深刻的印象．实验中要注意保持两球球心位于同一竖直线上．

图 4－5－5

TIPS：为保证两球球心初始位置在同一竖直线上，两球间可以用一小块黏性稍差的双面胶辅助操作，若双面胶黏性太好，两球将不会分开，观察不到网球高高弹起．实验中还需要注意网球与天花板撞击引起的安全问题，不要撞到电扇或者灯泡等易碎品．

下图二维码为实验视频，请看“篮球与网球的弹弓效应”实验：

创新实验2：牛顿摆中的“电灯泡”理论

实验器材：牛顿摆组件，如图4－5－6所示.

实验结论：由于碰撞时间极短，作用力很大，多球与多球的碰撞，实际上每次只发生在相邻两球之间，其他球充当“旁观者”，学生戏称为“电灯泡”或者“第三者”，实际上的碰撞在两球之间依次进行.

图4－5－6

下图二维码为实验视频，请看“双线摆的电灯泡理论”实验：

习题实验化之双线摆的电灯泡理论

四、对应考题链接

1. 如图4－5－7所示，在光滑的水平地面上，质量为$M=3.0$kg的长木板A的左端，叠放着一个质量为$m=1.0$kg的小物块B（可视为质点），处于静止状态，小物块与木板之间的动摩擦因数$\mu=0.30$. 在木板A的左端正上方，用长为$R=0.8$m的不可伸长的轻绳将质量为$m=1.0$kg的小球C悬挂于固定点O. 现将小球C拉至上方，使轻绳拉直且与水平方向成$\theta=30°$角的位置由静止释放，到达O点的正下方时，小球C与B发生弹性碰撞，空气阻力不计，取$g=10\text{m/s}^2$. 求：

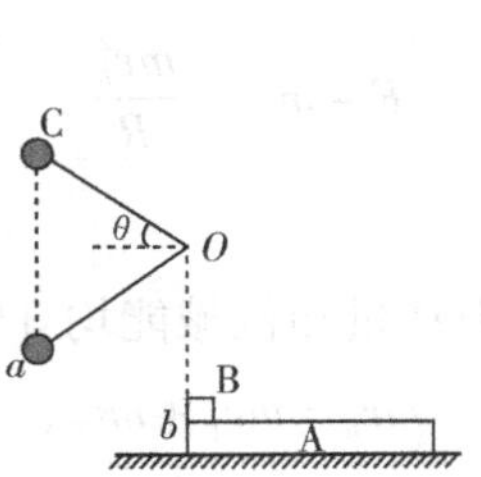

图4－5－7

（1）轻绳再次拉直绷紧前瞬间小球 C 速度的大小．

（2）小球 C 与小物块 B 碰撞前瞬间轻绳对小球的拉力大小．

（3）木板长度 L 至少为多大时，小物块才不会滑出木板?

考点：机械能守恒定律，牛顿第二定律．

分析：

（1）轻绳再次拉直绷紧前，小球 C 的机械能守恒，由机械能守恒定律求出绳子绷紧前瞬间小球 C 的速度 v_0. 绳子绷紧前瞬间，小球沿圆周切线方向的分速度为 $v_0\cos\theta$.

（2）小球由 a 点运动到最低点 b 的过程中，由机械能守恒定律求出小球 C 与小物块 B 碰撞前瞬间的速度，在此瞬间，小球 C 由轻绳拉力和重力的合力提供向心力做圆周运动，根据牛顿第二定律列式求解拉力．

（3）由 C 与 B 的碰撞遵守动量守恒定律和能量守恒定律可求出碰后两者的速度，此时 A 是一个旁观者（电灯泡）．当 C 与 B 碰撞结束后，再研究 B 在 A 上滑行的过程，由动量守恒定律和能量守恒定律求出木板的最小长度．

解答：

（1）小球由静止释放到 a 过程中，根据机械能守恒定律得

$$mgR=\frac{1}{2}mv_0^2,$$

可得 $v_0=\sqrt{2gR}=\sqrt{2\times10\times0.8}\ \text{m/s}=4\text{m/s}$.

轻绳被拉紧瞬间，沿绳方向的速度变为0，沿圆周切线方向的速度为 $v_\alpha=v_0\cos\theta$，代入数据得 $v_\alpha=2\sqrt{3}\ \text{m/s}$.

（2）小球由 a 点运动到最低点 b 的过程中，由机械能守恒定律得

$$\frac{1}{2}mv_\alpha^2+mgR(1-\sin\theta)=\frac{1}{2}mv_b^2,$$

设小球在最低点受到轻绳的拉力为 F，据牛顿第二定律有

$$F-mg=\frac{mv_b^2}{R},$$

解得：$F=3.5mg=35\text{N}$.

（3）小球与 B 碰撞过程中动量和机械能均守恒，取向右为正方向，则有

$$mv_b=mv_1+mv_2,$$

$$\frac{1}{2}mv_b^2=\frac{1}{2}mv_1^2+\frac{1}{2}mv_2^2,$$

解得：$v_1=0$，$v_2=v_b=\sqrt{\dfrac{5gR}{2}}$，碰撞后小球 C 与 B 交换速度.

B 在木板 A 上滑动的过程中，系统动量守恒，有

$$mv_2=(m+M)v.$$

B 在木板 A 上滑动的过程中，由能量守恒定律得

$$\mu mgL=\frac{1}{2}mv_2^2-\frac{1}{2}(m+M)v^2.$$

联立解得：$L=2.5\text{m}$.

答案：

(1) 轻绳再次拉直绷紧前后瞬间，小球 C 速度大小是 $2\sqrt{3}$ m/s.

(2) 小球 C 与小物块 B 碰撞前瞬间，轻绳对小球的拉力大小是 35N.

(3) 木板长度 L 至少为 2.5m 时，小物块才不会滑出木板.

2. (2016·全国卷Ⅰ·T35 (2)) 某游乐园入口旁有一喷泉，喷出的水柱将一质量为 M 的卡通玩具稳定地悬停在空中. 为计算方便起见，假设水柱从横截面积为 S 的喷口持续以速度 v_0 竖直向上喷出；玩具底部为平板（面积略大于 S）；水柱冲击到玩具底板后，在竖直方向水的速度变为零，在水平方向朝四周均匀散开. 忽略空气阻力. 已知水的密度为 ρ，重力加速度大小为 g. 求：

(1) 喷泉单位时间内喷出的水的质量.

(2) 玩具在空中悬停时，其底面相对于喷口的高度.

解题指南：解答本题时应从以下三点进行分析：

1. 应用“微元法”分析流体问题.

2. 喷出的水流流量相等.

3. 应用动量定理分析水流的冲击力.

解析：

(1) 设 Δt 时间内，从喷口喷出的水的体积为 ΔV，质量为 Δm，则

$$\Delta m=\rho\Delta V \quad ①$$

$$\Delta V=v_0S\Delta t \quad ②$$

由①②两式得，单位时间内从喷口喷出的水的质量为

$$\frac{\Delta m}{\Delta t}=\rho v_0S \quad ③$$

(2) 设玩具悬停时，其底面相对于喷口的高度为 h，水从喷口喷出后到达玩具底面时的速度大小为 v. 对于 Δt 时间内喷出的水，由能量守恒得

$$\frac{1}{2}(\Delta m)v^2 + (\Delta m)\ gh = \frac{1}{2}(\Delta m)\ v_0^2 \quad ④$$

在 h 高度处，Δt 时间内喷射到玩具底面的水沿竖直方向的动量变化量的大小为

$$\Delta p = (\Delta m)v \quad ⑤$$

设玩具对水的作用力的大小为 F，根据动量定理有

$$F\Delta t = \Delta p \quad ⑥$$

由于玩具在空中悬停，由力的平衡条件得

$$F = Mg \quad ⑦$$

联立③④⑤⑥⑦式得

$$h = \frac{v_0^2}{2g} - \frac{M^2 g}{2\rho^2 v_0^2 S^2}$$

答案：(1) $\rho v_0 S$；(2) $\frac{v_0^2}{2g} - \frac{M^2 g}{2\rho^2 v_0^2 S^2}$.

3. (2018 年全国卷 1) 一质量为 m 的烟花弹获得动能 E 后，从地面竖直升空，当烟花弹上升的速度为零时，弹中火药爆炸将烟花弹炸为质量相等的两部分，两部分获得的动能之和也为 E，且均沿竖直方向运动．爆炸时间极短，重力加速度大小为 g，不计空气阻力和火药的质量，求：

(1) 烟花弹从地面开始上升到弹中火药爆炸所经过的时间．

(2) 爆炸后烟花弹向上运动的部分距地面的最大高度．

解题指南：过程的划分是本题的重点．注意题目所给的两个不同的能量，其大小均为 E. 注意两个竖直上抛运动．特别需要注意题目涉及三个对象，其质量是不一样的，分别为 m，$\frac{m}{2}$，$\frac{m}{2}$.

解答：

(1) 由题意知，$E = \frac{1}{2}mv^2$

又因为 $v = gt$，所以 $t = \frac{1}{g}\sqrt{\frac{2E}{m}}$

(2) 设炸开后向下部分的速度大小为 v_1，向上部分的速度大小为 v_2，由动量守恒得

$$\frac{m}{2}v_1 = \frac{m}{2}v_2$$

爆炸时由能量关系得

$$\frac{1}{2}\cdot\frac{m}{2}v_1^2+\frac{1}{2}\cdot\frac{m}{2}v_2^2=E$$

炸开后向上的烟花做竖直上抛运动，上升高度 $h_2=\frac{v_2^2}{2g}$，解得 $h_2=\frac{E}{mg}$

爆炸时烟花弹高度为 h_1，$h_1=\frac{v^2}{2g}$，解得 $h_1=\frac{E}{mg}$

故最后距地面的高度 h 为 h_1 与 h_2 之和，即 $h=h_1+h_2=\frac{2E}{mg}$

5

第五章

基于经典例题创新实验案例分析——电学

第一节 基于电动机的电磁学习题实验化活动

一、典型例题呈现

例题1：（多选）小明同学在课外设计了一个电学小实验，如图5－1－1所示，一枚金属自攻螺丝的下端A，可以近似视为圆形平台，平台下面吸合着一扁圆柱形强磁铁，磁铁的上端为S极，下端为N极．螺丝的上端B与一节电池（电动势为E）的正极相接触，取一条软铜导线分别连接电池的负极（固定）与圆柱形强磁铁侧壁（接触而不固定），接通电路后，发现螺丝与磁铁转动起来，若整个电路的电阻为R，则下列判断正确的是（　　）

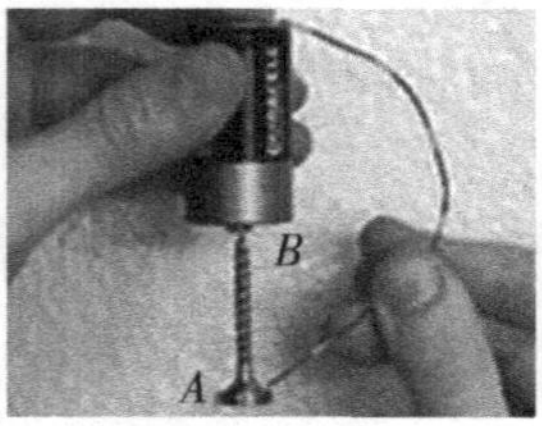

图5－1－1

A. 俯视观察螺丝是逆时针转的

B. 俯视观察螺丝是顺时针转的

C. 回路电流 $I=\dfrac{E}{R}$

D. 回路电流 $I<\dfrac{E}{R}$

考点：安培力；左手定则．

分析：解决本题的关键是掌握左手定则判断安培力的方向，同时还要知道在本题中电能一部分转化为内能，还有一部分转化为机械能．

解答：补全下方磁铁，画出电流和磁感线分布如图5－1－2所示．

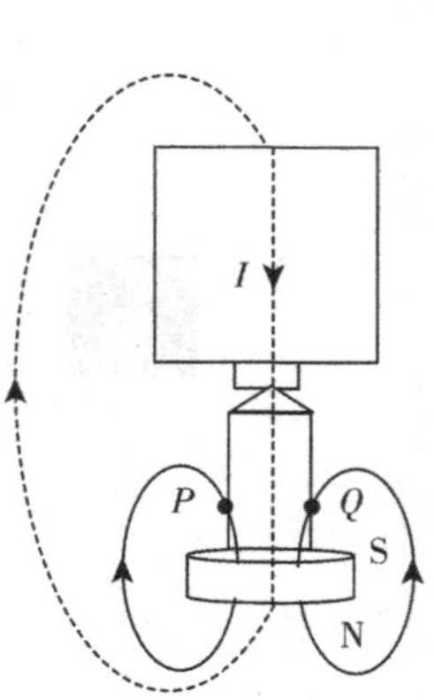

图5－1－2

先分析A选项，小磁铁产生的磁场方向由螺丝的下端A向下指向磁铁，对螺丝的下端平台侧面分析，扁圆柱形磁铁上端为S极，下端为N极，周围磁感线由上往下斜穿入螺丝内部．在垂直于纸面向外的径向上，磁感应线有垂直于纸面向里的分量．在此径向上的负电荷由下往上运动，由左手定则知，此负电荷受到垂直于径向沿纸面向右的洛仑兹力，即在径向的左垂线方向上；

同理，其他任一径向上的电荷均受到沿径向左垂线方向的洛仑兹力（中心原点除外），即图中 Q 点受力垂直纸面向内，P 点受力垂直纸面向外．所以，由上往下看（俯视），螺丝沿逆时针转动，故 A 正确，B 错误.

又因为电源消耗的总功率大于热功率，所以 $EI > I^2R$，则 $I < E/R$. 故 D 正确，C 错误．答案为 AD.

二、经典内容概述

大概念主题	核心考点	模型构建	思想方法	物理观念
磁场对通电导线的作用力	安培力、左手定则	简易直流电动机模型	科学推理、理想化模型	场、相互作用

本主题考查的核心考点是安培力的分析，培养学生有关场的物理观念和物理推理及实验能力．

1785 年，库仑用自己发明的扭秤建立了静电学中著名的库仑定律．1820 年，奥斯特发现电流磁效应，安培马上集中精力研究，几周内就提出了安培定则，即右手螺旋定则．随后又很快在几个月之内连续发表了 3 篇论文，并设计了9 个著名的实验，总结了载流回路中电流元在电磁场中所受作用力的规律，即安培力的规律，这个定律称为安培定律．

从以上描述中可看出，安培力的研究要比库仑力的研究晚很多，而实际上人类开始认识磁现象要比电现象早．这其中的缘由应该有很多，但是磁场力方向的复杂性应该可以作为其中一个原因．安培力是第一个需要通过三维空间来确定的力，而早期我们认识到的更多的力通常作用于两个物体所在的连线上，但磁场力方向可能与施力物体和受力物体的连线垂直，所以要对磁场力有更好地理解，需要同学们具有较好的空间思维和想象能力．

三、相关创新实验

创新实验 1：简易电动机的制作（线框运动）

实验目的：通过自制简易电动机，体会物理规律在生活中的应用，加深对安培力、直流电动机的工作原理的理解，增强学生对物理习题情境的真实体会和实践意识的培养.

实验器材：一节 5 号（AA）电池，一段硬铜线（约 20cm），一块强磁铁（直径和电池直径大致相同并有导电的金属镀层）.

实验步骤：如图 5－1－3、图 5－1－4 所示，把铜线折成图示的形状，将强磁铁吸在电池负极上，将铜线放在电池上，调整铜线位置，使电流可以通过一边的铜线产生回路．整个铜导线上端起到转轴作用，下端保证与磁铁呈电刷状连接，整个铜导线与磁铁、电池组成闭合回路，并提供直流电流．轻推铜线，小电动机就会在安培力作用下开始旋转起来.

利用左手定则分析各部分通电导线所受安培力的方向，以及整个铜线框的受力及其力矩方向．观察可以看出，实现转动效果主要在于水平部分的通电导线.

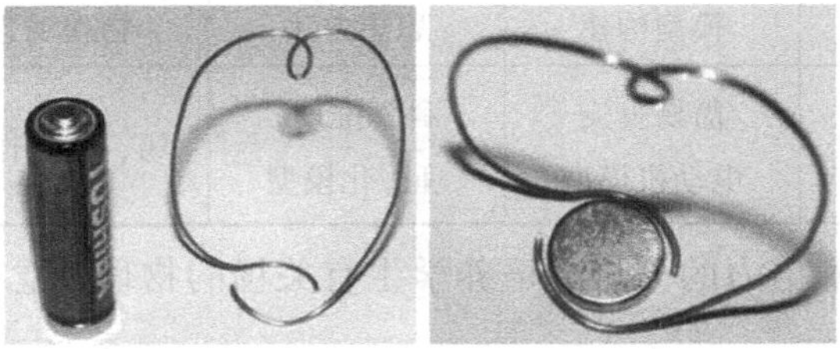

图 5－1－3

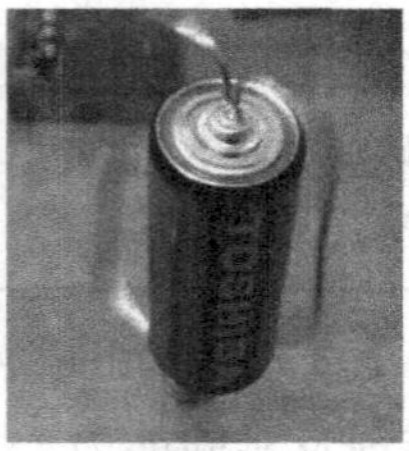

图 5－1－4

TIPS：下方铜线的两边与磁铁边缘要留有空隙，铜线还可以折成更有趣的形状．但是为保证整个装置旋转时的稳定性，铜线应尽可能做成对称图形．由于回路中的电流比较大，需要注意不能长时间通电，更不能在没有转动的情况下而长时间通电．由于铁质材料容易磁化，所以实验用的单芯铜导线不能用铁丝代替.

下图二维码为实验视频，请看“最简单的电动机（线框旋转）”实验：

习题实验化

创新实验 2：电动机（电池旋转）

实验器材：一节 5 号（AA）电池，一段铜导线（约 15cm），刮去两头绝缘皮，两块强磁铁（直径和电池直径大致相同并有导电的金属镀层，直径 15mm 左右）、一枚长为 20mm 铁钉（螺丝钉），如图 5－1－5 所示.

实验步骤：将一块强磁铁吸在电池负极上，另一块先吸住铁钉帽，再通过铁钉尖吸在电池正极，将铜导线一端固定在与电池正极相连的磁铁上，另一端呈电刷状接触强磁铁边缘，如图 5－1－5 所示，电池就可以快速旋转起来．铁钉的设置解决了转轴的阻力需要尽可能小的问题，故铁钉或者螺丝钉的长度应该尽可能短，保证两磁铁能够尽可能靠近．悬挂式装置相比于创新实验 1 中的装置，具有更好的稳定性．铜导线不宜选用单芯铜导线，因为单芯铜导线硬度过大，而选用多芯铜导线，柔韧性好，可以很好地保证与磁铁间的“电刷”作用．

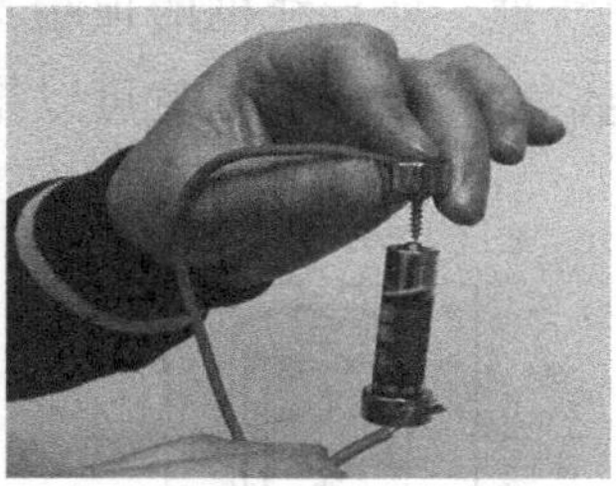

图 5－1－5

下图二维码为实验视频，请看“最简单的电动机（电池转子）”实验：

习题实验化

创新实验 3：磁铁在水平面上转动

实验器材：一节 5 号（AA）电池，一张锡箔纸，两块大小不一的圆柱形强磁铁．

实验步骤：将两块强磁铁吸在电池两极上，将电池放在平铺锡纸的桌面上，轻推电池，可以看到电池在锡箔纸上运动起来．

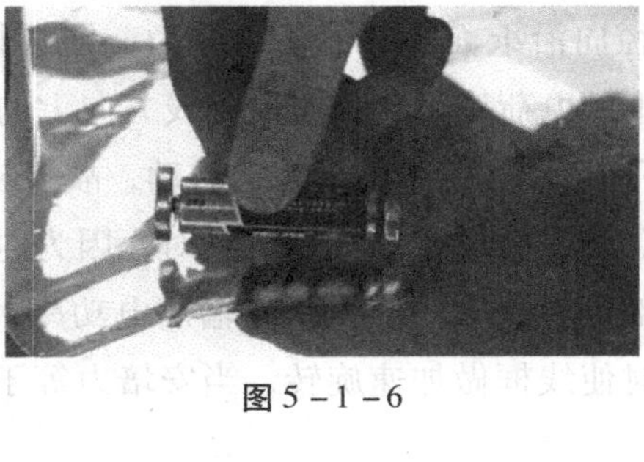

图 5－1－6

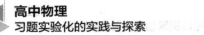

TIPS：两磁铁大小相同，可以看到电池沿直线运动．若磁铁一大一小，可以观察到电池会转圈，解决了装置滚出锡箔纸的问题之后，效果将更明显．

实验完成后注意整个装置不要放置在锡箔纸上，因为长时间的通电，容易损坏电池，回路中的大电流甚至可能引起火灾．

四、对应考题链接

1. 如图 5－1－7 所示，将圆柱形强磁铁吸在干电池负极，金属导线折成上端有一支点、下端开口的导线框，使导线框的顶端支点和底端分别与电源正极和磁铁都接触良好但不固定，这样整个线框就可以绕电池轴心旋转起来．下列判断中正确的是（　　）

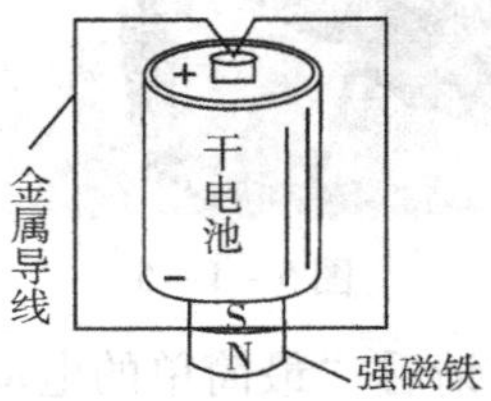

图 5－1－7

A. 线框能旋转起来是因为电磁感应

B. 俯视观察，线框沿逆时针方向旋转

C. 电池输出的电功率大于线框旋转的机械功率

D. 旋转达到稳定时，线框的速度比刚开始转动时的小

考点：安培力、能量转化及守恒定律

解析：选 BC.

对线框的底端侧面进行分析，圆柱形强磁铁上端为 S 极，下端为 N 极，周围磁感线由上往下斜穿入线框内部．在垂直于纸面向外的径向上，磁感线有垂直于纸面向里的分量，在此径向上的负电荷由下往上运动，由左手定则可知，此负电荷受到垂直于径向沿纸面向右的洛仑兹力，即在径向的左垂线方向上；同理，其他任一径向上的电荷均受到径向左垂线方向上的洛仑兹力（中心点除外），所以，由上向下看，线框沿逆时针方向转动，故该装置的原理是电流在磁场中的受力运动，不是电磁感应，故 A 错，B 对；因为电源输出的电功率一部分转化为内能，另一部分转化为动能，所以输出电功率大于热功率，C 对；线框受到的安培力开始时使线框做加速旋转，当安培力等于阻尼作用力时，速度

达到最大，D 错.

2.（2015 · 重庆）（15 分）音圈电机是一种应用于硬盘、光驱等系统的特殊电动机. 如图 5-1-8 所示是某音圈电机的原理示意图，它由一对正对的磁极和一个正方形刚性线圈构成，线圈边长为 L，匝数为 n，磁极正对区域内的磁感应强度方向垂直于线圈平面竖直向下，大小为 B，区域外的磁场忽略不计. 线圈左边始终在磁场外，右边始终在磁场内，前后两边在磁场内的长度始终相等. 某时刻线圈中电流从 P 流向 Q，大小为 I.

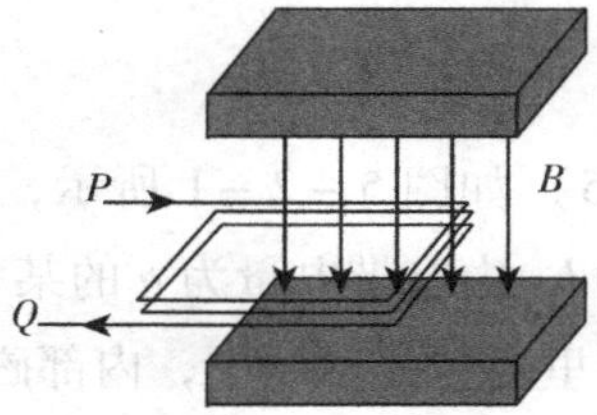

图 5-1-8

（1）求此时线圈所受安培力的大小和方向.

（2）若此时线圈水平向右运动的速度大小为 v，求安培力的功率.

考点：本题考查安培力和功率.

解析：

（1）线圈的右边受到磁场的安培力，共有 n 条边，故 $F = nBIL$.

由左手定则知，电流向外，磁场向下，安培力水平向右.

（2）安培力的瞬时功率为 $P = Fv = nBILv$.

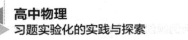

第二节 基于离子洛仑兹力的习题实验化活动

一、典型例题呈现

例题1：（2013 重庆卷5）如图5－2－1所示，一段长方体形的导电材料，左右两端面的边长都为 a 和 b. 内有带电量为 q 的某种自由运动电荷．导电材料置于方向垂直于其前表面向里的匀强磁场中，内部磁感应强度大小为 B. 当通以从左到右的稳恒电流 I 时，测得导电材料上、下表面之间的电压为 U，且上表面的电势比下表面的电势低，由此可得该导电材料单位体积内自由运动电荷数及自由运动电荷的正负性分别为（　　）

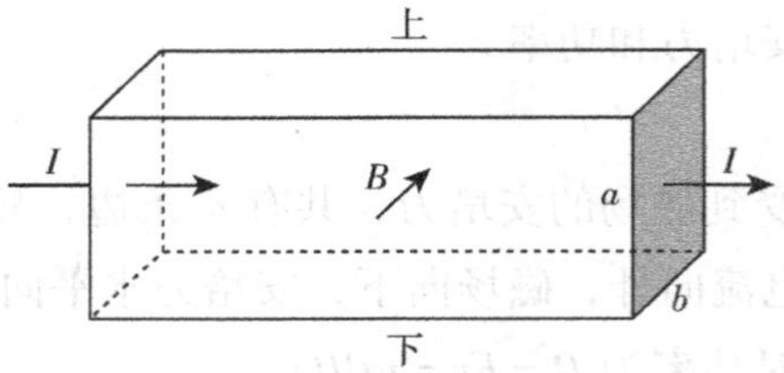

图5－2－1

A. $\dfrac{IB}{|q|aU}$，负　　B. $\dfrac{IB}{|q|aU}$，正

C. $\dfrac{IB}{|q|bU}$，负　　D. $\dfrac{IB}{|q|bU}$，正

考点：本题考查带电粒子在电场和磁场组成的复合场中的运动情况，要求学生的综合分析能力较强．

解析：导电材料上表面的电势比下表面的低，故导电材料内部的电场方向为竖直向上．由于电流方向为水平向右，假设运动电荷为正电荷，则由左手定则可知，受到的洛仑兹力竖直向上，而运动电荷受到的电场力也竖直向上，不能平衡，所以运动电荷不是正电荷，即该电荷一定是负电荷．取长为 l 的一段导电材料进行分析，电荷通过这段导电材料所用的时间为 t，则自由运动电荷运

动的速度 $v=\frac{l}{t}$，时间 t 内通过的电荷量 $Q=It$，导电材料内部的电场 $E=\frac{U}{a}$. 根据自由运动电荷水平通过导电材料时受力平衡，即受到的电场力等于洛仑兹力，所以 $qE=qvB$，代入后有 $\frac{U}{a}=\frac{l}{t}B=\frac{lIB}{Q}$，所以 $Q=\frac{IBla}{U}$. 在这段导电材料中，所含自由电荷的个数 $N=\frac{Q}{|q|}=\frac{IBla}{|q|U}$，而这段材料的体积 $V=abl$，所以该导电材料单位体积内自由运动电荷数 $n=\frac{N}{V}=\frac{IB}{|q|bU}$，选项 C 正确.

例题 2：（2014 · 福建高考）如图 5－2－2 所示，某一新型发电装置的发电管是横截面为矩形的水平管道，管道的长为 L，宽为 d，高为 h，上下两面是绝缘板，前后两侧面 M、N 是电阻可忽略的导体板，两导体板与开关 S 和定值电阻 R 相连. 整个管道置于磁感应强度大小为 B，方向沿 z 轴正方向的匀强磁场中. 管道内始终充满电阻率为 ρ 的导电液体（有大量的正、负离子），且开关闭合前后，液体在管道进、出口两端压强差的作用下，均以恒定速率 v_0 沿 x 轴正向流动，液体所受的摩擦阻力不变.

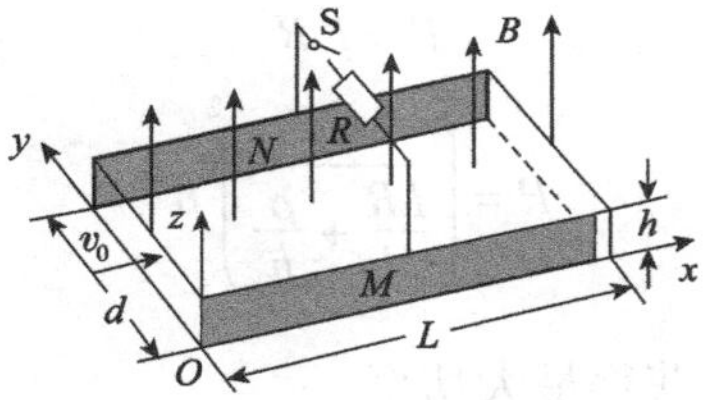

图 5－2－2

（1）求开关闭合前，M、N 两板间的电势差大小 U_0.

（2）求开关闭合前后，管道两端压强差的变化 Δp.

（3）调整矩形管道的宽和高，但保持其他量和矩形管道的横截面积 $S=dh$ 不变，求电阻 R 可获得的最大功率 P_m 及相应的宽高比 $\frac{d}{h}$ 的值.

考点：本题考查洛仑兹力、安培力、闭合电路的欧姆定律和功率.

解析：

（1）设带电离子所带的电荷量为 q，当其所受的洛仑兹力与电场力平衡时，U_0 保持恒定，有

$$qv_0B=q\frac{U_0}{d} \quad ①$$

$$得\ U_0 = Bdv_0 \qquad ②$$

（2）设开关闭合前后，管道两端压强差分别为 p_1，p_2，液体所受的摩擦阻力均为 f，开关闭合后管道内液体受到的安培力为 $F_{安}$，有

$$p_1hd = f \qquad ③$$

$$p_2hd = f + F_{安} \qquad ④$$

$$F_{安} = BId \qquad ⑤$$

根据欧姆定律，有

$$I = \frac{U_0}{R + r} \qquad ⑥$$

两导体板间液体的电阻

$$r = \rho \frac{d}{Lh} \qquad ⑦$$

由②③④⑤⑥⑦式得

$$\Delta p = \frac{Ldv_0B^2}{LhR + d\rho} \qquad ⑧$$

（3）电阻 R 获得的功率为

$$P = I^2R \qquad ⑨$$

$$P = \left(\frac{Lv_0B}{\frac{LR}{d} + \frac{\rho}{h}}\right)^2 R \qquad ⑩$$

当 $\frac{d}{h} = \frac{LR}{\rho}$ 时，电阻 R 获得最大功率

$$P_{\mathrm{m}} = \frac{LSB^2v_0^2}{4\rho} \qquad ⑪$$

答案：（1）Bdv_0；（2）$\frac{Ldv_0B^2}{LhR + d\rho}$；（3）$\frac{LSB^2v_0^2}{4\rho}$，$\frac{LR}{\rho}$.

二、经典内容概述

大概念主题	核心考点	模型构建	思想方法	物理观念
磁场对运动电荷的作用力	洛仑兹力、左手定则	磁流体发电机模型、电磁流量计模型	推理、构建物理模型	场、相互作用

本主题考查的核心考点是洛仑兹力的分析，注重培养学生运用所学知识将实际问题转化为适当的物理模型，从而进行分析和解决问题的能力.

从阴极发射出来的电子束，在阴极和阳极间的高电压作用下，轰击到长条形的荧光屏上激发出荧光，可以在示波器上显示出电子束运动的径迹．实验表明，在没有外磁场时，电子束是沿直线前进的．如果把射线管放在蹄形磁铁的两极间，荧光屏上显示的电子束运动的径迹就发生了弯曲．这表明，运动电荷确实受到了磁场的作用力，这个力通常叫作洛仑兹力，它由荷兰物理学家H·A·洛仑兹首先提出，故因此得名．

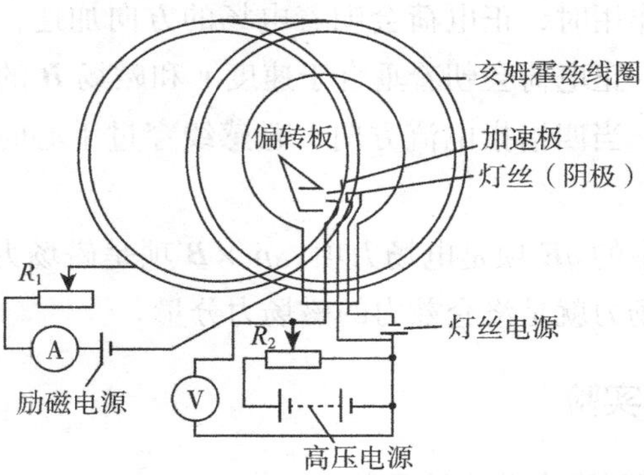

图 5－2－3

洛仑兹是经典电子论的创立者．他认为电具有“原子性”，电的本身是由微小的实体组成的，后来这些微小实体被称为电子．洛仑兹以电子概念为基础来解释物质的电性质．从电子论推导出运动电荷在磁场中要受到力的作用，即洛仑兹力．他把物体的发光解释为原子内部电子的振动产生的．这样，当光源放在磁场中时，光源的原子内电子的振动将发生改变，使电子的振动频率增大或减小，导致光谱线的增宽或分裂．1896 年 10 月，洛仑兹的学生塞曼发现，在强磁场中钠光谱的 D 线有明显的增宽，即产生了塞曼效应，从而证实了洛仑兹的预言．塞曼和洛仑兹共同获得 1902 年诺贝尔物理学奖．

1904 年，洛仑兹证明，当把麦克斯韦的电磁场方程组用伽利略变换从一个参考系变换到另一个参考系时，真空中的光速将不是一个不变的量，从而导致对处于不同惯性参考系的观察者来说，麦克斯韦方程及各种电磁效应可能是不同的．为了解决这个问题，洛仑兹提出了另一种变换公式，即洛仑兹变换．后来，爱因斯坦把洛仑兹变换用于力学关系式，创立了狭义相对论．

洛仑兹力有一些特有的性质．洛仑兹力的方向总与运动方向垂直．因而洛仑兹力永远不做功．当有束缚时，洛仑兹力的分力可以做功，但其所做的总功一定为零．洛仑兹力不改变运动电荷的速率和动能，只能改变电荷的运动方向．

在电动力学里，洛仑兹力（Lorentz force）是运动于电磁场的带电粒子所受的力．根据洛仑兹力定律，洛仑兹力可以用方程表示，称为洛仑兹力方程，表达式为 $\boldsymbol{F} = q(\boldsymbol{E} + \boldsymbol{v} \times \boldsymbol{B})$．其中，$\boldsymbol{F}$ 是洛仑兹力，q 是带电粒子的电荷量，$\boldsymbol{E}$ 是电场强度，$\boldsymbol{v}$ 是带电粒子的速度，$\boldsymbol{B}$ 是磁感应强度．

洛仑兹力定律是一个基本公理，不是从别的理论推导出来的定律，而是由多次重复完成的实验所得到同样的结果后总结出来的．

当受到电场的作用时，正电荷会朝着电场的方向加速，但是受到磁场的作用，按照左手定则，正电荷会朝着垂直于速度 $\boldsymbol{v}$ 和磁场 $\boldsymbol{B}$ 的方向弯曲（详细地说，应用左手定则，当四指指电流方向，磁感线穿过手心时，大拇指所指的方向为洛仑兹力方向）．

洛仑兹力方程中的 $q\boldsymbol{E}$ 项是电场力项，$q\boldsymbol{v} \times \boldsymbol{B}$ 项是磁场力项．处于磁场内的通电导线受到的磁场力就是洛仑兹力的磁场力分量．

三、相关创新实验

创新实验 1：环形洛仑兹力演示仪

实验目的：自制的环形轨道中电解质溶液内的运动离子在磁场中受洛仑兹力，带动整个液体的定向移动．通过轨道中液体上的漂浮物，可形象展示出洛仑兹力．通过本实验可加深对洛仑兹力、霍尔效应的理解，增强学生对物理习题情境的真实体会和实践意识．

实验器材：利用 PVC 弯管和亚克力直管组成透明环形管道、悬浮塑料球、正负铜电极、N42 钕铁硼稀土永久强磁铁（圆柱形 D60 * 5mm）、硫酸钠溶液、学生 36V 直流电源、铜导线，如图 5－2－4 所示．

实验步骤：

（1）配置导电溶液，并装入环形管道内．

（2）在管道开口处沿管道径向安装好正、负电极．

（3）在电极正下方放置强磁铁，产生垂直于电流方向的磁场（磁场方向竖直向上）．

（4）放入悬浮小球．

（5）接通直流电源．

（6）通过观察小球的运动判断出溶液沿管道流动方向，检验由左手定则判断出的溶液中离子所受洛仑兹力的方向．

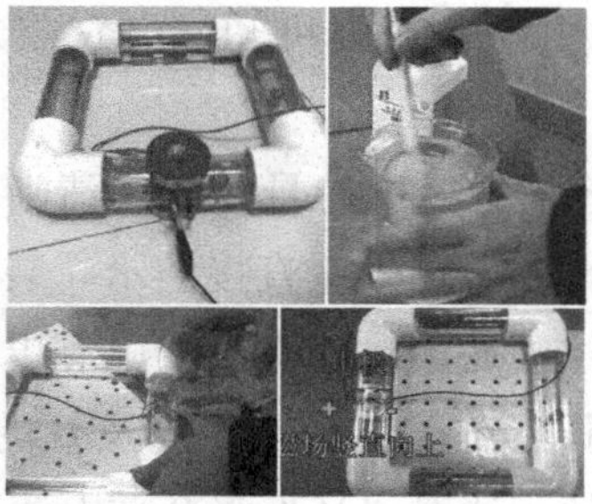

图 5－2－4

TIPS：通过环形透明管道中的悬浮球可清晰展示出洛仑兹力的大小和方向规律，不需要进行投影，可在教室直接演示．相比于普通玻璃管，本装置使用的有机玻璃管更安全．教室演示时用低压 4－24 伏学生电源，如果改用充电电池，成本会更高，但携带将更方便．

下图二维码为实验视频，请看“环形洛仑兹力演示仪”实验：

创新实验 2：透明环形洛仑兹力演示仪

实验器材：透明环形容器（直径 10cm）、悬浮球、双电极、N42 钕铁硼稀土永久强磁铁（圆柱形 D60 * 5mm）、硫酸钠溶液、学生低压直流电源（36V）、导线，如图 5－2－5 所示．

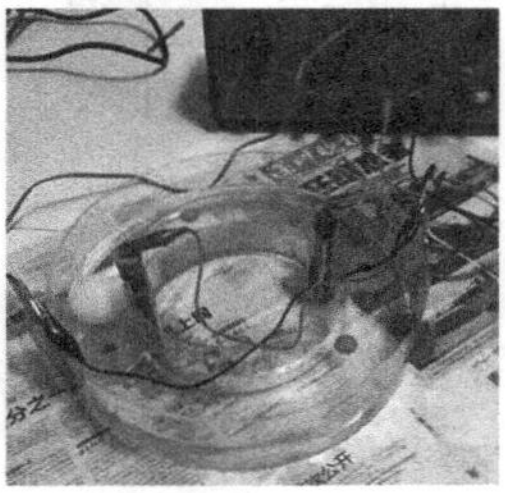

图 5－2－5

实验步骤：将四个电极安装在电极限位孔中，接上直流电源，将两个强磁铁放置在两对电极对应的容器下方．注意电源极性与强磁铁的 NS 极关系要配套，若下面磁铁 N 极均向上（或向下），则两对电极电流方向同为沿半径向内

（或向外），接通电源后，由左手定则可知，洛仑兹力将使悬浮小球沿逆时针（或顺时针）旋转.

TIPS：通过环形透明容器管道中的悬浮球可清晰展示出洛仑兹力的大小和方向规律，不需要进行投影，可在教室直接演示. 装置改装后增加了电极插孔位，可方便电极的放置. 控制变量，依次改变电源电压、溶液离子浓度或者磁铁的块数，可以半定量地研究洛仑兹力与 v、q 及 B 的关系.

下图二维码为实验视频，请看“环形洛仑兹力演示仪（全透明）”实验：

四、对应考题链接

1. 如图5－2－6所示，X_1、X_2，Y_1、Y_2，Z_1、Z_2分别表示导体板左、右，上、下，前、后六个侧面，将其置于垂直 Z_1、Z_2面向外，磁感应强度为 B 的匀强磁场中，当电流 I 通过导体板时，在导体板的两侧面之间产生霍尔电压 U_H. 已知电流 I 与导体单位体积内的自由电子数 n，电子电荷量 e，导体横截面积 S 和电子定向移动速度 v 之间的关系为 $I=neSv$. 实验中导体板尺寸、电流 I 和磁感应强度 B 保持不变，下列说法正确的是（　　）

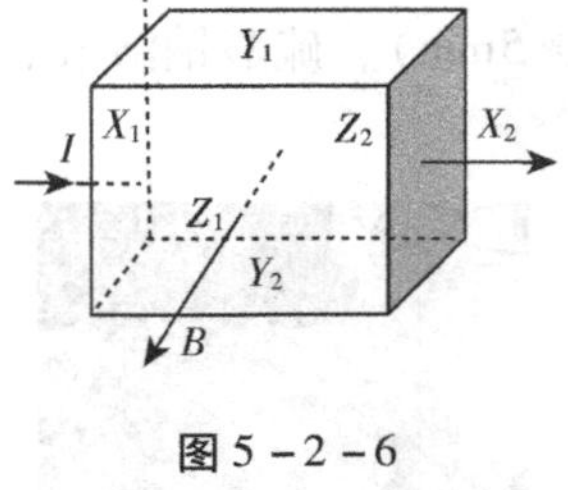

图5－2－6

A. 导体内自由电子只受洛仑兹力作用

B. U_H存在于导体的 Z_1、Z_2两面之间

C. 单位体积内的自由电子数 n 越大，U_H越小

D. 通过测量 U_H，可用 $R=\frac{U}{I}$求得导体 X_1、X_2两面间的电阻

考点：洛仑兹力、霍尔效应及其应用.

解析：本题的关键是要明确附加电压的产生原理，磁场的作用使电子受洛仑兹力，向 Y_2 面聚集，在 Y_1、Y_2 平面之间累积异种电荷，产生了匀强电场；

考察 A，由于磁场的作用，电子受洛仑兹力，向 Y_2 面聚集，在 Y_1、Y_2 平面之间累积异种电荷，产生了匀强电场，故电子也受电场力，故 A 错误；

考察 B，电子受洛仑兹力，向 Y_2 面聚集，在 Y_1、Y_2 平面之间累积异种电荷，产生了电势差 U_H，故 B 错误；

对 C 选项，电子在电场力和洛仑兹力的作用下处于平衡状态，有 $qvB = qE$，其中 $E = \frac{U_H}{d}$（d 为 Y_1、Y_2 平面之间的距离）.

根据题意，有 $I = neSv$，

联立得到 $U_H = Bvd = B\frac{I}{neS}d$，$U_H$ 正比于 $\frac{1}{n}$，故单位体积内的自由电子数 n 越大，U_H 越小，故 C 正确；

D 选项，由于 $U_H = B\frac{I}{neS}d$，与导体的电阻无关，故 D 错误；

故选 C.

2.（2009 年宁夏卷）医生做某些特殊手术时，利用电磁血流计来监测通过动脉的血流速度．电磁血流计由一对电极 a 和 b 以及磁极 N 和 S 构成，磁极间的磁场是均匀的．使用时，两电极 a、b 均与血管壁接触，两触点的连线、磁场方向和血流速度方向两两垂直，如图 5－2－7 所示．由于血液中的正、负离子随血流一起在磁场中运动，电极 a、b 之间会有微小电势差．在达到平衡时，血管内部的电场可看作是匀强电场，血液中的离子所受的电场力和磁场力的合力为零．在某次监测中，两触点的距离为 3.0mm，血管壁的厚度可忽略，两触点间的电势差为 160μV，磁感应强度的大小为 0.040T，则血流速度的近似值和电极 a、b 的正负分别为（　　）

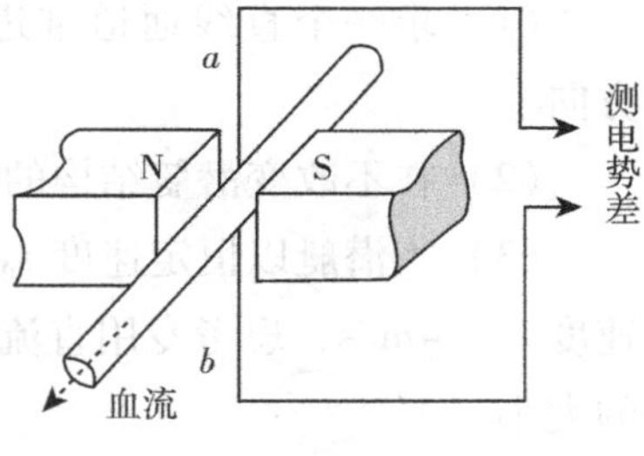

图 5－2－7

A. 1.3m/s，a 正、b 负　　B. 2.7m/s，a 正、b 负

C. 1.3m/s，a 负、b 正　　D. 2.7m/s，a 负、b 正

考点：本题考查带电粒子在电场和磁场组成的复合场中的运动．

答案：A.

3.（2013·浙江高考）为了降低潜艇噪音，提高其前进速度，可用电磁推进器代替螺旋桨．潜艇下方有左、右两组推进器，每组由6个相同的、用绝缘材料制成的直线通道推进器构成，其原理示意图如图5－2－8所示．在直线通道内充满电阻率$\rho=0.2\Omega\cdot m$的海水，在通道中$a\times b\times c=0.3m\times0.4m\times0.3m$的空间内，存在由超导线圈产生的匀强磁场，其磁感应强度$B=6.4T$，方向垂直通道侧面向外．磁场区域上、下方各有$a\times b=0.3m\times0.4m$的金属板M、N，当其与推进器专用直流电源相连后，在两板之间的海水中产生了从N到M，大小恒为$I=1.0\times10^3A$的电流，设该电流只存在于磁场区域中．不计电源内阻及导线电阻，海水密度$\rho_m=1.0\times10^3kg/m^3$.

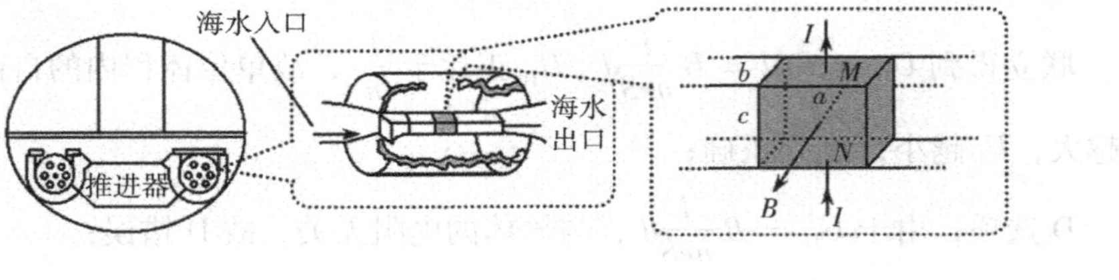

图5－2－8

（1）求一个直线通道推进器内磁场对通电海水的作用力大小，并判断其方向.

（2）在不改变潜艇结构的前提下，简述潜艇如何转弯？如何“倒车”？

（3）当潜艇以恒定速度$v_0=30m/s$前进时，海水在出口处相对于推进器的速度$v=34m/s$，思考专用直流电源所提供的电功率如何分配，并求出相应功率的大小．

考点：洛仑兹力、霍尔效应及其应用．

解析：解答本题时应注意理解以下两点：①海水相当于导体，在通电状态下受到安培力．②对潜艇作正确的受力分析．

（1）将通电海水看成导线，所受磁场力$F=IBL$，

代入数据得，$F=IBc=1.0\times10^3\times6.4\times0.3N=1.92\times10^3N$

用左手定则可判断出磁场对海水作用力方向向右（或与海水出口方向相同）.

（2）考虑到潜艇下方有左、右两组推进器，可以开启或关闭不同个数的左、右两侧的直线通道推进器，实施转弯．

改变电流方向或者磁场方向，可以改变海水所受磁场力的方向，根据牛顿第三定律，从而使潜艇“倒车”．

(3) 电源提供的电功率中的第一部分：牵引功率

$$P_1 = F_{牵} \cdot v_0$$

根据牛顿第三定律：$F_{牵} = 12IBL$

当 $v_0 = 30\text{m/s}$，代入数据得，

$$P_1 = F_{牵} v_0 = 12 \times 1.92 \times 10^3 \times 30\text{W} = 6.9 \times 10^5\text{W}$$

第二部分：海水的热功率

对单个直线通道推进器，根据电阻定律：$R = \rho \dfrac{L}{S}$

代入数据得，$R = \rho \dfrac{c}{ab} = 0.2 \times \dfrac{0.3}{0.3 \times 0.4}\Omega = 0.5\Omega$

由热功率公式，$P = I^2 R$

代入数据得，$P_{单} = I^2 R = 5.0 \times 10^5\text{W}$

$$P_2 = 12 \times 5.0 \times 10^5\text{W} = 6.0 \times 10^6\text{W}$$

第三部分：单位时间内海水动能的增加值

设 Δt 时间内喷出海水的质量为 m，

$$P_3 = 12 \times \frac{\Delta E_k}{\Delta t}$$

考虑到海水的初动能为零，

则海水在出口时，相对地的速度为 $v_{水对地} = 4\text{m/s}$

$$\Delta E_k = E_k = \frac{1}{2} m v_{水对地}^2$$

$$m = \rho_m b c v_{水对地} \Delta t$$

$$P_3 = 12 \times \frac{1}{2} \rho_m b c v_{水对地}^3 = 4.6 \times 10^4\text{W}.$$

答案：(1) $1.92 \times 10^3\text{N}$，方向向右（或与海水出口方向相同）；(2) 和；(3) 见解析.

4. (2010 北京卷) 利用霍尔效应制作的霍尔元件以及传感器，广泛应用于测量和自动控制等领域.

如图 5-2-9 所示，将一金属或半导体薄片垂直置于磁场 B 中，在薄片的两个侧面 a、b 间通以电流 I 时，另外两侧面 c、f 间产生电势差，这一现象称为霍尔效应. 其原因是薄片中的运动电荷受洛仑兹力的作用向一侧偏转和积累，于是 c、f 间建立起电场 E_H，同时产生霍尔电势差 U_H. 当电荷所受的电场力与洛仑兹力处处相等时，E_H 和 U_H 达到稳定值，U_H 的大小与 I 和 B 以及霍尔元件厚度

d 之间满足关系式 $U_H = R_H \frac{IB}{d}$，其中比例系数 R_H 称为霍尔系数，仅与材料性质有关.

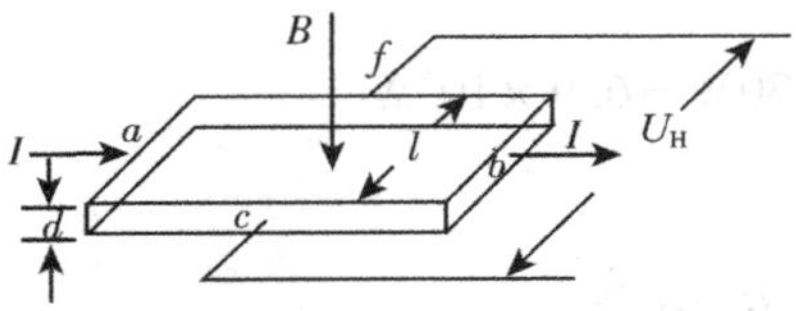

图 5-2-9

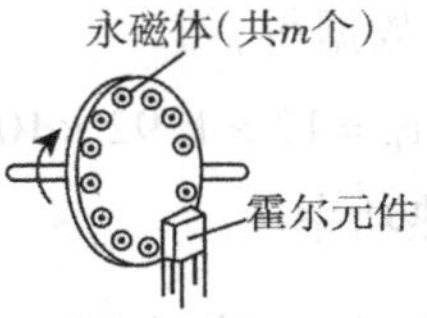

图 5-2-10

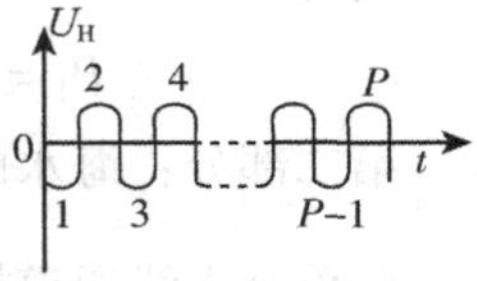

图 5-2-11

(1) 设半导体薄片的宽度（c、f 间距）为 l，请写出 U_H 和 E_H 的关系式；若半导体材料是由电子导电的，请判断图 5-2-9 中 c、f 哪端的电势高.

(2) 已知半导体薄片内单位体积中导电的电子数为 n，电子的电荷量为 e，请导出霍尔系数 R_H 的表达式.（通过横截面积 S 的电流 $I = nevS$，其中 v 是导电电子定向移动的平均速率）

(3) 图 5-2-10 是霍尔测速仪的示意图，将非磁性圆盘固定在转轴上，圆盘的周边等距离地嵌装着 m 个永磁体，相邻永磁体的极性相反. 霍尔元件置于被测圆盘的边缘附近. 当圆盘匀速转动时，霍尔元件输出的电压脉冲信号图像如图 5-2-11 所示.

a. 若在时间 t 内，霍尔元件输出的脉冲数目为 P，请导出圆盘转速 N 的表达式.

b. 利用霍尔测速仪可以测量汽车行驶的里程. 除此之外，请你展开“智慧的翅膀”，提出另一个实例或设想.

考点：本题考查带电粒子在电场和磁场组成的复合场中的运动情况以及霍尔元件.

解析：(1) 由

$$U_H = R_H \frac{IB}{d} \quad ①$$

得

$$R_H = U_H \frac{d}{IB} = E_H l \frac{d}{IB} \quad ②$$

当电场力与洛仑兹力相等时，有

$$eE_H = evB \quad ③$$

得

$$E_H = vB \quad ④$$

将③④代入②，

得

$$R_H = vBl \frac{d}{IB} = vl \frac{d}{nevS} = \frac{ld}{neS} = \frac{1}{ne}$$

（2）a. 由于在时间 t 内，霍尔元件输出的脉冲数目为 P，则

$$P = mNt$$

圆盘转速为

$$N = \frac{P}{mt}$$

b. 提出的实例或设想合理即可 .

第三节　基于强磁铁的电磁阻尼的习题实验化活动

一、典型例题呈现

例题 1：物理课上，教师做了一个奇妙的“电磁阻尼”实验．如图 5－3－1 所示，A 是由铜片和绝缘细杆组成的摆，其摆动平面通过电磁铁的两极之间，当绕在电磁铁上的励磁线圈未通电时，铜片可自由摆动，要经过较长时间才会停下来．当线圈通电时，铜片摆动迅速停止．某同学另找来器材再探究此实验．他连接好电路，经重复试验，均没出现摆动迅速停止的现象．对比老师的演示实验，下列四个选项中，导致实验失败的原因可能是（　　）

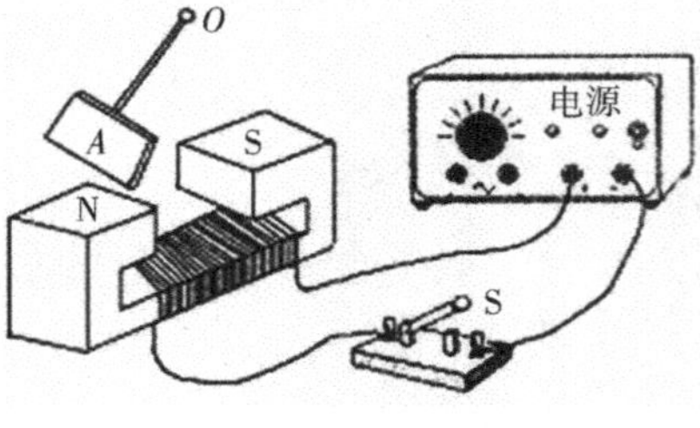

图 5－3－1

A. 线圈接在了直流电源上

B. 电源的电压过高

C. 所选线圈的匝数过多

D. 构成摆的材料与老师的不同

考点：电磁感应现象，楞次定律，自感，涡流．

解答：线圈接在了直流电源上，依然会产生磁场，只要铜片摆动，就会有磁通量的变化，铜片中就会产生感应电流，从而阻碍铜片与磁极间的相对运动，也就是产生了阻碍铜片摆动的力，所以 A 选项错．电源的电压高、线圈的匝数多都会使电磁阻尼现象更明显，所以 B、C 错．

故选 D.

例题2：某同学探究小磁铁在铜管中下落时受电磁阻尼作用的运动规律，实验装置如图5－3－2所示，打点计时器的电源为50Hz的交流电.

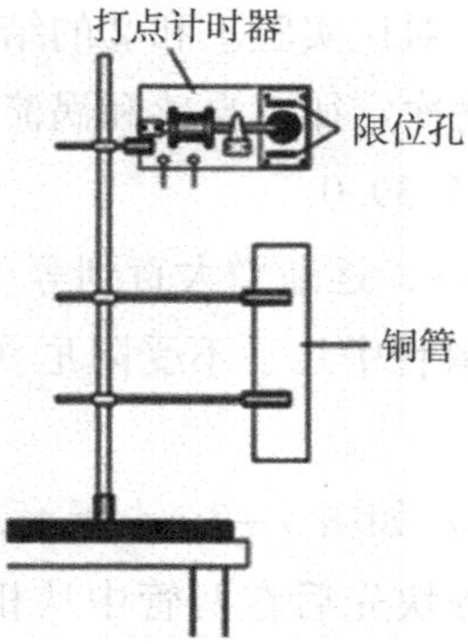

图5－3－2

（1）下列实验操作中，不正确的有（　　）

A. 将铜管竖直地固定在限位孔的正下方

B. 纸带穿过限位孔，压在复写纸下面

C. 用手捏紧磁铁保持静止，然后轻轻地松开让磁铁下落

D. 在磁铁下落的同时接通打点计时器的电源

（2）该同学按照正确的步骤进行实验（记为“实验①”），将磁铁从管口处释放，打出一条纸带，取开始下落的一段，确定一合适的点为 O 点，每隔一个计时点取一个计数点，标为1，2，3，…，8，用刻度尺量出各计数点的相邻计时点到 O 点的距离，记录在纸带上，如图5－3－3所示.

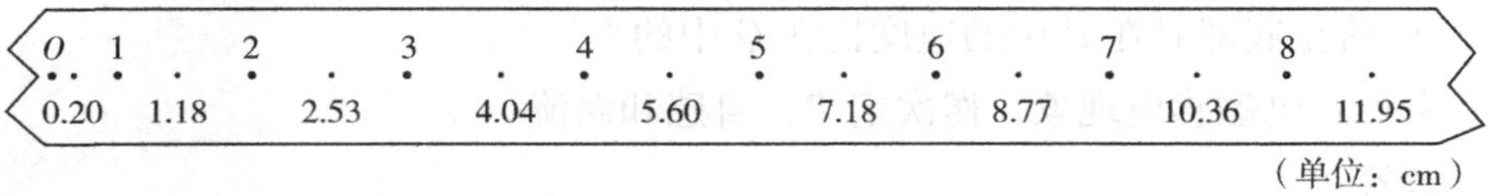

图5－3－3

计算相邻计时点间的平均速度 $\bar{v}$，粗略地表示各计数点的速度，抄入下表，请将表中的数据补充完整.

位置	1	2	3	4	5	6	7	8
$\bar{v}$（cm/s）	24.5	33.8	37.8	____	39.5	39.8	39.8	39.8

（3）分析上表的实验数据可知：在这段纸带记录的时间内，磁铁运动速度的变化情况是____________；磁铁受到阻尼作用的变化情况是____________.

（4）该同学将装置中的铜管更换为相同尺寸的塑料管，重复上述实验操作（记为实验②），结果表明磁铁下落的运动规律与自由落体运动规律几乎相同，请问实验②是为了说明什么？对比实验①和②的结果，可得到什么结论？

考点：电磁感应现象，楞次定律，自感和涡流．

解答：（1）CD.　　（2）39.0.

（3）逐渐增大到39.8cm/s，逐渐增大直到等于重力．

（4）为了说明磁铁在塑料管中几乎不受阻尼作用，磁铁在铜管中受到的阻尼作用主要是电磁阻尼作用．

例题3：（2014年广东卷）如图5－3－4所示，上下开口、内壁光滑的铜管P和塑料管Q竖直放置．小磁块先后在两管中从相同高度处由静止释放，并落至底部，则小磁块

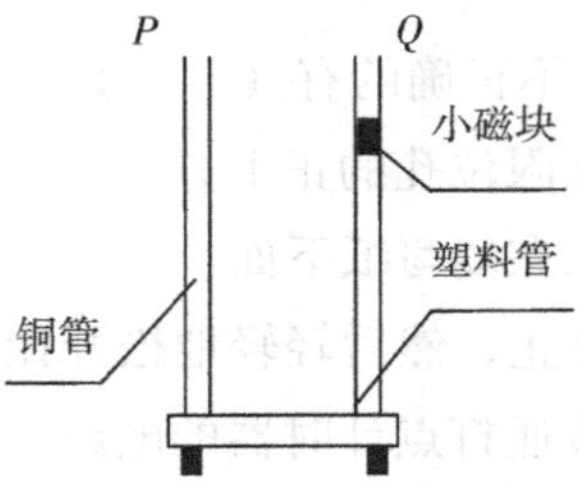

图5－3－4

A. 在P和Q中都做自由落体运动

B. 在两个下落过程中的机械能都守恒

C. 在P中的下落时间比在Q中的长

D. 落至底部时在P中的速度比在Q中的大

考点：电磁感应现象，楞次定律，自感和涡流．

解答：

A. 当小磁块在光滑的铜管P中下落时，由于穿过铜管的磁通量变化，导致铜管产生感应电流，从而产生安培阻力，而对于塑料管内的小磁块没有任何阻力，做自由落体运动，故A错误．

B. 由A选项分析可知，在铜管中的小磁块机械能不守恒，而在塑料管中的小磁块机械能守恒，故B错误．

C. 在铜管中小磁块受到安培阻力，则在P中的下落时间比在Q中的长，故C正确．

D. 根据动能定理可知，因受安培阻力，导致产生热能，则至底部时在P中

的速度比在 Q 中的小，故 D 错误．

故选 C.

二、经典内容概述

大概念主题	核心考点	模型构建	思想方法	物理观念
电磁感应	楞次定律、法拉第电磁感应定律	磁铁、铜管、线圈	构建物理模型法	磁通量的变化、等效替代（转换）法

产生感应电流的条件：穿过闭合电路的磁通量发生变化．以上表述是充分必要条件．不论什么情况，只要满足电路闭合和磁通量发生变化这两个条件，就必然产生感应电流；反之，只要产生了感应电流，那么电路一定是闭合的，穿过该电路的磁通量也一定发生了变化．当闭合电路的一部分导体在磁场中做切割磁感线的运动时，电路中就有感应电流产生．这个表述是充分条件，不是必要的．在导体做切割磁感线运动时用它判定比较方便．

感应电动势产生的条件：穿过电路的磁通量发生变化．无论电路闭合与否，只要磁通量变化了，就一定有感应电动势产生．这好比一个电源：不论外电路是否闭合，电动势总是存在的．但只有当外电路闭合时，电路中才会有电流．

电磁感应现象中能的转化，感应电流通过回路做功，消耗了电能．消耗的电能是从其他形式的能转化而来的．在转化过程中，能的总量是保持不变的．

法拉第电磁感应定律：

a. 决定感应电动势大小因素：穿过这个闭合电路中的磁通量的变化快慢．

b. 注意区分磁通量的变化量与磁通量的变化率的不同．

c. 定律内容：感应电动势大小决定于磁通量的变化率的大小，与穿过这一电路磁通量的变化率成正比．

在匀强磁场中，磁通量的变化 $\Delta\Phi=\Phi_t-\Phi_0$ 有多种形式，主要有

① S、α 不变，B 改变，这时 $\Delta\Phi=\Delta B\cdot S\sin\alpha$

② B、α 不变，S 改变，这时 $\Delta\Phi=\Delta S\cdot B\sin\alpha$

③ B、S 不变，α 改变，这时 $\Delta\Phi=BS\ (\sin\alpha_2-\sin\alpha_1)$

利用简单推理，若 B、S、α 均改变，但是 $BS\sin\alpha$ 不变，闭合回路中仍然不会有感应电流产生．进一步也可以证明，磁通量 $BS\sin\alpha$ 的改变正是产生感应电流的条件．

在非匀强磁场中，磁通量变化比较复杂．有几种情况需要特别注意：

① 如图 5-3-5 所示，矩形线圈沿 $a \to b \to c$ 在条形磁铁附近移动，穿过上边线圈的磁场方向由向上转为向下．

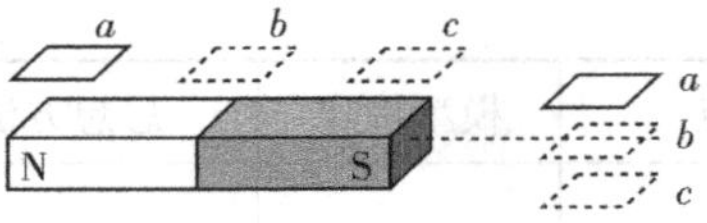

图 5-3-5

② 如图 5-3-6 所示，环形导线 a 中有顺时针方向的电流，a 环外有两个同心导线圈 b、c，与环形导线 a 在同一平面内．当 a 中的电流增大时，b、c 线圈所围面积内的磁通量有向里的也有向外的，但向里的更多，所以总磁通量向里，a 中的电流增大时，总磁通量也向里增大．由于穿过 b 线圈向外的磁通量比穿过 c 线圈的少，所以穿过 b 线圈的磁通量更大，变化也更大．

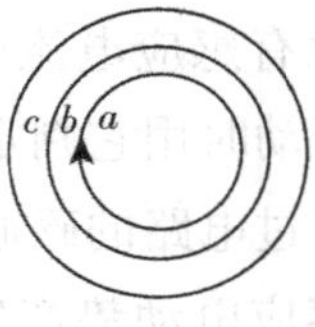

图 5-3-6

③ 如图 5-3-7 所示，虚线圆 a 内有垂直于纸面向里的匀强磁场，虚线圆 a 外是无磁场空间．环外有两个同心导线圈 b、c，与虚线圆 a 在同一平面内．当虚线圆 a 中的磁通量增大时，与②的情况不同，b、c 线圈所围面积内都只有向里的磁通量，且大小相同．因此穿过它们的磁通量和磁通量变化都始终是相同的．

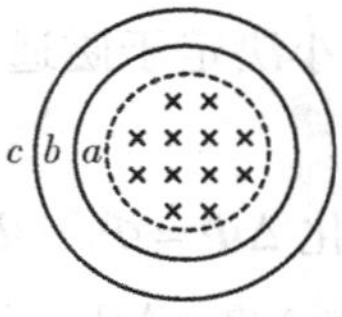

图 5-3-7

三、相关创新实验

创新实验 1：铜管中的“时空隧道”

实验器材：1.5m 的铜管，1.5m 的 PVC 管，2 个直径大约是铜管直径一半的磁性小球和塑料小球，如图 5－3－8 所示．

实验现象：

（1）让磁性小球分别从竖直的铜管与 PVC 管中下落，发现铜管中小球需要更长时间才能落地．

（2）让塑料小球分别从竖直的铜管与 PVC 管中下落，发现同时落地．

（3）让磁性小球与塑料小球同时从竖直的铜管下落，发现磁性小球需要更长时间才能落地．

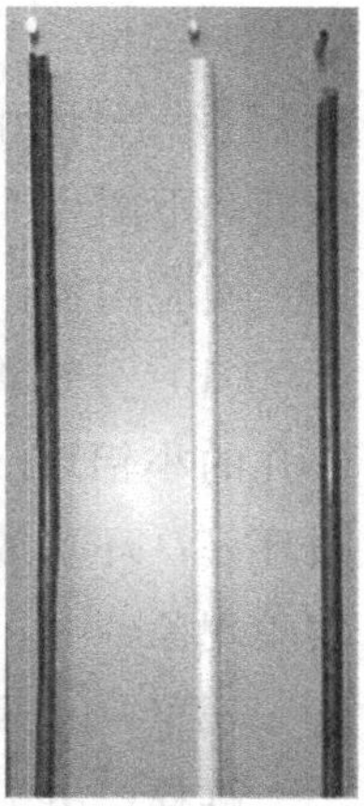

图 5－3－8

原理：磁铁周围有磁场，进入金属管中后，金属管中的某些横截面就有了磁通量．在磁铁下落的过程中，磁铁下方金属管的横截面的磁通量要增加，磁铁上面的金属管的横截面中的磁通量会减小，上、下横截面中的磁通量只要发生变化，就会产生感应电流，这些感应电流产生的磁场总是阻碍永久磁铁的磁场的变化，即都会阻碍磁铁的运动．用楞次定律判断的结果是“来拒去留”．这样金属管中的磁场就对磁铁的运动产生阻碍作用，使下落的磁铁的速度不能一直增加，磁铁的下落速度越快，金属管对其阻碍作用（阻力）越强，最后当金属管中的磁场对磁铁的阻力等于磁铁的重力时，磁铁不能再加速，此后在金属管内做匀速直线运动．不过只有当铜管比较长的情况才可能出现匀速运动的过程．铜管越长，效果越明显．而在 PVC 塑料管中没有电磁感应现象发生，所以小球做自由落体运动．

习题实验化

右图二维码为实验视频，请看“铜管中的电磁感应”实验：

实际上，裂缝铜管中的磁铁下落时，强磁铁的电磁感应也不能忽略，如果将裂缝铜管中的强磁铁和 PVC 管中的强磁铁进行对比实验，同样可以看出，裂缝铜管中的强磁铁下落得更慢．

为更好地解释此现象，可以构建不同的物理模型，如图 5－3－9 所示是一个比较合理的物理模型，将裂缝铜管展开成平面，再将其理解为水平的无数多条铜细条，这样便可以通过磁通量的改变很好地解释感应电流的产生．

图 5－3－9

创新实验2：跳环实验

实验器材：1台电磁跳环演示仪（接交流电源），2个相同的封闭小铝环（记为A环）、1个钻有许多小孔的封闭小铝环（B环）、1个开口小铝环（C环）、一个封闭的小塑料环（D环）、一个大铝环（E环），一个连有小灯泡的线圈．下图为本实验所用的电磁跳环演示仪．

图5－3－10

实验内容：

（1）分别将1个封闭的小铝环（A环）、钻有许多小孔的小铝环（B环）、开口的小铝环（C环）和小塑料环（D环）放入电磁跳环演示仪中，接通电源，观察实验现象．

现象：A环和B环向上跳起，C环和D环不动．

解释：由于A环和B环是封闭的导体铝环，当接通电磁跳环演示仪的电源时，通电线圈瞬间产生磁场，使穿过铝环的磁通量瞬间增大，由电磁感应定律和楞次定律可知，铝环将产生感应电流激发反向磁场来“抵抗”磁通量的增加，再由安培定律可判断出铝环受到向上的安培力（其值远大于铝环自身的重力）作用，因而往上跳．然而，由于C环是开口的，因而其形不成闭合回路，也就不会有感应电流的产生，故不受安培力的作用，由于自身的重力作用仍处在台面上．D环由于不是导体，自然也就不会有感应电流产生，故不受安培力作用，仍处在台面上．

右图二维码为实验视频，请看“跳环”实验：

（2）将1个A环放入电磁跳环演示仪中，接通电源，待A环稳定在半空中时，再用手拿着大铝环（E环），缓缓套入演示仪中直到稳定地与A环处在同一平面（近似），而后使E环缓慢地向上（或向下）运动，观察实验现象．

现象：A环将“跟随”E环向上（或向下）运动．

解释：在E环靠近A环的过程中，E环已经由于电磁感应而产生了感应电流，其感应电流又会激发磁场来影响A环．由楞次定律和安培定律可知，当E环向上（或向下）运动时，会使通过A环的磁通量发生变化，经过判断可知A环受到向上（或向下）的安培力作用，因而“跟随”E环一起向上（或向下）运动．

（3）将1个A环放入电磁跳环演示仪中，接通电源，待A环稳定在半空中时，再用手拿着另一个 A 环缓缓套入演示仪中，逐渐接近稳定的 A 环，观察实验现象．

现象：在两个 A 环靠得比较近的时候，稳定的 A 环突然向上运动，最终与另一个 A 环粘在一起．

解释：由麦克斯韦涡旋电场理论可知，接交流电源的线圈产生变化的磁场，当两个 A 环分别放入电磁跳环演示仪的时候，它们都会被磁化而产生涡旋电场，并且其感应电流的方向相同．由安培定律可知，电流方向相同的两个小铝环会互相吸引，由于在比较接近的时候，它们之间的吸引力大于自身重力，因此稳定的 A 环向上运动，并最终与另一个 A 环粘在一起．

四、对应考题链接

1.（2015 年理综新课标 I 卷）1824 年，法国科学家阿拉果完成了著名的“圆盘实验”．实验中将一铜圆盘水平放置，在其中心正上方用柔软细线悬挂一枚可以自由旋转的磁针，如图 5－3－11 所示．实验中发现，当圆盘在磁针的磁场中绕着过圆盘中心的竖直轴旋转时，磁针也随着一起转动起来，但略有滞后．下列说法中正确的是（　　）

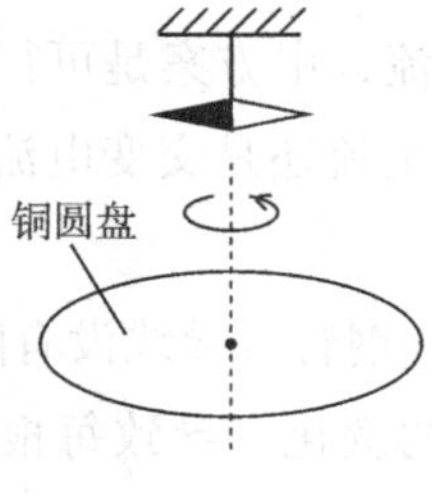

图 5－3－11

A. 圆盘上产生了感应电动势

B. 圆盘内的涡电流产生的磁场导致磁针转动

C. 在圆盘转动过程中，磁针的磁场穿过整个圆盘的磁通量发生了变化

D. 圆盘中的自由电子随圆盘一起运动形成电流，此电流产生的磁场导致磁针转动

答案：AB.

解析：圆盘运动过程中，半径方向的金属条在切割磁感线，在圆心和边缘之间产生了感应电动势，选项 A 正确；圆盘径向的辐条在切割磁感线的过程中，内部距离圆心远近不同的点，电势不相等而形成涡流，选项 B 正确；圆盘运动

过程中，圆盘位置、圆盘面积和磁场都没有发生变化，所以没有磁通量的变化，选项 C 错；圆盘本身呈现电中性，不会产生环形电流，选项 D 错.

故选 AB.

2. 实验高中南、北校区之间要铺设一条输电线路，该线路要横穿两校区之间的公路，为了保护线路不被压坏，必须在地下预先铺设结实的过路钢管，再让输电线从钢管中穿过. 校方将该要求在学校的物理探究小组中公布并征求电线穿管的方案. 经过遴选，目前有如图 5－3－12 所示的两种方案进入最后的讨论阶段：甲方案是铺设两根钢管，两条输电线分别从两根钢管中穿过；乙方案是只铺设一根钢管，两条输电线都从这一根钢管中穿过. 如果输电导线输送的电流很大，那么，下列讨论的结果正确的是（　　）

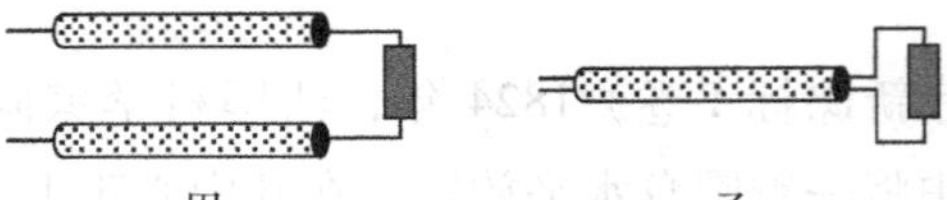

图 5－3－12

A. 若输送的电流是恒定电流，甲方案是可行的，乙方案是不可行的

B. 若输送的电流是交变电流，乙方案是可行的，甲方案是不可行的

C. 若输送的电流是交变电流，甲方案是可行的，乙方案是不可行的

D. 无论输送的电流是恒定电流还是交变电流，甲、乙两方案都是可行的

答案：B.

解析：当通入恒定电流时，钢管对导线没有阻碍作用；当通入交变电流时，若分开套入钢管，则由于磁场的变化，导致每根钢管中都产生涡旋电流. 使能源损耗较大.

若甲图通交变电流，由于正弦变化的电场产生余弦变化的磁场，而余弦变化的磁场又产生正弦变化的电场，则每根钢管中都产生涡旋电流，导致能源损耗较大. 若乙图通交变电流，由于两根导线一根是火线，一根是零线，它们的电流方向是相反的，而铺设方向也相反，故相互吸引. 但工程上可以将其在一根管内做好绝缘隔离. 问题在于由交变电流产生的涡旋电流：由于两根导线方向相反，所以如果它们相互足够靠近，则它们在周围铁管的每一点上产生大小几乎相等，方向相反的感应电流. 这样能使铁管中涡旋电流强度减弱到很小. 若甲乙两图通入恒定电流，则都产生恒定的磁场，恒定的磁场不产生电场. 因此不产生涡流，没有能量损耗. 因此 B 正确，ACD 错误.

3. （2016 年天津卷）电磁缓冲器是应用于车辆上以提高运行安全性的辅助制动装置，其工作原理是利用电磁阻尼作用减缓车辆的速度．电磁阻尼作用可以借助如下模型讨论：如图 5－3－13 所示，将形状相同的两根平行且足够长的铝条固定在光滑斜面上，斜面与水平方向夹角为 θ. 一质量为 m 的条形磁铁滑入两铝条间，恰好匀速穿过，穿过时磁铁两端面与两铝条的间距始终保持恒定，其引起电磁感应的效果与磁铁不动，铝条相对磁铁运动相同．磁铁端面是边长为 d 的正方形，由于磁铁距离铝条很近，磁铁端面正对两铝条区域的磁场均可视为匀强磁场，磁感应强度为 B，铝条的高度大于 d，电阻率为 ρ，为研究问题方便，铝条中只考虑与磁铁正对部分的电阻和磁场，其他部分的电阻和磁场可忽略不计，假设磁铁进入铝条间以后，减少的机械能完全转化为铝条的内能，重力加速度为 g.

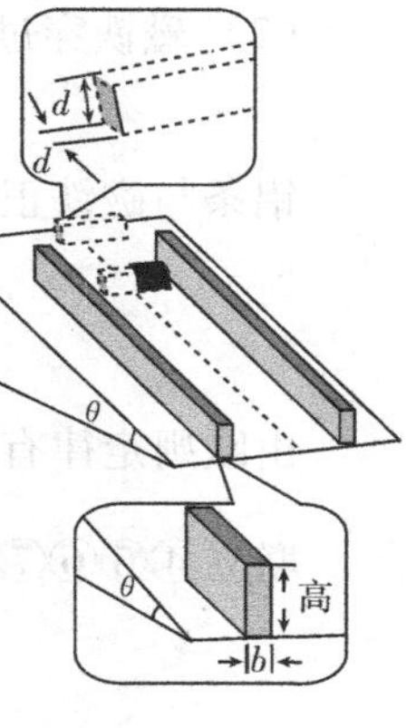

图 5－3－13

（1）求铝条中与磁铁正对部分的电流 I.

（2）若两铝条的宽度均为 b，推导磁铁匀速穿过铝条间时速度 v 的表达式．

（3）在其他条件不变的情况下，仅将两铝条更换为宽度 $b'>b$ 的铝条，磁铁仍以速度 v 进入铝条间，试简要分析说明磁铁在铝条间运动时的加速度和速度如何变化．

答案：（1）$I=\dfrac{mg\sin\theta}{2Bd}$；（2）$v=\dfrac{\rho mg\sin\theta}{2B^2d^2b}$；（3）见解析过程．

解析：

（1）磁铁在铝条间运动时，两根铝条受到的安培力大小相等，均为 $F_{安}$，有

$$F_{安}=IdB \quad ①$$

磁铁受到沿斜面向上的作用力为 F，其大小为

$$F=2F_{安} \quad ②$$

磁铁匀速运动时受力平衡，则有

$$F-mg\sin\theta=0 \quad ③$$

联立①②③式可得

$$I=\frac{mg\sin\theta}{2Bd} \quad ④$$

（2）磁铁穿过铝条时，在铝条中产生的感应电动势为 E，有

$$E = Bdv \tag{⑤}$$

铝条与磁铁正对部分的电阻为 R，由电阻定律有

$$R = \rho \frac{d}{db} \tag{⑥}$$

由欧姆定律有

$$I = \frac{E}{R} \tag{⑦}$$

联立④⑤⑥⑦式可得

$$v = \frac{\rho mg\sin\theta}{2B^2d^2b} \tag{⑧}$$

（3）磁铁以速度 v 进入铝条间，恰好做匀速运动时，磁铁受到沿斜面向上的作用力 F，联立①②⑤⑥⑦式可得

$$F = \frac{2B^2d^2bv}{\rho} \tag{⑨}$$

当铝条的宽度 $b' > b$ 时，磁铁以速度 v 进入铝条间时，磁铁受到的作用力变为 F'，有

$$F' = \frac{2B^2d^2b'v}{\rho} \tag{⑩}$$

可见，$F' > F = mg\sin\theta$，磁铁所受到的合力方向沿斜面向上，获得与运动方向相反的加速度，磁铁将减速下滑，此时加速度最大，之后，随着运动速度减小，F'也随着减小，磁铁所受的合力也减小，由于磁铁加速度与所受到的合力成正比，磁铁的加速度逐渐减小．综上所述，磁铁做加速度逐渐减小的减速运动．直到 $F' = mg\sin\theta$ 时，磁铁重新达到平衡状态，将再次以较小的速度匀速下滑．

第四节　基于互感器的习题实验化活动

一、典型例题呈现

例题1：（2005广东）钳形电流表的外形和结构如图5－4－1（a）所示．图5－4－1（a）中电流表的读数为1.2A．图5－4－1（b）中用同一电缆线绕了3匝，则（　）

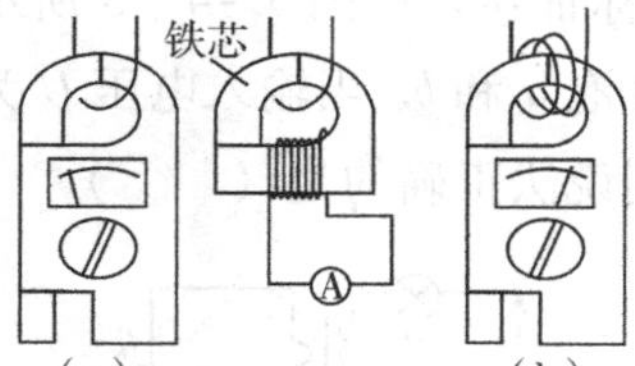

图5－4－1

A. 这种电流表能测直流电流，图5－4－1（b）的读数为2.4A

B. 这种电流表能测交流电流，图5－4－1（b）的读数为0.4A

C. 这种电流表能测交流电流，图5－4－1（b）的读数为3.6A

D. 这种电流表既能测直流电流，又能测交流电流，图5－4－1（b）的读数为3.6A

考点：理想变压器，电磁感应定律和楞次定律．

答案：C.

解析：钳形电流表是根据电磁感应原理制成的，故只能用来测量交流电流，钳形电流表的原、副线圈满足$\frac{n_1}{n_2}=\frac{I_2}{I_1}$，$I_2=\frac{n_1}{n_2}I_1$，钳形电流表在使用时，原线圈是串联在被测电路中的，故同一电缆线虽多绕了几匝，但电缆线中的电流I_1保持不变，故当n_1增加3倍时，$I_2=3.6\text{A}$，C正确．

例题2：在变电所里，经常要用交流电表去监测电网上的强电流，使用的

仪器是电流互感器，下列图 5－4－2 中能正确反映其工作原理的是

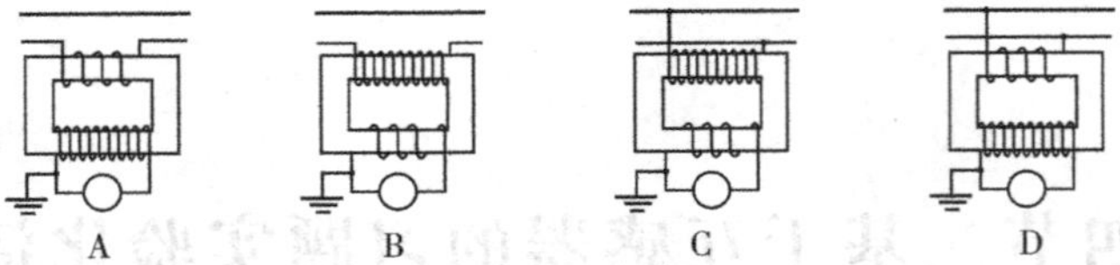

图 5－4－2

考点：理想变压器，电磁感应定律和楞次定律．

答案：A.

解析：由理想变压器可知，原、副线圈中的电流与匝数成反比．电流互感器作用就是将强电流转变为可以测量的小电流，所以电流互感器的原线圈应接入匝数较少的线圈上．同时，副线圈（也就是电流表连接的线圈）应接入匝数较多的线圈．故 A 正确．

例题 3：（2016 年新课标Ⅲ卷）如图 5－4－3 所示，理想变压器原、副线圈分别接有额定电压相同的灯泡 a 和 b．当输入电压 U 为灯泡额定电压的 10 倍时，两灯泡均能正常发光．下列说法正确的是（　　）

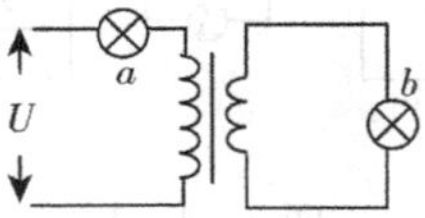

图 5－4－3

A. 原、副线圈匝数之比为 9∶1

B. 原、副线圈匝数之比为 1∶9

C. 此时 a 和 b 的电功率之比为 9∶1

D. 此时 a 和 b 的电功率之比为 1∶9

考点：理想变压器，电磁感应定律和楞次定律．

答案：AD.

解析：设灯泡的额定电压为 U_0，两灯均能正常发光，所以原线圈两端电压为 $U_1=9U_0$，副线圈两端电压为 $U_2=U_0$，故 $\frac{U_1}{U_2}=\frac{9}{1}$，根据 $\frac{U_1}{U_2}=\frac{n_1}{n_2}=\frac{9}{1}$，故 A 正确，B 错误；根据公式 $\frac{I_1}{I_2}=\frac{n_2}{n_1}$，可得 $\frac{I_1}{I_2}=\frac{1}{9}$，由于小灯泡两端的电压相等，所以根据公式 $P=UI$，可得两者的电功率之比为 1∶9，故 C 错误，D 正确．

二、经典内容概述

大概念主题	核心考点	模型构建	思想方法	物理观念
交变电流	变压器、楞次定律、法拉第电磁感应定律	硅钢片、线圈	构建物理模型法、守恒思想	磁通量的变化、互感、能量转换

1. 理想变压器的构造、作用、原理及特征

构造：两组线圈（原、副线圈）绕在同一个闭合铁芯上构成变压器.

作用：在输送电能的过程中改变电压.

原理：其工作原理是利用了电磁感应现象.

特征：正因为是利用电磁感应现象来工作的，所以变压器只能在输送交变电流电能的过程中改变交变电压.

2. 理想变压器的理想化条件及其规律

在理想变压器的原线圈两端加交变电压 U_1 后，由于电磁感应的原因，原、副线圈中都将产生感应电动势.

根据法拉第电磁感应定律有 $E_1=n_1\dfrac{\Delta\Phi_1}{\Delta t}$，$E_2=n_2\dfrac{\Delta\Phi_1}{\Delta t}$（①忽略原、副线圈内阻，有 $U_1=E_1$，$U_2=E_2$；②考虑到铁芯的导磁作用可忽略漏磁，即认为在任意时刻穿过原、副线圈的磁感线条数都相等，于是又有 $\Delta\Phi_1=\Delta\Phi_2$.

由此便可得到理想变压器的电压变化规律为 $\dfrac{U_1}{U_2}=\dfrac{n_1}{n_2}$.

再忽略变压器自身的能量损失（一般包括线圈内能量损失和铁芯内能量损失这两部分，分别俗称为“铜损”和“铁损”），有 $P_1=P_2$（而 $P_1=I_1U_1$，$P_2=I_2U_2$）.

于是可得理想变压器的电流变化规律为 $\dfrac{I_1}{I_2}=\dfrac{n_2}{n_1}$.

由此可见，理想变压器的理想化条件一般指的是：忽略原、副线圈内阻上的分压，忽略原、副线圈磁通量的差别，忽略变压器自身的能量损耗（实际上还忽略了变压器原、副线圈电路的功率因数的差别）.

理想变压器的规律实质上是法拉第电磁感应定律和能的转化与守恒定律在上述理想条件下的新的表现形式.

3. **规律小结**

（1）熟记两个基本公式：

① $\frac{U_1}{U_2}=\frac{n_1}{n_2}$，即对同一变压器的任意两个线圈，都有电压和匝数成正比．

② $P_{入}=P_{出}$，即无论有几个副线圈在工作，变压器的输入功率总等于所有副线圈输出功率之和．

（2）原、副线圈中通过每匝线圈的磁通量的变化率相等．

（3）原、副线圈中电流变化规律一样，电流的周期和频率一样．

（4）公式$\frac{U_1}{U_2}=\frac{n_1}{n_2}$，$\frac{I_1}{I_2}=\frac{n_2}{n_1}$中，当原线圈中 U_1、I_1 代入有效值时，副线圈对应的 U_2、I_2 也是有效值，当原线圈中 U_1、I_1 为最大值或瞬时值时，副线圈中的 U_2、I_2 也是对应的最大值或瞬时值．

（5）需要特别引起注意的是：

① 当变压器只有一个副线圈工作时，才有：$U_1I_1=U_2I_2$，$\frac{I_1}{I_2}=\frac{n_2}{n_1}$.

② 变压器的输入功率由输出功率决定，往往用到：$P_1=U_1I_1=\left(\frac{n_2U_1}{n_1}\right)^2/R$，即在输入电压确定以后，输入功率与原线圈电压和副线圈匝数乘积的平方成正比，与原线圈匝数的平方成反比，与副线圈电路的电阻值成反比．式中的 R 表示负载电阻的阻值，而不是“负载”．“负载”表示副线圈所接的用电器的实际功率．实际上，R 越大，负载越小；R 越小，负载越大．这一点在审题时要特别注意．

（6）当副线圈中有两个以上线圈同时工作时，$U_1:U_2:U_3=n_1:n_2:n_3$，但此时电流不满足$\frac{I_1}{I_2}=\frac{n_2}{n_1}$，此情况下必须用原、副线圈功率相等来求电流．

（7）变压器可以使输出电压升高或降低，但不可能使输出功率变大．假若是理想变压器，输出功率也不可能减小．

（8）通常说的增大输出端负载，可理解为负载电阻减小；同理，加大负载电阻，可理解为减小输出端负载．

4. **几种常用的变压器**

（1）自耦变压器．

图 5－4－4 是自耦变压器的示意图．这种变压器的特点是铁芯上只绕有一个线圈．如果把整个线圈作为原线圈，副线圈只取线圈的一部分，就可以降低电

压；如果把线圈的一部分作为原线圈，整个线圈作为副线圈，就可以升高电压．

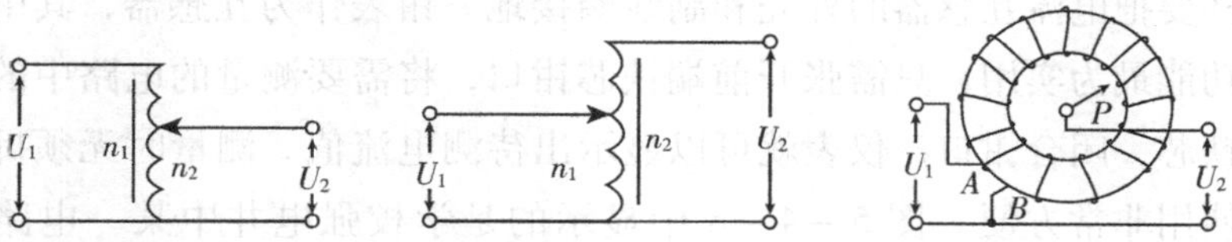

图 5－4－4

调压变压器：就是一种自耦变压器，它的构造如图 5－4－4 所示．线圈 AB 绕在一个圆环形的铁芯上，AB 之间加上输入电压 U_1，移动滑动触头 P 的位置就可以调节输出电压 U_2.

（2）互感器

互感器也是一种变压器．

交流电压表和电流表都有一定的测量范围，不能直接测量高电压和大电流．用变压器把高电压变成低电压，或者把大电流变成小电流，这个问题就可以解决了，这种变压器叫作互感器．互感器分为电压互感器和电流互感器两种．

① 电压互感器．

电压互感器用来把高电压变成低电压，它的原线圈并联在高压电路中，副线圈上接入交流电压表．根据电压表测得的电压 U_2 和铭牌上注明的变压比（U_1/U_2），可以算出高压电路中的电压．为了工作安全，电压互感器的铁壳和副线圈应该接地．互感器的典型应用——钳表，学校物业电工师傅通常都有钳表这个设备，钳表在电工中已经被广泛使用．但是由于该设备不在中学物理实验仪器目录中，一般学校实验室不会配备．图 5－4－6 所示就是钳表中的交流电压表的使用情形，仪表显示此时照明电路的电压为 231V.

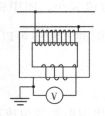

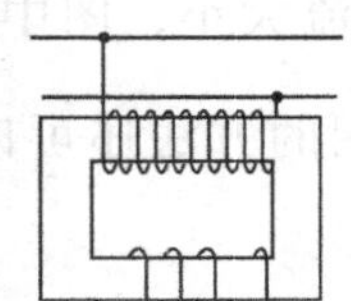

图 5－4－5　电压互感器原理图

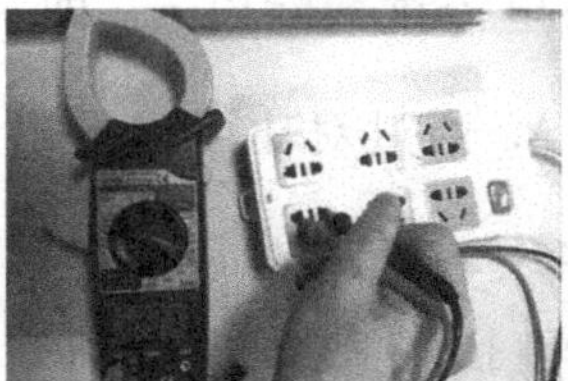

图 5－4－6　电压互感器实物图

② 电流互感器．

电流互感器用来把大电流变成小电流．它的原线圈串联在被测电路中，副线圈上接入交流电流表．根据电流表测得的电流 I_2 和铭牌上注明的变流比

(I_1/I_2)，可以算出被测电路中的电流．如果被测电路是高压电路，为了工作安全，同样要把电流互感器的外壳和副线圈接地．钳表作为互感器，其中的电流互感器功能最为实用，只需张开前端铁芯钳口，将需要测量的电路中的一根导线夹入铁芯，闭合钳口，仪表就可以显示出待测电流值．测量时无须拆开原有电路，使用非常方便．图 5－4－8 中显示的是学校强电井中某一电路的电流为 15.5A.

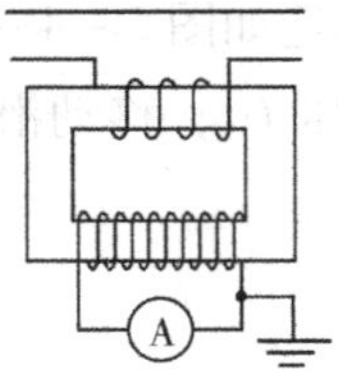

图 5－4－7　电流互感器原理

图 5－4－8　电流互感器实物图

三、相关创新实验

创新实验：钳表演示电流互感器．

实验仪器：钳表一只，学生电源，6V 小灯泡一只．

实验步骤：

（1）测量正在工作电路中的电流．

将小灯泡接在学生电源交流 6V 输出端，灯泡正常发光，将连接灯泡的其中一根导线放入钳表中，测量正在工作电路中的电流为 0.20A.［图 5－4－9（甲）］

（2）实验测量较小电流的改进方法．

钳表通常用于测量大电流，若待测电流过小，可以在钳表原线圈绕 n 圈进行测量，再将电流读数除以 n，即为实际待测电流大小，图中待测电流 $I=\frac{0.46}{2}\text{A}=0.23\text{A}$. 通过对比可以看出通过多绕几圈的方法还可以减小测量误差．［图 5－4－9（乙）］

（3）能否直接测量双股线电流．

家用电器的电源线有两根导线，通常输入输出两电源线组成双芯护套线，这样就不可以直接使用钳表测量交流电源．因为两根导线的电流同一时刻总是等大反向，在钳表原线圈中的总磁通量为零，故读数始终为零．图丙显示学生电源输入的护套线直接放入钳表时，显示读数为零，理论分析得到验证．

（4）双股线电流怎么测量［图5－4－9（丁）］.

将双芯护套线剥开，只测量其中一根导线，测量表正常显示学生电源输入交流的电流值为0.08A. 从功率上看，学生电源输入功率约为 $P_1=0.08\text{A}\times220\text{V}=17.6\text{W}$，灯泡功率 $P_0=0.23\text{A}\times6\text{V}=1.38\text{W}$. 实验中特别需要注意安全，因为对护套线进行剥开，很容易发生漏电现象.

从上述实验可以看出，电流互感器钳表可以很方便测量交流电流，尤其是对强电井中单股线电流的测量，多用于电工维修. 在物理实验室中引入钳表也可以让学生准确理解互感器的原理. 学生在习题实验化实践过程中，表现出少有的参与热情.

（甲）　（乙）　（丙）　（丁）

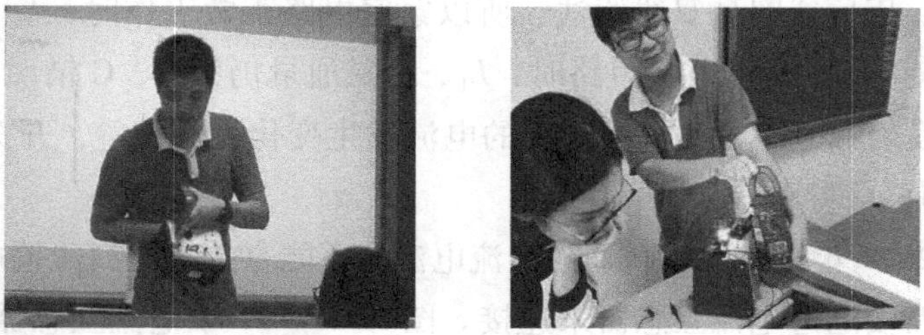

图5－4－9

下图二维码为实验视频，请看“钳表演示电流互感器”实验：

习题实验化

四、对应考题链接

1.（2012年物理江苏卷）某同学设计的家庭电路保护装置如图5－4－10所示，铁芯左侧线圈 L_1 由火线和零线并行绕成. 当右侧线圈 L_2 中产生电流时，电流经放大器放大后，使电磁铁吸起铁质开关 K，从而切断家庭电路．仅考虑 L_1 在铁芯中产生的磁场，下列说法正确的有（　　）

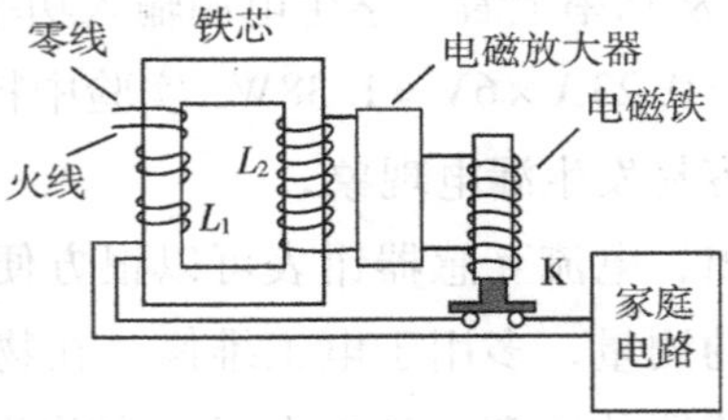

图 5－4－10

A. 家庭电路正常工作时，L_2 中的磁通量为零

B. 家庭电路中使用的电器增多时，L_2 中的磁通量不变

C. 家庭电路发生短路时，开关 K 将被电磁铁吸起

D. 地面上的人接触火线发生触电时，开关 K 将被电磁铁吸起

考点：理想变压器和电磁感应定律．

答案：ABD.

解析：因原线圈是双线绕法，所以家庭电路正常工作时，L_1、L_2 磁通量为零，A、B 正确；家庭电路短路时，L_1、L_2 磁通量仍为零，C 错误；地面上的人接触火线发生触电时，两根电线中的电流发生变化将不相等，开关 K 被磁铁吸起，D 正确．

2.（2013 年天津卷）普通的交流电流表不能直接接在高压输电线路上测量电流，通常要通过电流互感器来连接．图 5－4－11 中电流互感器 ab 一侧线圈的匝数较少，工作时电流为 I_{ab}，cd 一侧线圈的匝数较多，工作时电流为 I_{cd}，为了使电流表能正常工作，则（　　）

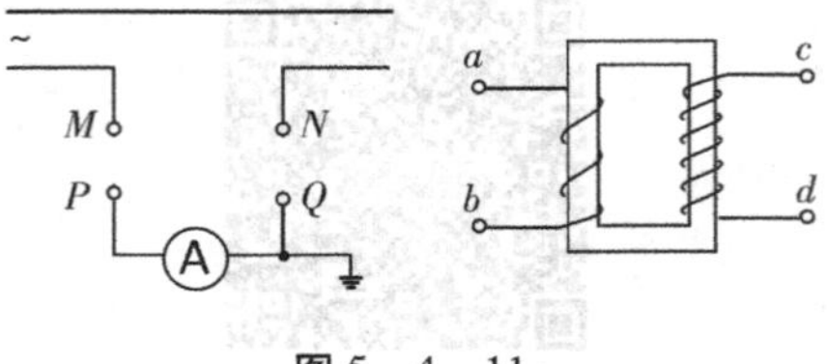

图 5－4－11

A. ab 接 MN、cd 接 PQ，$I_{ab}<I_{cd}$

B. ab 接 MN、cd 接 PQ，$I_{ab}>I_{cd}$

C. ab 接 PQ、cd 接 MN，$I_{ab}<I_{cd}$

D. ab 接 PQ、cd 接 MN，$I_{ab}>I_{cd}$

考点：理想变压器和电磁感应定律.

答案：B.

解析：本题考查远距离输电和理想变压器的基础知识.

由理想变压器的基本规律：$U_{ab}:U_{cd}=n_{ab}:n_{cd}$，$P_{ab}=P_{cd}$，可知 $n_{ab}I_{ab}=n_{cd}I_{cd}$，高压输电线 MN 上电流较大，故应设法降低交流电流表的待测电流，B 选项正确.

3. (2013 年江苏卷) 如图 5－4－12 所示，理想变压器原线圈接有交流电源，当副线圈上的滑片 P 处于图示位置时，灯泡 L 能发光. 要使灯泡变亮，可以采取的方法有（　　）

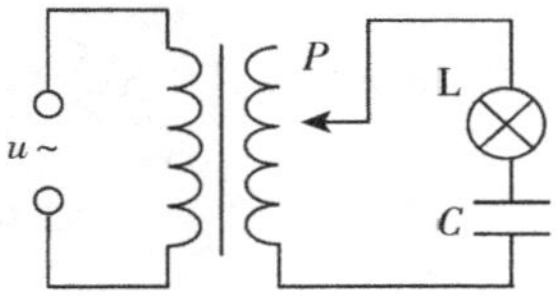

图 5－4－12

A. 向下滑动 P

B. 增大交流电源的电压

C. 增大交流电源的频率

D. 减小电容器 C 的电容

考点：理想变压器和电容.

答案：BC.

解析：根据 $\frac{U_1}{U_2}=\frac{n_1}{n_2}$ 有，向下滑动 P 时，n_2 减小导致 U_2 减小，灯泡变暗，故 A 错；增大交流电源的电压 U_1 可使 U_2 增大，灯泡变亮，故 B 对；增大交流电源的频率，可减小容抗，增大通过灯泡的电流，灯泡变亮，故 C 对；减小电容器 C 的电容，增大容抗，减小通过灯泡的电流，灯泡变暗，故 D 错.

第六章

基于经典例题创新实验案例分析——选修部分

第一节　基于U形软管内密闭气体压强探究的热学习题实验化活动

一、典型例题呈现

例题1：如图6－1－1所示，粗细均匀的玻璃管A和B由一橡皮管连接，一定质量的空气被水银柱封闭在A管内，初始时两管水银面等高，B管上方与大气相通．若固定A管，将B管沿竖直方向缓慢下移一小段距离H，A管内的水银面高度相应变化h，则（　　）

A. $h=H$

B. $h<\frac{H}{2}$

C. $h=\frac{H}{2}$

D. $\frac{H}{2}<h<H$

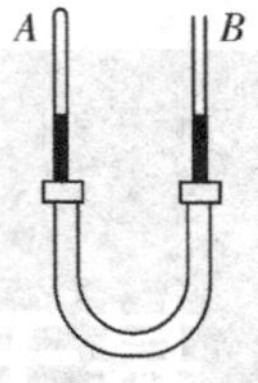

图6－1－1

考点：考查气体实验定律——玻意耳定律．

解析：初始时$P_A=P_B$. A管上端封闭，封闭气体发生等温变化。当B管水银液面下降时，假设A管水银面不动，则A管内气体压强将减小，所以气体体积增大，即A管内的水银液面也将下移．如果A管液面下降高度为h，则B管下降的高度$H=2h+h_{AB}$，此时$p_A<p_0$，则$h_{AB}>0$，由此可得$h<\frac{H}{2}$，所以B正确．

分享：学生容易错选C，错误地认为一侧水银面下降，另一侧升高，升高和下降的高度相等．参加过基于U形软管内密闭气体压强探究的热学习题实验化活动的学生，通过实践观察知道A管水面仅下降几毫米，而B管水面下降10厘米以上，所以能够快速地判定两液面之间的空间距离关系，从而提高本题的解答速度和正确率．

例题2：（2015新课标II卷）如图6－1－2所示，一粗细均匀的U形管竖

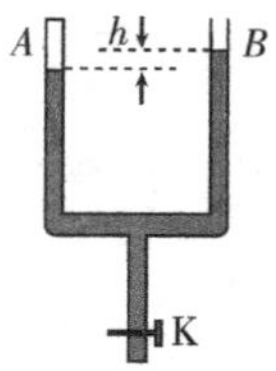

图 6－1－2

直放置，A 侧上端封闭，B 侧上端与大气相通，下端开口处开关 K 关闭，A 侧空气柱的长度为 $l=10.0\text{cm}$，B 侧水银面比 A 侧的高 $h=3.0\text{cm}$，现将开关 K 打开，从 U 形管中放出部分水银，当两侧的高度差为 $h_1=10.0\text{cm}$ 时，将开关 K 关闭．

已知大气压强 $p_0=75.0\text{cmHg}$.

（1）求放出部分水银后 A 侧空气柱的长度．

（2）此后再向 B 侧注入水银，使 A、B 两侧的水银柱达到同一高度，求注入水银在管内的长度．

考点：考查气体实验定律——玻意耳定律．

解析：（1）以 cmHg 为压强单位，设 A 侧空气长度 $l=10.0\text{cm}$ 时，压强为 p，其中 $p=p_0+h$.

当两侧水银面的高度差为 $h_1=10.0\text{cm}$ 时，空气柱的长度为 l_1，压强为 p_1，

由玻意耳定律得 $pl=p_1l_1$.

打开开关放出水银的过程中，B 侧与大气相通，压强始终等于大气压，A 侧气体压强随空气柱的增长而减小，则 $p_1=p_0-h_1$.

代入数据得 $l_1=12.0\text{cm}$.

（2）当 AB 两侧水银柱达到同一高度时，设 A 侧空气柱的长度是 l_2，压强为 p_2，由玻意耳定律得 $pl=p_2l_2$.

此时 $p_2=p_0$，代入数据得 $l_2=10.4\text{cm}$.

注入的水银柱长度为 $\Delta h_1=2(l_1-l_2)+h_1=13.2\text{cm}$.

分享：本题解答的关键，在于判断末状态是右侧液面更高，还是左侧液面更高．由于左侧封闭气体体积增大，故压强减小，所以高度差 10*cm*，是指左侧高于右侧 10cm.

例题 3：（2018 新课标Ⅲ卷）如图 6－1－3 所示，在两端封闭、粗细均匀的 U 形细玻璃管内有一段水银柱，水银柱的两端各封闭有一段空气．当 U 形管两端竖直朝上时，左、右两边空气柱的长度分别为 $l_1=18.0\text{cm}$ 和 $l_2=12.0\text{cm}$，左边气体的压强为 12.0cmHg. 现将 U 形管缓慢平放在水平桌面上，没有气体从管的一边通过水银柱逸入另一边．求 U 形管平放时两边空气柱的长度．在整个过程中，气体温度不变．

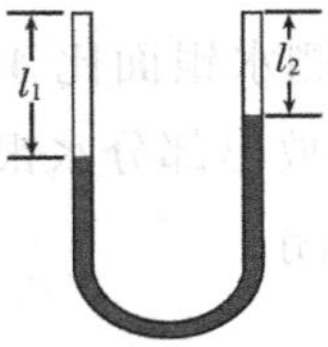

图 6－1－3

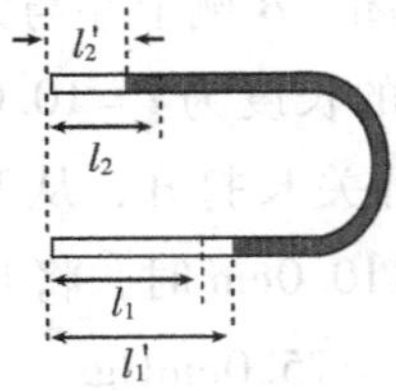

图 6－1－4

考点：考查气体实验定律——玻意耳定律．

解析：设 U 形管两端竖直朝上时，左、右两边气体的压强分别为 p_1 和 p_2．U 形管水平放置时，两边气体压强相等，设为 p，此时原左、右两边气体长度分别变为 l_1' 和 l_2'．由力的平衡条件有

$$p_1-p_2=\rho g\ (l_1-l_2) \quad ①$$

式中 ρ 为水银密度，g 为重力加速度大小．

由玻意耳定律有

$$p_1l_1=pl_1' \quad ②$$

$$p_2l_2=pl_2' \quad ③$$

$$l_1'-l_1=l_2-l_2' \quad ④$$

由①②③④式和题给条件得

$$l_1'=22.5\text{cm} \quad ⑤$$

$$l_2'=7.5\text{cm} \quad ⑥$$

分享：这个题目中 U 形管水平放置的场景可以用相关的力学器材在习题实验化的活动中完成．

二、经典内容概述

大概念主题	核心考点	模型构建	思想方法	物理观念
热学	气体实验定律（热学中唯一一个 II 级考点）	理想气体；连通器（U 形管＋密闭气体）模型；两体＋活塞模型	数学方法构建模型	相互作用的观念

近年来，高考热学计算题针对性考查考纲中热学部分唯一的一个二级考点“气体实验定律”，其中玻意耳定律出现的频率最高，查理定律和盖·吕萨克定

律次之．很多高考题目场景的设计就是基于一个具体的气体实验过程．

运用气体实验定律解题，首先要明确气体的三个状态参量，某些问题中状态参量比较隐蔽，首先需要来进行分析挖掘，这是处理此类问题的一个难点．问题中所研究的密闭气体很多情况下都是利用水体、水银柱、活塞来进行密闭，这里涉及到受力分析、平衡力等知识点，基本的处理原则就是通过对液柱、活塞的受力情况列出力的平衡方程式，分析得出气体的压强．

我们设计了基于U形软管内密闭气体体积、压强探究的热学习题实验化活动，在活动中引导学生选取与气体接触的液柱或者与气体接触的液面为研究分析对象，利用它的受力平衡来求气体的压强．学生在动手完成实验活动的过程中，经过充分地分析思考，既有了直观的感性认识，也更容易渗透物理本质，从而有效地化解压强大小分析的传统难点，并达到减小学生在考场上求解此类问题的压力的目的．

三、相关创新实验

创新实验1：基于U形管内密闭气体压强探究的热学习题实验化活动

实验目标：探究密闭气体压强与外界大气压、水（水银）柱之间的关系；认识玻意耳定律中压强与体积的关系；增强分析密闭气体压强的感性认识．

实验器材：铁架台、玻璃管夹、两根两端开口的直玻璃管（带有刻度），两个橡皮塞、橡胶软管、烧杯、滴入红墨水的清水．

实验过程：

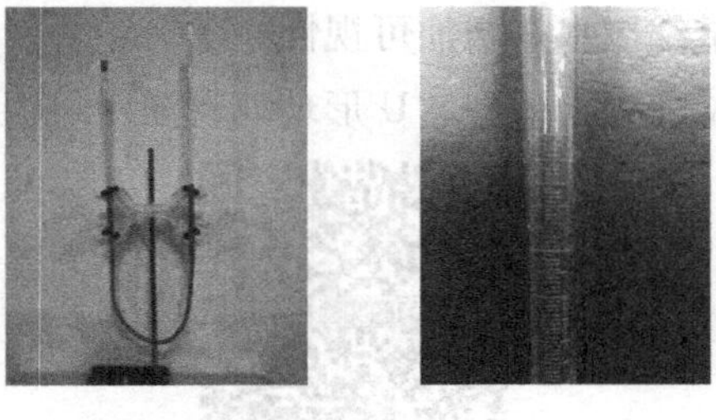

图6－1－5

（1）如图6－1－5，将两玻璃管用U型橡皮管连接，并固定在铁架台上，注入一定量的红墨水，观察两管液面的高度并标记．注意玻璃管刻度从上往下依次递增．

（2）用橡皮塞将一侧玻璃管封闭，内有一定长度的空气柱．然后由学生自由移动另一侧玻璃管，例如向上、向下、倾斜等，同时观察两侧液面的变化情况，并分析密闭气体的压强和体积的大小变化．

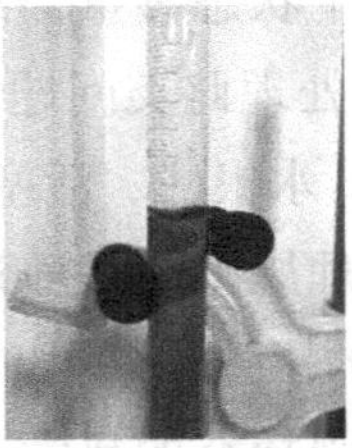

开始左侧液面
位于16.0cm处

图6－1－6

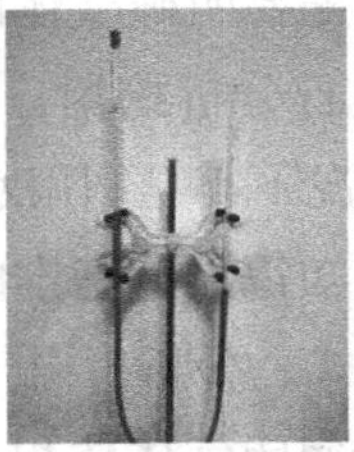

移动右侧玻璃管
使右侧液面下移

图6－1－7

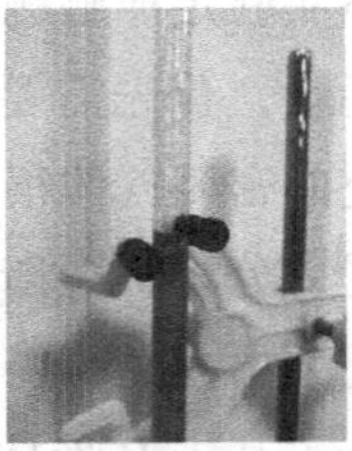

左侧液面下移
至16.3cm处

图6－1－8

（3）将另一侧玻璃管上端也封闭，移动另一侧玻璃管，观察两侧密闭气体的变化情况．

TIPS：本活动未开展前，相当一部分学生认为如果一侧玻璃管向上移动，则另一侧玻璃管会向下移动，或者一侧玻璃管向下移动，则另一侧玻璃管会向上移动．当他们观察到与预想相反的现象时，极大地激发了他们思考的动力．在边动手探究边相互讨论的过程中，问题的本质一步步显现出来，参与活动的学生也纠正了错误的认识，对玻意耳定律的应用和气体压强的分析能力得到了进一步地提升．本实验中，如果用密度比较大的水银液柱来观察，现象一定会更明显，但是考虑到学生参与实验操作的安全性，建议实验中用水柱代替，这就要求玻璃管上下移动的幅度要比较大，比如一般超过 10cm，并且要使用最小刻度为毫米的玻璃管，以便于观察另一侧的变化（这个变化一般在几毫米），也可以在水中加入少量红墨水来增加可视性．

下图二维码为实验视频，请看“U 形玻璃管演示等温变化”实验：

创新实验 2：在基于 U 形管内密闭气体压强探究的热学习题实验化活动中，增加传感器直接测出密闭气体的压强

实验化活动的器材：包括创新实验 1 中的器材，增加电脑以及对应软件，压强传感器，一根粗细合适的金属管（一段连接压强传感器，一段穿过橡皮塞，与密闭气体相连通）

实验化活动的步骤：基本同创新实验 1，可以直接测量出气体压强，从而定量地验证玻意耳定律实验，得到封闭气体的等温线.

实验化活动的分享：从定性分析升华到定量测量和验证. 对研究有兴趣的学生可以在实验 1 的基础上完成定量研究，还可以进一步熟悉传感器的使用并增强对等温线的认识.

图 6－1－9

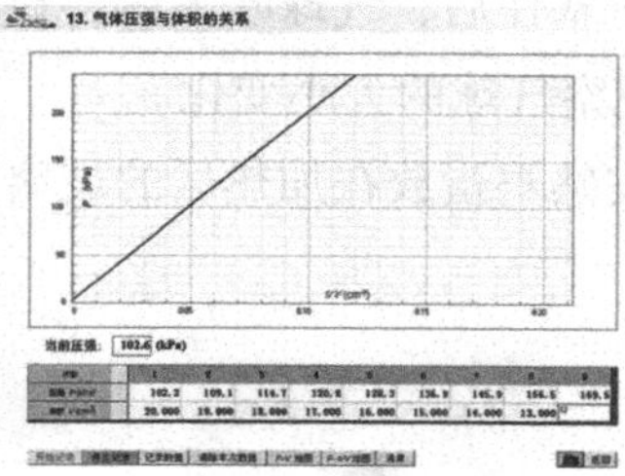

图 6－1－10

创新实验 3：用一两端封闭直玻璃管，中间有一段液柱，隔离出 A、B 两段密闭气体，观察在不同位置或者运动状态下两端密闭气体体积的变化情况

实验器材：带有刻度的直玻璃管，两个橡皮塞，滴入红墨水的清水少许.

实验步骤：

(1) 观察玻璃管在水平、倾斜、竖直的情况下两段气柱长度的变化情况.

(2) 观察玻璃管在水平状态下，向上匀速运动或向上加速运动情况下两段气柱长度的变化情况.

(3) 观察玻璃管在水平、倾斜状态下，绕玻璃管上一段旋转时两段气柱长度的变化情况.

实验化活动的分享：这个活动的完成有利于增强学生处理“两体（两部分气体）”问题的能力，在活动讨论的过程中，学生能比较好地观察体会到两段空气柱之间的压强关系.

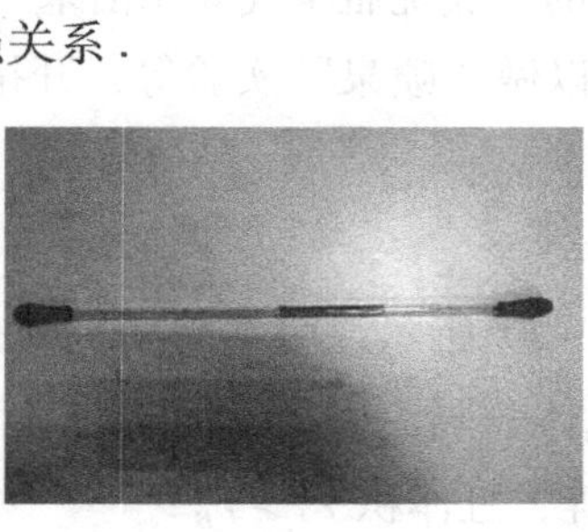

图 6－1－11

图 6－1－12

创新实验4：（学术游戏）利用哈勃瓶、玻璃瓶、熟鸡蛋来研究等压变化

实验化活动的器材：哈勃瓶、水槽、热水、冷水.

实验步骤：

（1）体会大气压强的存在，在塞子打开和塞住两种情况下分别向气球中吹气，看是否可以把气球吹大.

（2）将塞子塞住后，气球吹大后将口扎紧，观察气球的大小，将沸水从玻璃瓶上浇下，观察气球的大小变化.

（3）将剥皮熟鸡蛋放在加热后的玻璃瓶口上压紧，观察鸡蛋被“吸”入瓶中的过程.

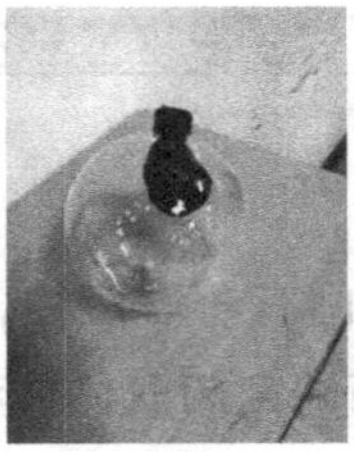

图6－1－13

图6－1－14

图6－1－15

图6－1－16

哈勃瓶：瓶颈很短、底部有孔的平底烧瓶＋气球＋活塞

TIPS：本实验简单有趣，也可以做“喷泉”实验等，开拓学生的思维.

四、对应考题链接

图6－1－17

1. （2016上海卷）如图6－1－17所示，两端封闭的直玻璃管竖直放置，一段水银将管内气体分隔为上、下两部分A和B，上、下两部分气体初始温度相等，且体积$V_A>V_B$.

（1）若A、B两部分气体同时升高相同的温度，水银柱将如何移动？

某同学解答如下：

设两部分气体压强不变，由$\frac{V_1}{T_1}=\frac{V_2}{T_2}$，…，$\Delta V=\frac{\Delta T}{T}V$，…，所以水银柱将向下移动.

上述解答是否正确？若正确，请写出完整的解答；若不正确，请说明理由并给出正确的解答.

（2）在上、下两部分气体升高相同温度的过程中，水银柱位置发生变化，最后稳定在新的平衡位置，A、B两部分气体始末状态压强的变化量分别为Δp_A和Δp_B，分析并比较二者的大小关系.

解析：

（1）不正确.水银柱移动的原因是升温后，由于压强变化造成受力平衡被破坏，因此应该假设气体体积不变，由压强变化判断出移动方向.

正确解法：设升温后上、下部分气体体积不变，则由查理定律可得

$$\frac{p}{T}=\frac{p'}{T+\Delta T}$$

$$\Delta p=p'-p=\frac{\Delta T}{T}p$$

因为$\Delta T>0$，$p_A<p_B$，可知$\Delta p_A<\Delta p_B$，所以水银柱向上移动.

（2）升温前有$p_B=p_A+p_h$（p_h为汞柱压强），升温后同样有$p_B'=p_A'+p_h$，两式相减可得$\Delta p_A=\Delta p_B$.

考点：本题考查等容变化的查理定律，需要对查理定律进行拓展和深入理解.

分享：气体等压或者等容变化可以拓展为分比表达式，理论推导过程

$$\frac{p_1'}{p_1}=\frac{T_1'}{T_1} \quad ①$$

由①式可得
$$\frac{p_1'-p_1}{p_1}=\frac{T_1'-T_1}{T_1},$$

即
$$\frac{\Delta p_1}{p_1}=\frac{\Delta T_1}{T_1},\ \Delta p_1=\frac{p_1}{T_1}\Delta T_1 \quad ②$$

可以结合实验活动的观察来理解这里气体状态量增量的变化情况.

2.（2016新课标Ⅱ卷）一氧气瓶的容积为0.08m³，开始时瓶中氧气的压强为20个大气压.某实验室每天消耗1个大气压的氧气0.36m³.当氧气瓶中的压强降低到2个大气压时，需重新充气.若氧气的温度保持不变，求这瓶氧气重新充气前可供该实验室使用多少天？

解析：设氧气开始时的压强为 p_1，体积为 V_1，压强变为 p_2（2 个大气压）时，体积为 V_2. 根据玻意耳定律得

$$p_1V_1=p_2V_2 \quad ①$$

重新充气前，用去的氧气在 p_2压强下的体积为

$$V_3=V_2-V_1 \quad ②$$

设用去的氧气在 p_0（1 个大气压）压强下的体积为 V_0，则有

$$p_2V_3=p_0V_0 \quad ③$$

设实验室每天用去的氧气在 p_0下的体积为 ΔV，则氧气可用的天数为

$$N=\frac{V_0}{\Delta V} \quad ④$$

联立①②③④式，并代入数据得

$$N=4\ (\text{天}) \quad ⑤$$

考点：气体实验定律——玻意耳定律.

分享：本题还可以使用由克拉伯龙方程推导出来的等温变化拓展规律 $PV=P_1V_1+P_2V_2+P_3V_3$来求解，也比较快捷.

3. （2016 新课标Ⅲ卷）一 U 形玻璃管竖直放置，左端开口，右端封闭，左端上部有一光滑的轻活塞. 初始时，管内汞柱及空气柱长度如图 6－1－18 所示. 用力向下缓慢推活塞，直至管内两边汞柱高度相等时为止. 求此时右侧管内气体的压强和活塞向下移动的距离. 已知玻璃管的横截面积处处相同；在活塞向下移动的过程中，没有发生气体泄漏；大气压强 $p_0=75.0\text{cmHg}$，环境温度不变.

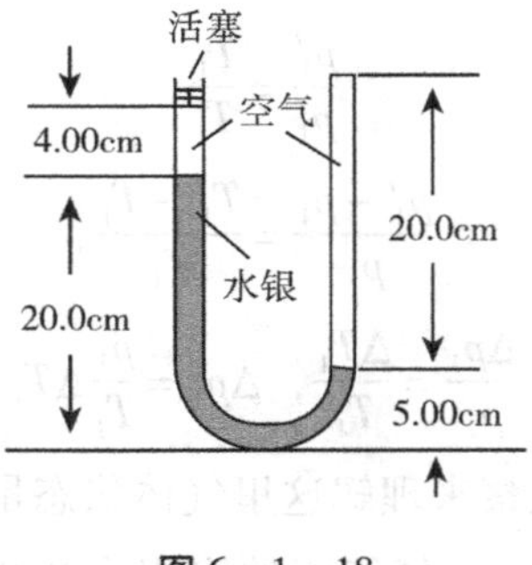

图 6－1－18

解析：设初始时，右管中空气柱的压强为 p_1，长度为 l_1；左管中空气柱的压强为 $p_2=p_0$，长度为 l_2. 活塞被下推 h 后，右管中空气柱的压强为 p_1'，长度为 l_1'；左管中空气柱的压强为 p_2'，长度为 l_2'. 以 cmHg 为压强单位.

由题给条件得

$$p_1 = p_0 + (20.0 - 5.00)\,\text{cmHg} \quad ①$$

$$l_1' = \left(20.0 - \frac{20.0 - 5.00}{2}\right)\text{cm} \quad ②$$

由玻意耳定律得

$$p_1 l_1 = p_1' l_1' \quad ③$$

联立①②③式和题给条件得

$$p_1' = 144\,\text{cmHg} \quad ④$$

依题意有

$$p_2' = p_1' \quad ⑤$$

$$l_2' = 4.00\,\text{cm} + \frac{20.0 - 5.00}{2}\text{cm} - h \quad ⑥$$

由玻意耳定律得

$$p_2 l_2 = p_2' l_2' \quad ⑦$$

联立④⑤⑥⑦式和题给条件得

$$h = 9.42\,\text{cm} \quad ⑧$$

考点：气体实验定律——玻意耳定律．

分享：若能准确分析压强的变化，这道题就很容易解出来．本题对参与基于U形软管内密闭气体压强探究的热学习题实验化活动的学生来说，难度不大．

4.（2017 新课标Ⅰ卷）如图 6－1－19 所示，容积均为 V 的汽缸 A、B 下端有细管（容积可忽略）连通，阀门 K_2 位于细管的中部，A、B 的顶部各有一阀门 K_1、K_3；B 中有一可自由滑动的活塞（质量、体积均可忽略）．初始时，三个阀门均打开，活塞在 B 的底部；关闭 K_2、K_3，通过 K_1 给汽缸充气，使 A 中气体的压强达到大气压强 p_0 的 3 倍后关闭 K_1．已知室温为 27℃，汽缸导热．

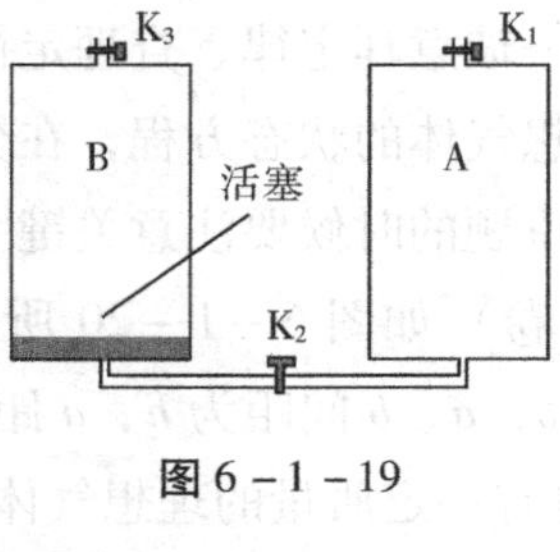

图 6－1－19

(1) 打开 K_2，求稳定时活塞上方气体的体积和压强．

(2) 接着打开 K_3，求稳定时活塞的位置．

（3）再缓慢加热汽缸内的气体使其温度升高20℃，求此时活塞下方气体的压强．

解析：

（1）设打开K_2后，稳定时活塞上方气体的压强为p_1，体积为V_1．依题意，被活塞分开的两部分气体都经历等温过程．由玻意耳定律得

$$p_0V = p_1V_1 \quad ①$$

$$(3p_0)V = p_1(2V - V_1) \quad ②$$

联立①②式得

$$V_1 = \frac{V}{2} \quad ③$$

$$p_1 = 2p_0 \quad ④$$

（2）打开K_3后，由④式知，活塞必定上升．设在活塞下方气体与A中气体的体积之和为V_2（$V_2 \leqslant 2V$）时，活塞下方气体压强为p_2，由玻意耳定律得

$$(3p_0)V = p_2V_2 \quad ⑤$$

由⑤式得

$$p_2 = \frac{3V}{V_2}p_0 \quad ⑥$$

由⑥式知，打开K_3后，活塞上升直到B的顶部为止，此时$p_2 = \frac{3}{2}p_0$．

（3）设加热后活塞下方气体的压强为p_3，气体温度从$T_1 = 300\text{K}$升高到$T_2 = 320\text{K}$的等容过程中，由查理定律得

$$\frac{p_2}{T_1} = \frac{p_3}{T_2} \quad ⑦$$

将有关数据代入⑦式得

$$p_3 = 1.6p_0 \quad ⑧$$

考点：气体实验定律——玻意耳定律、查理定律．

分享：本题重点考查理想气体的状态方程，在分析的时候要注意汽缸导热，即第一个过程为等温变化，审题的时候要注意关键字眼，难度适中．

5.（2018全国新课标Ⅱ卷）如图6－1－20所示，一竖直放置的汽缸上端开口，汽缸壁内有卡口a和b，a、b间距为h，a距缸底的高度为H；活塞只能在a、b间移动，其下方密封有一定质量的理想气体．已知活塞质量为m，面积为S，厚度可忽略；活塞和汽缸壁均绝热，不计他们之间的摩擦．开始时活塞处于静止状态，上、下方气体压强均为p_0，温度均为T_0，现用电热丝缓慢加热

汽缸中的气体，直至活塞刚好到达 b 处．求此时汽缸内气体的温度以及在此过程中气体对外所做的功，重力加速度大小为 g.

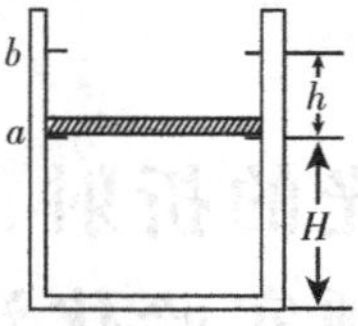

图 6－1－20

解析：开始时活塞位于 a 处，加热后，汽缸中的气体先经历等容过程，直至活塞开始运动．设此时汽缸中气体的温度为 T_1，压强为 p_1，根据查理定律有

$$\frac{p_0}{T_0}=\frac{p_1}{T_1} \quad ①$$

根据力的平衡条件有

$$p_1S=p_0S+mg \quad ②$$

联立①②式可得

$$T_1=\left(1+\frac{mg}{p_0S}\right)T_0 \quad ③$$

此后，汽缸中的气体经历等压过程，直至活塞刚好到达 b 处，设此时汽缸中气体的温度为 T_2；活塞位于 a 处和 b 处时，气体的体积分别为 V_1 和 V_2. 根据盖·吕萨克定律有

$$\frac{V_1}{T_1}=\frac{V_2}{T_2} \quad ④$$

式中

$$V_1=SH \quad ⑤$$

$$V_2=S\ (H+h) \quad ⑥$$

联立③④⑤⑥式解得

$$T_2=\left(1+\frac{h}{H}\right)\left(1+\frac{mg}{p_0S}\right)T_0 \quad ⑦$$

从开始加热到活塞到达 b 处的过程中，汽缸中的气体对外做的功为

$$W=(p_0S+mg)h \quad ⑧$$

考点：气体实验定律——玻意耳定律．

分享：此题主要考查玻意耳定律的应用，解题关键是确定以哪一部分气体为研究对象，并能找到气体在不同状态下的状态参量；本题给学生的感觉是难度比较大，但对做过基于 U 形软管内密闭气体压强探究的热学习题实验化活动的学生来说，下手会比较容易．

第二节　基于观察光的折射、反射、全反射现象习题实验化活动

一、典型例题呈现

例题1：（2015 新课标Ⅱ卷）如图6-2-1所示，一束光沿半径方向射向一块半圆形玻璃砖，在玻璃砖底面上的入射角为θ，经折射后射出a、b两束光线，则（　　）

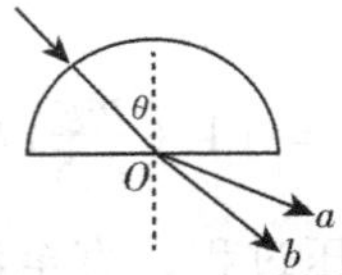

图6-2-1

A. 在玻璃中，a光的传播速度小于b光的传播速度

B. 在真空中，a光的波长小于b光的波长

C. 玻璃砖对a光的折射率小于对b光的折射率

D. 若改变光束的入射方向使θ角逐渐变大，则折射光线a首先消失

E. 分别用a、b光在同一个双缝干涉实验装置上做实验，a光的干涉条纹间距大于b光的干涉条纹间距

解析：选择ABD. 由图6-2-1可知，玻璃砖对a光的折射率大于对b光的折射率，故C错误；在玻璃中，a光的传播速度小于b光的传播速度，故A正确；a光的频率大于b光的频率，在真空中，a光的波长小于b光的波长，故B正确；若改变光束的入射方向使θ角逐渐变大，因为a光的折射率大，则折射光线a首先消失，故D正确；a光的波长小于b光的波长，分别用a、b光在同一个双缝干涉实验装置上做实验，a光的干涉条纹间距小于b光的干涉条纹间距，故E错误.

考点：光的折射及光的干涉.

分享：白光在半圆形玻璃砖的折射实验，可以很直观显示紫光偏折最厉害，再结合紫光频率最大、波长最短的特点，就可以很好地解答本题．

例题2：（2015 江苏卷）人造树脂是常用的眼镜片材料，如图 6－2－2 所示，光线射在一人造树脂立方体上，经折射后，射在桌面上的 P 点，已知光线的入射角为 30°，$OA=5\text{cm}$，$AB=20\text{cm}$，$BP=12\text{cm}$，求该人造树脂材料的折射率 n.

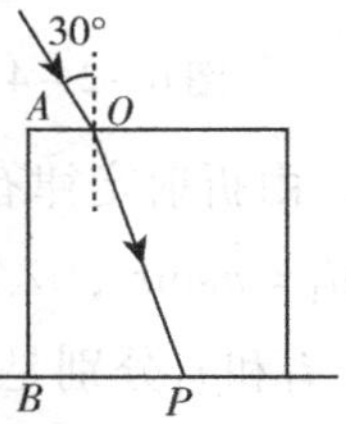

图 6－2－2

解析：设折射角为 γ，根据折射定律，$\sin30°=n\sin\gamma$.

由几何关系可知，$\sin\gamma=(PB-OA)/OP$，$OP=\sqrt{(PB-OA)^2+AB^2}$.

代入数据，$n=\dfrac{\sqrt{449}}{14}\approx1.5$.

考点：光的折射．

分享：光学部分的计算题属于几何光学，画出光路图是非常必要的，本题的光路图比较简单．

例题3：（2018 全国新课标Ⅱ卷）如图 6－2－3 所示，△ABC 是一直角三棱镜的横截面，$\angle A=90°$，$\angle B=60°$，一细光束从 BC 边的 D 点折射后，射到 AC 边上的 E 点，发生全反射后经 AB 边上的 F 点射出．EG 垂直于 AC 交 BC 于 G，D 恰好是 CG 的中点．不计多次反射．

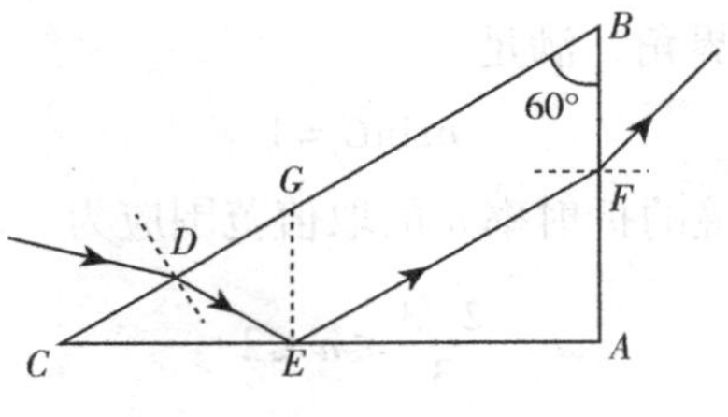

图 6－2－3

（1）求出射光相对于 D 点的入射光的偏角．

（2）为实现上述光路，棱镜折射率的取值应在什么范围？

解析：

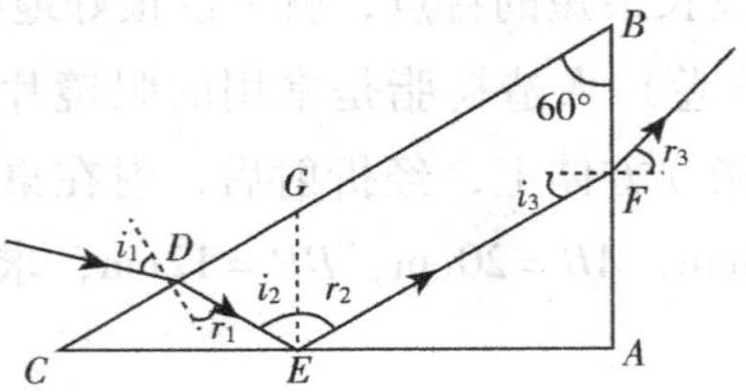

图 6-2-4

（1）光线在 BC 面上折射，由折射定律有

$$\sin i_1 = n\sin r_1,\quad \angle B = 60° \tag{①}$$

式中，n 为棱镜的折射率，i_1 和 r_1 分别是该光线在 BC 面上的入射角和折射角．光线在 AC 面上发生全反射，由反射定律有

$$i_2 = r_2 \tag{②}$$

式中 i_2 和 r_2 分别是该光线在 AC 面上的入射角和反射角．光线在 AB 面上发生折射，由折射定律有

$$n\sin i_3 = \sin r_3 \tag{③}$$

式中 i_3 和 r_3 分别是该光线在 AB 面上的入射角和折射角．由几何关系得

$$i_2 = r_2 = 60°,\quad r_1 = i_3 = 30° \tag{④}$$

F 点的出射光相对于 D 点的入射光的偏角为

$$\delta = (r_1 - i_1) + (180° - i_2 - r_2) + (r_3 - i_3) \tag{⑤}$$

由①②③④⑤式得

$$\delta = 60° \tag{⑥}$$

（2）由光线在 AC 面上发生全反射，光线在 AB 面上不发生全反射，有

$$n\sin i_2 \geqslant n\sin C \geqslant n\sin i_3 \tag{⑦}$$

式中 C 是全反射临界角，满足

$$n\sin C = 1 \tag{⑧}$$

由④⑦⑧式知，棱镜的折射率 n 的取值范围应为

$$\frac{2\sqrt{3}}{3} \leqslant n \leqslant 2 \tag{⑨}$$

考点：光的折射和反射．

分享：通过实验探究，对于空间想象力、几何知识薄弱的学生来说，更容易理解光路传播的特点和遵循的规律．

二、经典内容概述

大概念主题	核心考点	模型构建	思想方法	物理观念
几何光学	光线的概念、光的反射定律、折射定律、折射率、全反射	平面反射模型、全反射模型、折射模型、不同形状玻璃砖的两次折射模型	数学方法 构建模型	利用数学知识 解决物理问题

几何光学是人类认识光学最基础的部分，它是基于光沿直线传播这一特点，来研究光在不同介质中传播时光路的变化．高考中这部分知识的考查目前看来是以计算题的形式出现，它所涉及的物理知识点不多，主要是光的折射、反射、全反射．但是学生容易混淆不同的角，更是受制于几何知识掌握得不够扎实和灵活，导致这部分题目得分率并不高．我们所设计的这些学生参与的实验活动难度不大，器材比较简单，学生可以利用零星的时间进行实验探究，这样能有效地帮助学生建立起折射、反射、全反射的光路模型，增强学生对于折射、反射、全反射光路的理解，降低解题时的畏难情绪，提高他们答题的正确率．

三、相关创新实验

创新实验 1：研究光通过玻璃砖的折射、反射和全反射现象

实验目标：探究光的折射、反射和全反射现象．

实验器材：激光发射器（激光笔）、各种形状的玻璃砖、白纸、刻度尺等．

实验过程：

（1）利用激光笔发出的红色激光束来探究反射、全反射和折射模型．

（2）研究红色激光束通过玻璃砖发生反射和折射的现象，同时探究寻找全反射的临界角．

（3）探究不同形状的玻璃砖的两次折射后光路的变化．

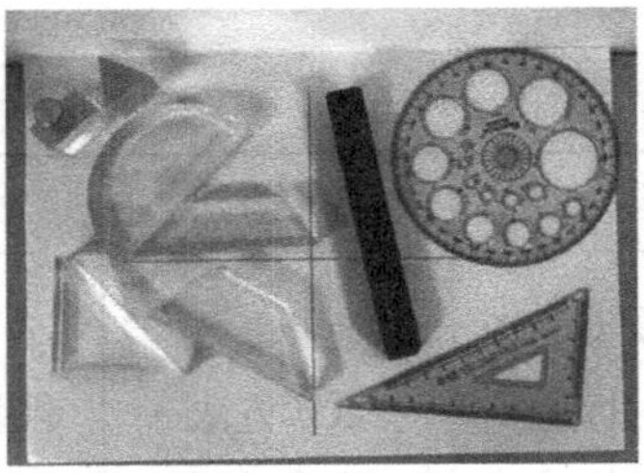

图 6－2－5

图 6－2－6

TIPS：学生对于观察全反射现象很感兴趣，也很容易找到临界角的大小．细心的学生可以观察到当一束光照射到玻璃砖中，改变入射角时，不仅反射角、折射角发生改变，反射光和折射光的强度也随之改变．在实验过程中，可以引导学生画出对应的光路图，体会几何光学最基本的研究方法，由感性认识建立起反射和折射的模型．

下图二维码为实验视频，请看“直角棱镜全反射”实验：

习题实验化

创新实验 2：研究光全反射的临界角，全反射的应用

实验器材：同创新实验 1 器材．

实验步骤：研究红色激光束通过直角形玻璃砖和半圆形玻璃砖时，发生全反射的现象，并测量临界角的大小．

TIPS：定量测量是学生利用数学知识解决物理问题的具体应用．

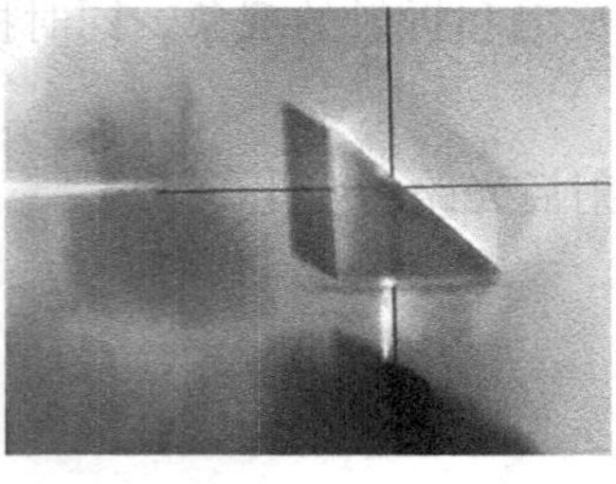

图 6－2－7　直角玻璃砖发生两次折射＋全反射

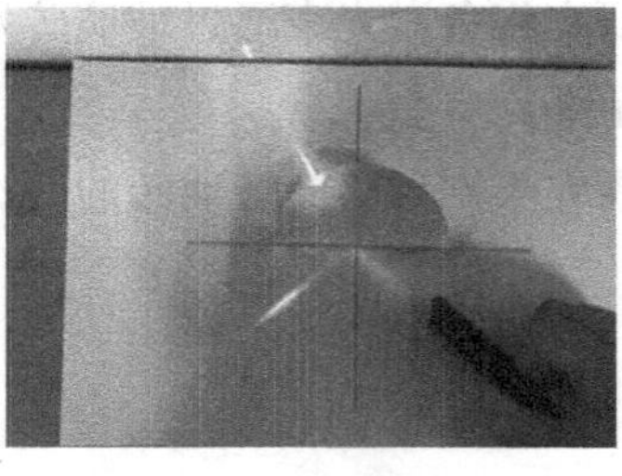

图 6－2－8　半圆形玻璃砖的折射和反射

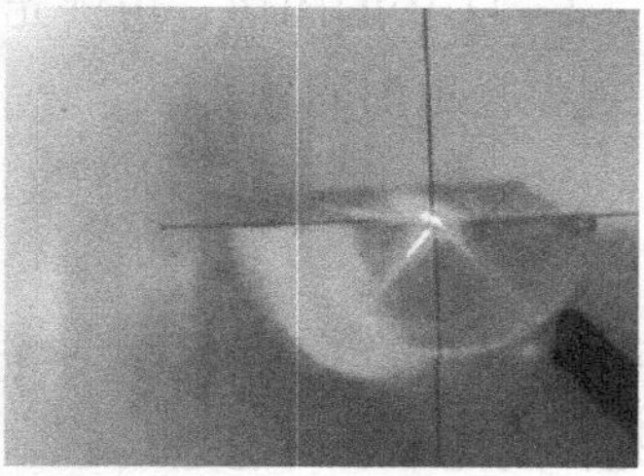

图 6－2－9　半圆形玻璃砖：入射角接近全反射临界角

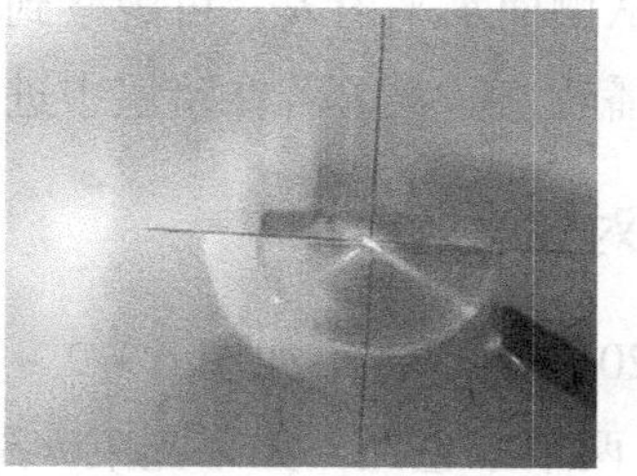

图 6－2－10　半圆形玻璃砖：入射角大于全反射临界角

下图二维码为实验视频，请看“半圆形玻璃砖的反射与折射”实验：

创新实验 3：学术游戏

实验器材：激光发射器（激光笔）、烧杯、水槽、水、冰糖、白纸、刻度尺等.

实验过程：

（1）观察水的折射和反射现象等.

（2）在水槽中加入冰糖，待冰糖缓慢溶解后，观察折射光路的弯曲现象.

（3）将瓶子装满水．当水从小孔中流出时，将激光射向小孔，就可以看到光束随着水流淌，联想并理解光导纤维的原理.

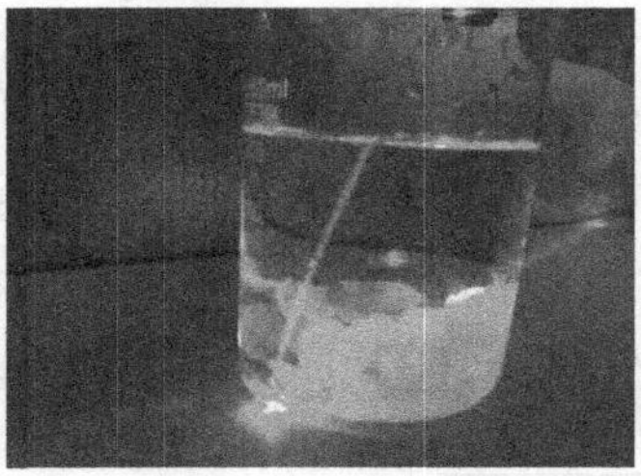

图 6－2－11

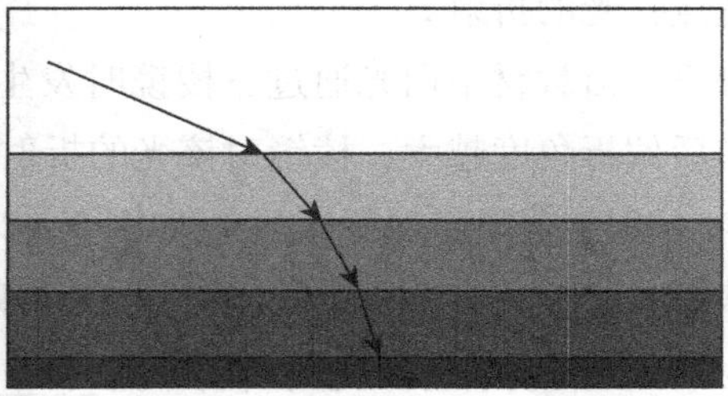

图 6－2－12

TIPS：先把小水缸装满水，将激光从侧面射入，可观察到光的折射和反射现象．再把单晶冰糖均匀的铺在小水缸底部，不要搅动，待大部分冰糖都溶化后，激光从侧面水平射入，可观察到图 6-2-11 中的图像，仿佛光线在弯曲时空中的传播轨迹．实验若在暗室中进行，现象会更加明显．

四、对应考题链接

1.（2017 北京卷）如图 6-2-13 所示，一束可见光穿过平行玻璃砖后，变为 a、b 两束单色光．如果光束 b 是蓝光，则光束 a 可能是（　　）

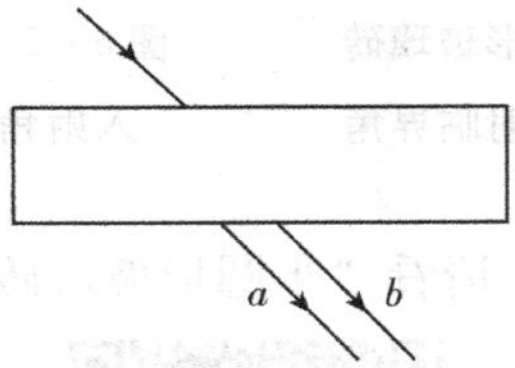

图 6-2-13

A. 红光　　B. 黄光

C. 绿光　　D. 紫光

解析：选择 D. 做出完整的光路图，如图 6-2-14 所示，a 光进入玻璃砖时光线偏折角较大，根据光的折射定律可知，玻璃砖对 a 光的折射率较大．因此，a 光的频率应高于 b 光，故选比蓝光频率更大的紫光．

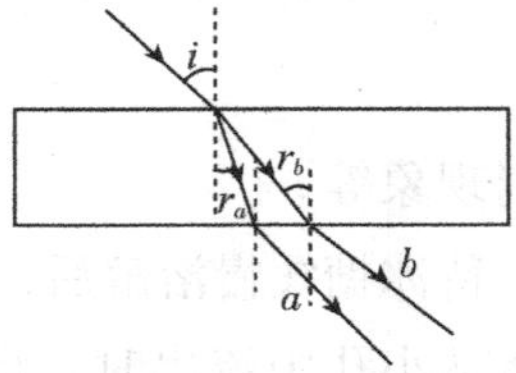

图 6-2-14

考点：光的折射．

分享：由教材中白光通过三棱镜时发生色散的演示实验可知，光线在进入棱镜前后偏折角度越大，棱镜对该光的折射率越大，该光的频率也就越大．

2.（2018 全国新课标 I 卷）如图 6-2-15 所示，$\triangle ABC$ 为一玻璃三棱镜的横截面，$\angle A=30°$，一束红光垂直 AB 边射入，从 AC 边上的 D 点射出，其折射角为 60°，则玻璃对红光的折射率为__________．若改用蓝光沿同一路径入射，则光线在 D 点射出时的折射角__________（“小于”“等于”或“大于”）60°.

解析：根据题述和图示可知，$i=60°$，$r=30°$，由折射定律，玻璃对红光的

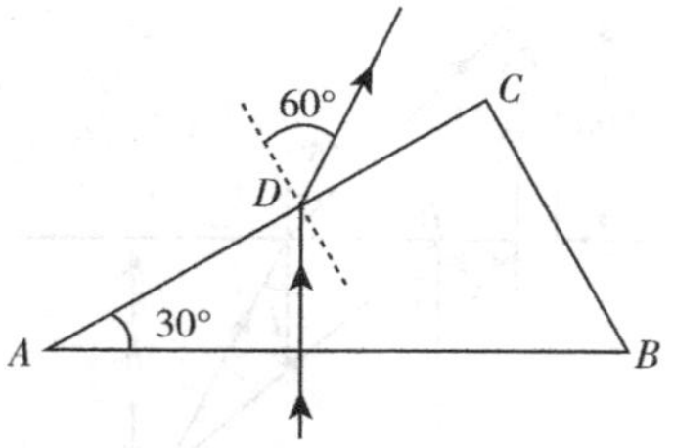

图 6－2－15

折射率 $n=\frac{\sin i}{\sin r}=\sqrt{3}$. 若改用蓝光沿同一路径入射，由于玻璃对蓝光的折射率大于玻璃对红光的折射率，则光线在 D 点射出时的折射角大于 60°.

考点：光的折射．

3. （2016 新课标 I 卷）如图 6－2－16 所示，在注满水的游泳池的池底有一点光源 A，它到池边的水平距离为 3.0m. 从点光源 A 射向池边的光线 AB 与竖直方向的夹角恰好等于全反射的临界角，水的折射率为 $\frac{4}{3}$.

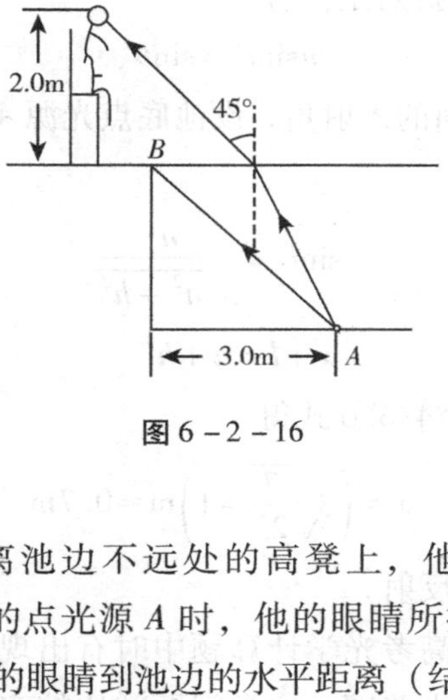

图 6－2－16

（1）求池内的水深．

（2）一救生员坐在离池边不远处的高凳上，他的眼睛到池面的高度为 2.0m. 当他看到正前下方的点光源 A 时，他的眼睛所接收的光线与竖直方向的夹角恰好为 45°. 求救生员的眼睛到池边的水平距离（结果保留 1 位有效数字）．

解析：

（1）如图 6－2－17 所示，设到达池边的光线的入射角为 i，依题意知，水的折射率 $n=\frac{4}{3}$，光线的折射角 $\theta=90°$，由折射定律有

$$n\sin i=\sin\theta \quad ①$$

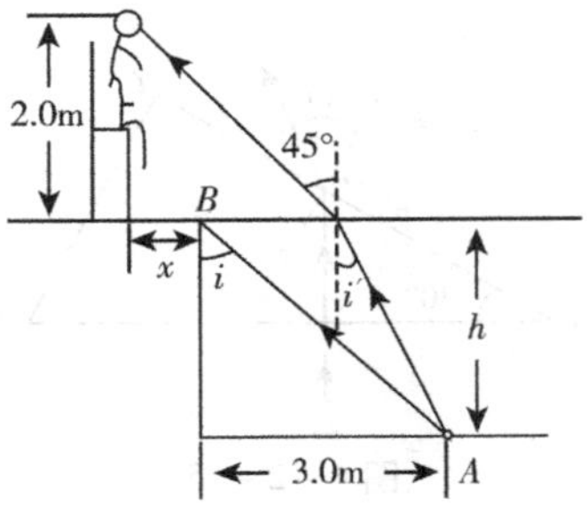

图 6－2－17

由几何关系有

$$\sin i = \frac{l}{\sqrt{l^2+h^2}} \quad ②$$

式中，$l=3\text{m}$，h 是池内水的深度，联立①②式并代入题给数据得

$$h=\sqrt{7}\text{m}\approx 2.6\text{m} \quad ③$$

（2）设此时救生员的眼睛到池边的距离为 x. 依题意，救生员的视线与竖直方向的夹角为 $\theta'=45°$. 由折射定律有

$$n\sin i'=\sin\theta' \quad ④$$

式中，i'是光线在水面的入射角. 设池底点光源 A 到水面入射点的水平距离为 a，由几何关系有

$$\sin i'=\frac{a}{\sqrt{a^2+h^2}} \quad ⑤$$

$$x+l=a+h' \quad ⑥$$

式中 $h'=2\text{m}$，联立③④⑤⑥式得

$$x=\left(3\sqrt{\frac{7}{23}}-1\right)\text{m}\approx 0.7\text{m} \quad ⑦$$

考点：光的折射和全反射.

分享：全反射问题在高考光学计算题中时有出现，要能理解全反射发生的原理和条件，画出正确的光路图，这类问题就比较容易求解. 通过习题实验化活动的探究过程，参与的学生可以很好地体会全反射的发生条件，从感性认识上加深对这一问题的理解.

4.（2017 新课标Ⅰ卷）如图 6－2－18 所示，一玻璃工件的上半部是半径为 R 的半球体，O 点为球心；下半部是半径为 R，高为 $2R$ 的圆柱体，圆柱体底面镀有反射膜. 有一平行于中心轴 OC 的光线从半球面射入，该光线与 OC 之间的距离为 0.6R. 已知最后从半球面射出的光线恰好与入射光线平行（不考虑多次反射）. 求该玻璃的折射率.

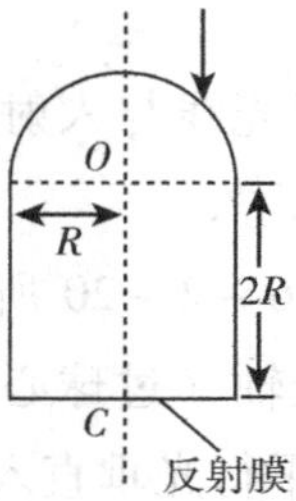

图 6－2－18

解析：如图 6－2－19 所示，根据光路的对称性和可逆性，与入射光线相对于 OC 轴对称的出射光线一定与入射光线平行. 这样，从半球面射入的折射光线，将在圆柱体底面中心 C 点处反射.

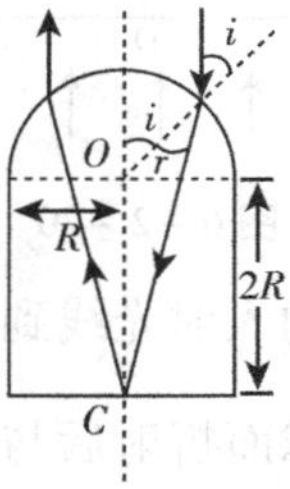

图 6－2－19

设光线在半球面的入射角为 i，折射角为 r. 由折射定律有

$$\sin i = n\sin r \quad ①$$

由正弦定理有

$$\frac{\sin r}{2R} = \frac{\sin(i - r)}{R} \quad ②$$

由几何关系，入射点的法线与 OC 的夹角为 i. 由题设条件和几何关系有

$$\sin i = \frac{L}{R} \quad ③$$

式中 L 是入射光线与 OC 的距离. 由②③式和题给数据得

$$\sin r = \frac{6}{\sqrt{205}} \quad ④$$

由①③④式和题给数据得

$$n = \sqrt{2.05} \approx 1.43 \quad ⑤$$

考点：光的折射.

分享：本题的关键条件是出射光线与入射光线平行，依据这个关系画出光路图，后面的就是平面几何的运算了.

5.（2017 新课标Ⅲ卷）如图 6-2-20 所示，一半径为 R 的玻璃半球，O 点是半球的球心，虚线 OO' 表示光轴（过球心 O 与半球底面垂直的直线）. 已知玻璃的折射率为 1.5. 现有一束平行光垂直入射到半球的底面上，有些光线能从球面上射出（不考虑被半球的内表面反射后的光线）. 求：

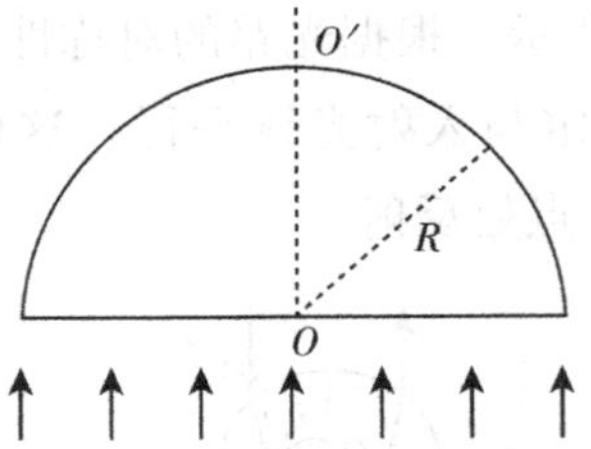

图 6-2-20

（1）从球面射出的光线对应的入射光线到光轴距离的最大值.

（2）距光轴$\frac{R}{3}$的入射光线经球面折射后与光轴的交点到 O 点的距离.

解析：

（1）如图 6-2-21 所示，从底面上 A 处射入的光线，在球面上发生折射时的入射角为 i，当 i 等于全反射临界角 i_0 时，对应的入射光线到光轴的距离最大，设最大距离为 l.

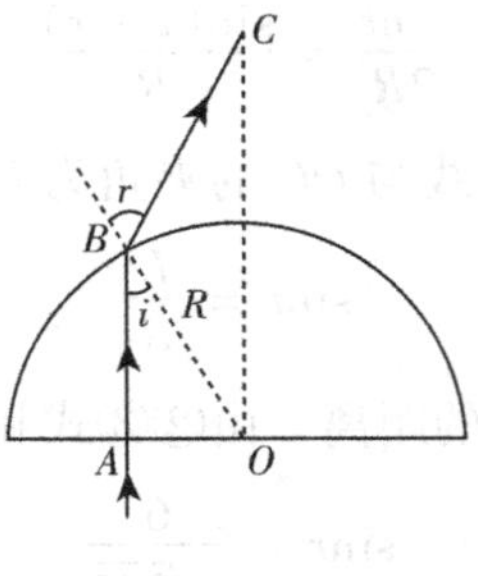

图 6-2-21

$$i=i_0 \quad ①$$

设 n 是玻璃的折射率，由全反射临界角的定义有

$$n\sin i_0=1 \quad ②$$

由几何关系有

$$\sin i=\frac{l}{R} \quad ③$$

联立①②③式并利用题给条件，得

$$l=\frac{2}{3}R \quad ④$$

（2）设与光轴距离为$\frac{R}{3}$的光线在球面 B 点折射时的入射角和折射角分别为 i_1 和 r_1，由折射定律有

$$n\sin i_1=\sin r_1 \quad ⑤$$

设折射光线与光轴的交点为 C，在△OBC 中，由正弦定理有

$$\frac{\sin\angle C}{R}=\frac{\sin(180°-r_1)}{OC} \quad ⑥$$

由几何关系有

$$\angle C=r_1-i_1 \quad ⑦$$

$$\sin i_1=\frac{1}{3} \quad ⑧$$

联立⑤⑥⑦⑧式及题给的条件得

$$OC=\frac{3(2\sqrt{2}+\sqrt{3})R}{5}\approx 2.74R \quad ⑨$$

考点：光的折射和全反射.

分享：本题主要考查光的折射定律的应用，解题关键是根据题意画出光路图，根据几何知识确定入射角与折射角，然后列方程进行求解.

第七章

在教学和研究中发表的相关论文选刊

第一节　欧姆表读数教学探骊①

深圳市第二实验学校 黄正玉

欧姆表读数考查的是基本仪器的使用，是高考的高频考点．而欧姆表的读数规则在教学中长期存在争议，甚至出现“山西标准”或者“广东标准”的说法．

典型错误观点有三种：第一种观点认为由于欧姆表是粗测，所以不需要估读．第二种观点缘于很多模拟考不估读也给分，所以教师可能会告诉学生，不估读也是可以的．第三种观点是说指针没有对准刻度时要估读，对准了就不要估读．

一、高考怎么考（表 7－1－1）

表 7－1－1　高考相关内容

试卷	题图	倍率	参考答案评分标准说明	是否有估读
2015 年广东卷	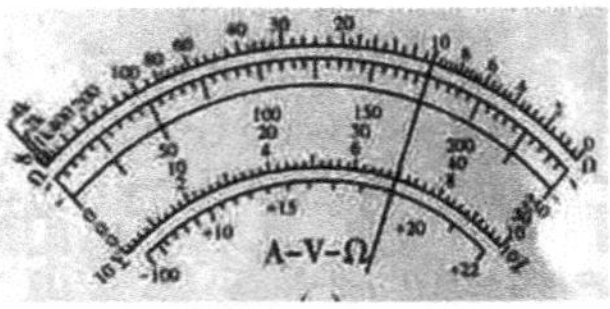	×1	待公布，个人认为 10.0Ω	待公布，估计 10Ω 也会给分
2013 年新课标 I 卷	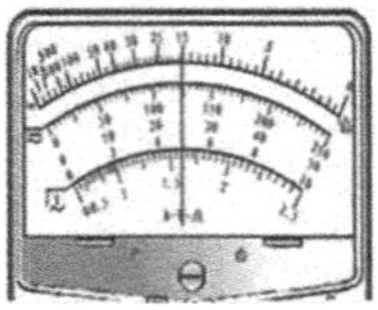	×1k	15.0kΩ	有估读

① 基金项目：深圳市“十二五”规划课题“物理习题实验化的探索与研究”（课题编号：20140305）阶段性成果．

续 表

试卷	题图	倍率	参考答案评分标准说明	是否有估读
2013 年上海卷	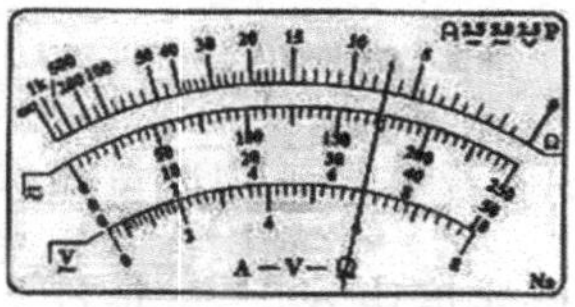	×10	70Ω	有估读
2012 年江苏	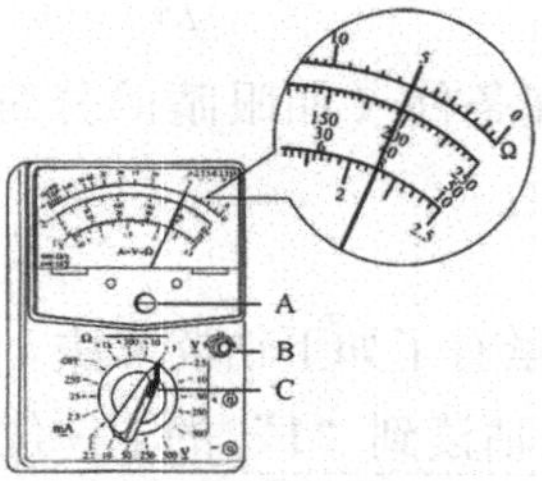	×1	5.0Ω	有估读
2011 年广东	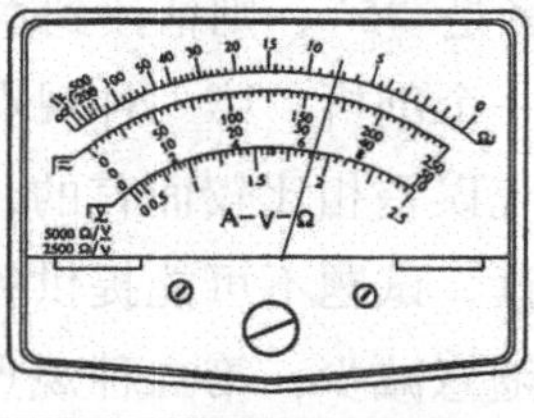	×1	7.5Ω	有估读
2011 年广东		×1	14.0Ω	有估读
2009 年浙江理科综合	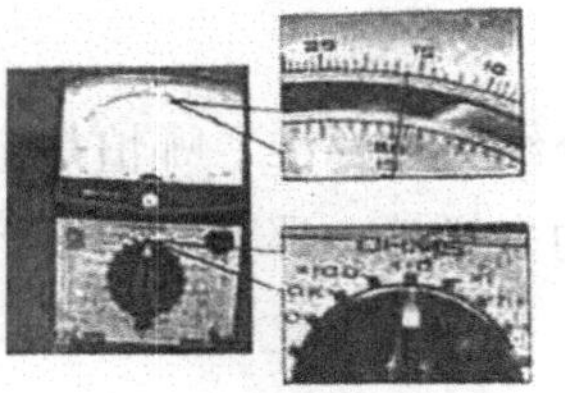	×10	150Ω	有估读
2008 年宁夏卷	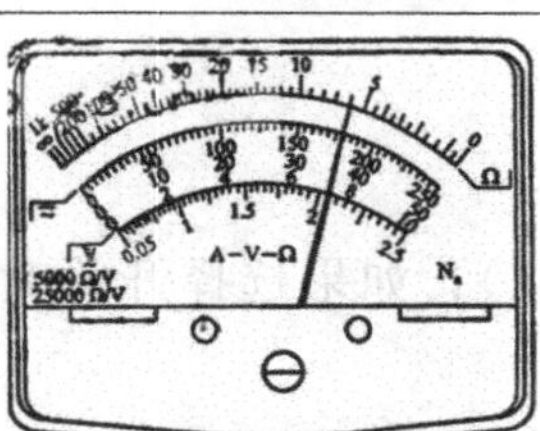	×10	60Ω	有估读

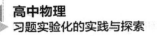

对照近年高考中的欧姆表读数试题，没有哪一年的参考答案是不估读的．当然不排除有些省份由于整卷难度系数调节的需要，在具体阅卷中可能对不估读的答案也给分．

二、教学怎么教

《大学物理实验》教材有如下规定，“若对某一物理量只作单次测量，此时误差的计算方法如下：其测量结果的不确定度由 $\sigma = \frac{\Delta}{\sqrt{3}}$ 估计．其中 Δ 是估读误差，它是由仪器的精度和测量者的生理条件（如眼睛的分辨能力）共同决定的．”Δ 一般取仪器最小刻度的 $\frac{1}{2}$ 至 $\frac{1}{10}$．

根据以上规定，我们对单次直接测量有了如下估读方法．

（1）如果最小刻度是“1”，则读数估读到“1”的下一位．

（2）如果最小刻度是“2”“4”或者是“5”，则估读到本位．

下面我们对前述的三种错误观点做一个剖析：第一种观点认为欧姆表是粗测的说法，说的是与伏安法测电阻的系统误差相比较而言的，而高考试题显然只能依靠仪器本身的最小刻度来进行估读，试题不可能提供粗测粗略到什么程度的说法，粗测并不是代表有效数字的随意减少；第二种观点，教学被考试评分标准牵着鼻子走，这是教学的大忌，评分标准往往更为宽泛，我们在教学过程中如果按照以上误差标准读数，不可能出现因评分标准过严而扣分的情况，反之则可能出现全军覆没的情况；第三种观点，对齐就不估读的说法笔者更是不敢苟同，想象一下，如果按此原则，对同一个量的多次测量，会出现估读位数参差不齐的数据记录．

因此，欧姆表读数不能以某次评分细则为标准，哪怕是全国高考的评分细则．如果在教学中告诉学生读数规则的多样性，那实际上就等于告诉学生没有标准．

三、欧姆表读数的拓展

1. 高倍率挡位如何记录数据

以 2015 年广东卷为例（图 7－1－1），如果选择开关对应的是“×100”挡，则如何读数？

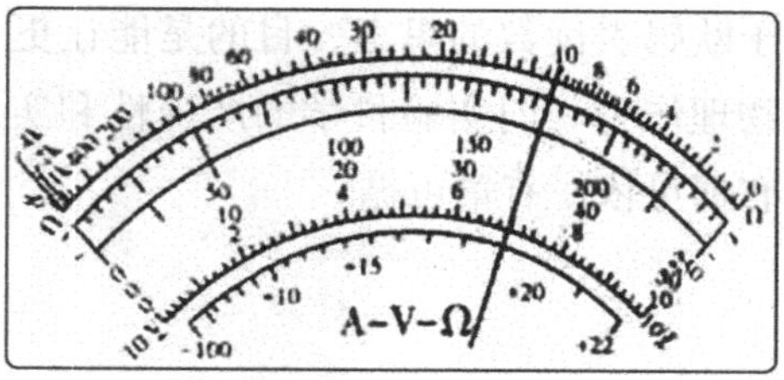

图 7-1-1

正确的方法是根据"示数×倍率"按科学计数法进行记录．如图 7-1-1 所示，首先计算可知刻度盘的指针右侧最小刻度为"0.4Ω"，需要估读到本位，即十分位．左侧最小刻度为"1Ω"，需要估读到下一位，同样是十分位．故刻度盘示数为 10.0Ω，所以读数为 10.0Ω×100，按照科学计数法，最后记为 $1.00\times10^3\Omega$．有效数字仍然为 1、0 和 0 共三位．

注意：如果记为 1000Ω，则有效数字将是 1、0、0 和 0 四位，增加了有效数字位数，显然这样的记录是错误的．

2. 欧姆表的分段精度（图 7-1-2）

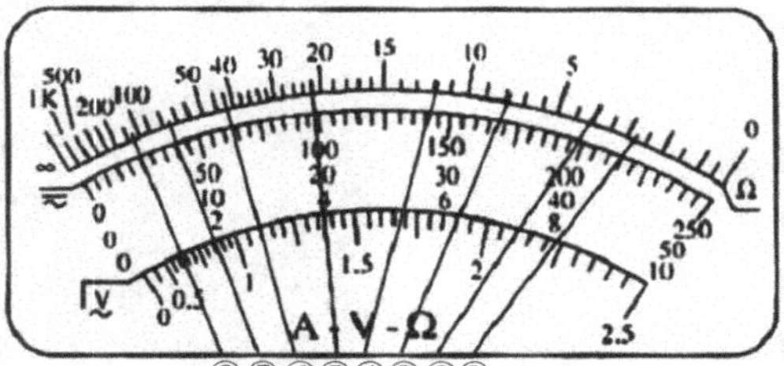

图 7-1-2

由于欧姆表刻度盘各段的最小刻度是不一样的，所以分段取得不同的精度（表 7-1-2）．

表 7-1-2　分段精度

序号	分区	最小刻度	估读方法	读数示例
1	0-5	0.5	估读到十分位	① 2.7Ω　② 4.0Ω
2	5-20	1	估读到十分位	③ 7.8Ω　④ 11.8Ω
3	20-40	2	估读到个位数	⑤ 22Ω
4	40-50	5	估读到个位数	⑥ 42Ω
5	50-100	10	估读到个位数	⑦ 75Ω
6	100-200	50	估读到十位数	⑧ $1.3\times10^2\Omega$，不能记为 130Ω

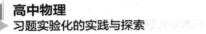

总结：以上是关于欧姆表读数的思考，目的是能让更多的一线教师在物理教学中，不仅能展现物理作为一门实验科学的严谨性和实用性，而且能使教学标准趋于统一，做到有据可依，有章可循．

参考文献

[1] 李福荣．欧姆表读数之我见［J］．中学生数理化，2014（04）：78.
[2] 赵新勇．欧姆表的若干个为什么［J］．物理教学探讨，2007．25（7）：22－23.
[3] 陈宏．高考中多用电表试题赏析［J］．物理教学探讨，2012.30（1）：40－42.

（此文发表于《物理教学探讨》2015 年第 9 期）

第二节　钳表演示电流互感器的实验初探

深圳市第二实验学校　黄正玉、姚力涛

一、引言

全日制普通高级中学教科书（第二册）以及现行的粤教版普通高中课程标准实验教科书（物理选修3－2）变压器一节，均介绍了电流互感器和电压互感器的原理和计算．然而对生活中普遍使用的钳表却没有介绍．笔者试图对钳表如何测量交流电流进行初步地实验探讨．

二、结构原理

钳表实物图如图7－2－1所示，其工作部分主要由一只电磁式电流表和穿心式电流互感器组成．穿心式电流互感器的铁芯制成活动开口，且成钳形，故名钳形电流表．

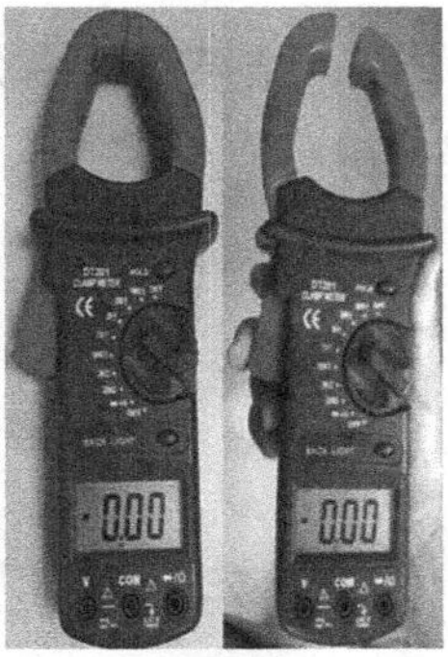

图7－2－1

钳表内部基本结构相当于一个变压器，如图7－2－2所示，根据变压器原理有关系式 $\frac{I_1}{I_2}=\frac{N_2}{N_1}$，由 I_2、N_2、N_1 便可推算出 I_1．

三、实验探究

和其他仪表一样，使用前也要进行机械调零．钳表是一个多功能表，其中的电压表、欧姆表和一般电压表、欧姆表使用方法一样．

钳表的最大优势就是可在不断电的情况下测量交流电流．下面分几步进行实验探究．

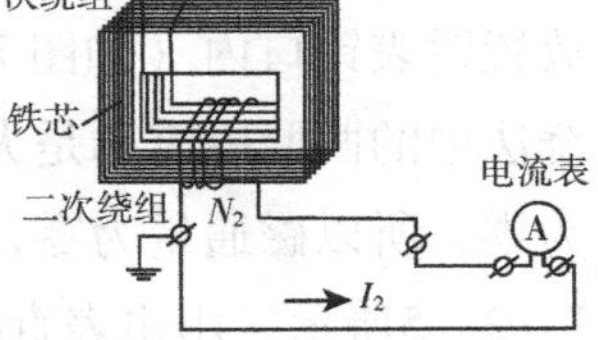

图7－2－2

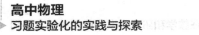

实验一：测量正在工作电路中的电流

首先选择合适的电流测量量程，如图 7－2－3，将钳口张开，并将待测电流的导线放入钳口中央，使钳口闭合紧密，读出示数．

如图 7－2－3 所示，“12V　0.2A”的灯泡接在交流 12V 的电源上，用钳表测出电流 $I_1=0.20A$.

图 7－2－3

实验二：测量较小电流的改进方法

当使用最小量程测量时，其读数若还不明显，可将被测导线绕几匝，匝数要以钳口中央的匝数为准．根据变压原理，此时的示数和实际测量值需要进行换算．换算关系式为测量值 $=\dfrac{\text{指示值}}{\text{匝数}}$. 如图 7－2－4 所示，灯泡电流 $I_2=\dfrac{0.46}{2}A=0.23A$，结果和第一次测量基本一致．从理论上说，匝数越多，示数越大，相对误差越小．

图 7－2－4

实验三：能否直接测量双股线电流

常用电器的电线均为双股线，也就是火线和零线并成一股．将双股线直接放置钳表钳口内（如图 7－2－5 所示），电流表没有示数．分析原理可知，双线绕法中的两股电流总是大小相等，方向相反，所以两股电流产生的合磁场总是为零，所以磁通量为零，也就没有电磁感应现象，当然仪表就没有示数．如图 7－2－5所示，用钳表直接测量学生电源的输入双股线，示数 $I_3=0A$.

图 7－2－5

实验四：双股线电流怎么测量

考虑到双股线不能直接测量，所以可以考虑将双股线分开，再将其中一股中的电流进行测量便可．如图 7－2－6 所示，分开双股线后，就可以正常进行电流测量了，测量电流值为 $I_4=0.08\text{A}$.

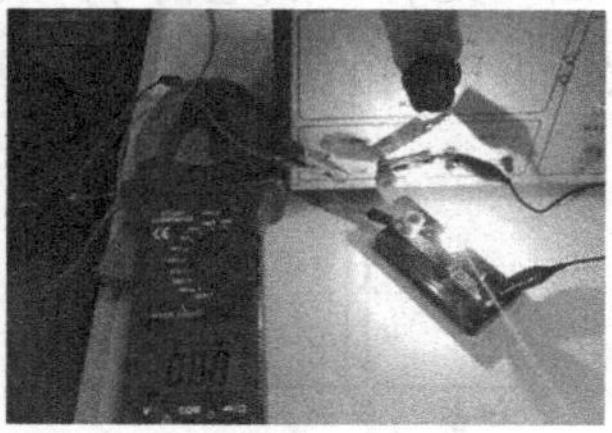

图 7－2－6

四、实验结论

普通电流表测量电流时必须先断开电路，然后再将电流表串联进电路中才可以进行测量．钳式电流表可以很方便地测量正在工作的电路中的交变电流，无须断电测量．但是无法直接测量家用电器中插头双股线上的电流．因而钳表比较适合电工在电井中对电路中的单股线进行检测．测量时，应使被测导线处在钳口的中央，并使钳口紧密闭合，以减小误差．

通过上述实验教学，避免了学生学习过程中的死记硬背，明确了学习目标，更符合学生的心理特征，但处理不好也容易分散学生的精力，因此教师的安排处理非常重要，尽量采用学生分组探究的方式完成．

参考文献

王水成．正确使用钳形电流表［J］．中国计量，2009（1）．

（此文发表于《物理教师》2014 年第 9 期）

第三节　镜像电荷求能量方法辨析

深圳市第二实验学校　黄正玉

一、问题展示

设距无限大接地导体平面 h 处有一点电荷 q，其周围是介电常数为 ε_0 的介质，如图 7－3－1 所示．求该点电荷的电势能．

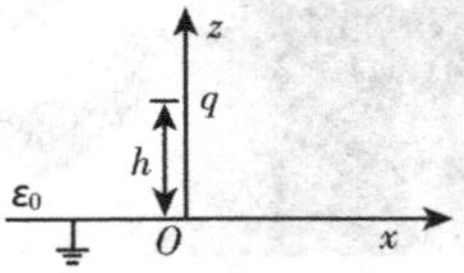

图 7－3－1

解析：取直角坐标系，$z=0$ 的平面与导体平面重合，并设此面为零电势面，亦即导体平面接地，因此点电荷 q 与导体平面之间的电位必须满足下列条件：

（1）$z=0$ 处，电势 $\varphi=0$.

（2）在 $z>0$ 的空间，除点电荷所在的点外，处处满足 $\nabla^2\varphi = 0$.

设想把无限大导电平板撤去，整个空间充满同一种介质，且在 $-z$ 轴上 $z=-h'$处，放一点电荷 $-q'$ 来代替原导电平板上的感应电荷，如图 7－3－2 所示．这样在 $-q'$ 与 q 共同作用下，$z=0$ 平面的任意点 P 的电势 $\varphi=0$.

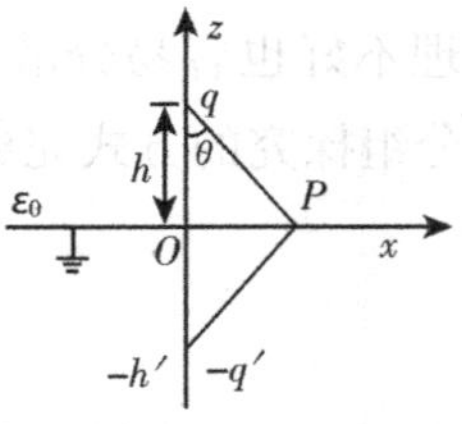

图 7－3－2

根据叠加原理可得，$\varphi = \dfrac{q\cos\theta}{4\pi\varepsilon_0 h} + \dfrac{-q'}{4\pi\varepsilon_0\sqrt{(h\tan\theta)^2 + h'^2}} = 0.$

取 $\cos\theta = 1$ 和 $\cos\theta = \dfrac{1}{2}$，代入可解得，$h' = h$，$q' = q$. 因此像电荷的位置和原电荷关于 x 对称，电量大小和原电荷相同，电性相反．

求电势能方法一：根据两点电荷的电势能公式 $E_p = \dfrac{-qq'}{4\pi\varepsilon_0 \times 2h} = \dfrac{-q^2}{8\pi\varepsilon_0 h}$.

求电势能方法二：设原电荷的位置坐标为 z，则原电荷和像电荷间的库仑力大小为 $F = \dfrac{qq'}{4\pi\varepsilon_0(2z)^2} = \dfrac{q^2}{16\pi\varepsilon_0 z^2}$. 根据能量守恒定律，则所求电势能减小量等于将原电荷从无穷远处移至 $z = h$ 过程中库仑力所做的功．所以

$$E_p = -\int_\infty^h F\mathrm{d}z = \int_\infty^h \frac{q^2}{16\pi\varepsilon_0 z^2}\mathrm{d}z = -\int_\infty^h \frac{q^2}{16\pi\varepsilon_0}\mathrm{d}\,\frac{1}{z} = \frac{-q^2}{16\pi\varepsilon_0 h}.$$

二、能量质疑

上述像电荷的求解没有疑问，然而用点电荷势能公式计算出来的值和功能关系求出的势能不相等，并且两者刚好是一半的关系．到底哪个求法正确呢？另外一半的能量到哪里去了？

三、问题解答

仔细分析可以看出，点电荷公式中势能的变化是指使一个点电荷 1 静止，另一个点电荷 2 从无穷远处移到离点电荷 1 为 R 处时电场力做功．而在镜像法中，像电荷的位置和电量均随真电荷的位置而变，所以计算电荷电势能最可靠的方法是用作用力的路径积分来做．也就是说，上面方法一的计算式是错误的，而方法二才是正确的．

四、小试牛刀

如图 7－3－3 所示，半径为 a 的导体球接地，距导体球球心为 d_1 的 P_1 处有一个点电荷 q，求其电势能．

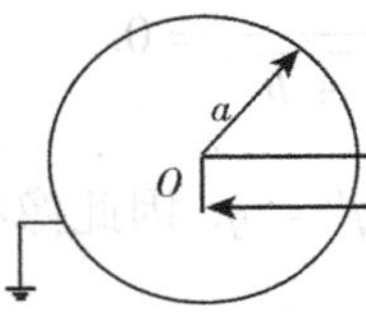

图 7-3-3

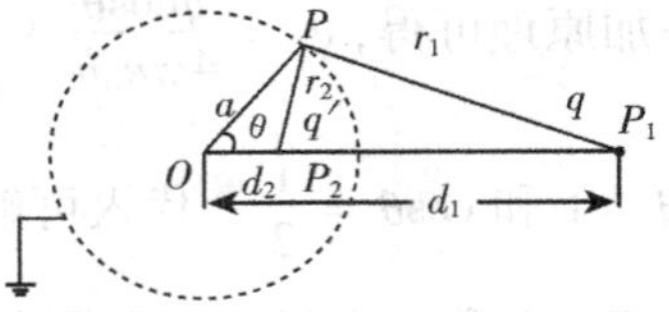

图 7-3-4

解析：由于点电荷 q 的存在，在接地导体球表面感应出负电荷．球外任意点的电势等于这些感应电荷和原来点电荷 q 在该点产生的电势之和．设想将导体球移去，用一个镜像电荷代替球面上的感应电荷．设镜像电荷为 q'，位于离球心 d_2的 P_2点上，如图 7-3-4 所示，由于导体球接地，球面上任一点 P 的电势为0，即 $\varphi = \frac{q}{4\pi\varepsilon_0 r_1} + \frac{q'}{4\pi\varepsilon_0 r_2}$，式中 r_1、r_2分别为场点到原电荷 q 和镜像电荷 q' 的距离．而 $r_2 = a^2 + d_2^2 - 2ad_2\cos\theta$，联立上面两式解得，$q' = -\frac{a}{d_1}q$，$d_2 = \frac{a^2}{d_1}$和$q' = -q$，$d_2 = d_1$（无实际意义，舍去）．

由前面的例题可知，电势能同样不能根据静止点电荷的势能公式，而需要根据电场力做功来计算．设球心处为坐标原点，向右为坐标 z 轴正方向，则原电荷在坐标 z 处库仑力大小为

$$F = \frac{qq'}{4\pi\varepsilon_0(d_1 - d_2)^2} = \frac{aq^2}{4\pi\varepsilon_0 z\left(z - \frac{a^2}{z}\right)^2} = \frac{zaq^2}{4\pi\varepsilon_0(z^2 - a^2)^2},$$

由功能关系可知

$$E_p = -\int_{\infty}^{d_1} F\mathrm{d}z = \int_{\infty}^{d_1} \frac{zaq^2}{4\pi\varepsilon_0(z^2 - a^2)^2}\mathrm{d}z$$

$$= \int_{\infty}^{d_1} \frac{aq^2}{8\pi\varepsilon_0(z^2 - a^2)^2}\mathrm{d}(z^2 - a^2) = -\frac{aq^2}{8\pi\varepsilon_0(d_1^2 - a^2)}.$$

显然，如果用静止点电荷的电势能公式，将会出现错误答案

$-\frac{aq^2}{4\pi\varepsilon_0(d_1^2 - a^2)}$，同样相差两倍．

五、一展身手

问题：A point charge q is at $x_0 = 3R/2$ on the X-axis in front of a grounded conductor hemisphere of radius R on a large conductor plate perpendicular to the X-axis and in the $Y-Z$ plane. The center of the hemisphere is at (0, 0, 0). Find the potential energy of the point charge. (Note: You must verify that the boundary conditions are preserved if you use image charge (s))

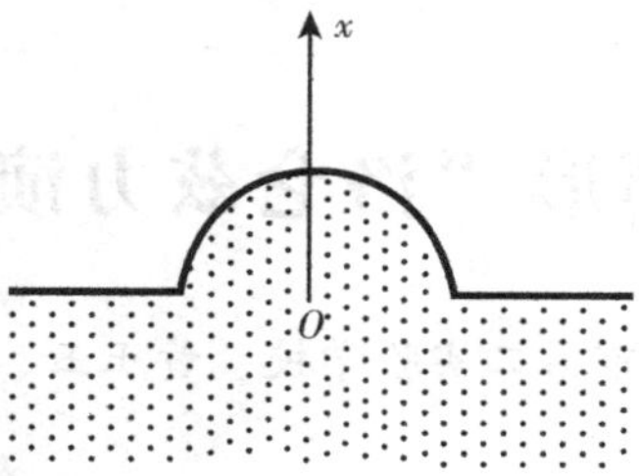

图 7-3-5

垂直于 X 轴并在 $Y-Z$ 平面的大导体平板上有一半径为 R 的接地导体半球，半球的中心位于（0，0，0）．在半球前面坐标轴上 $X_0=3R/2$ 处有电荷量为 q 的点电荷．求该点电荷的势能．（提示：有三个像电荷．参考答案 $E_p=\dfrac{-161q^2}{1560\pi\varepsilon_0 R}$）

参考文献

赵凯华，陈熙谋．电磁学［M］．北京：高等教育出版社，2003．

（此文发表于《物理教师》2013 年第 11 期）

第四节　一种环形“洛仑兹力演示器”的制作①

深圳市第二实验学校　黄正玉、黄珏

洛仑兹力通常指磁场对运动电子或离子的作用力．本装置用于显示磁场对溶液中运动离子的洛仑兹力．电解质溶液中的运动离子在磁场中受洛仑兹力，带动整个液体的定向移动．本装置通过透明圆形轨道中导电液上的漂浮物的运动，展示磁场对离子的洛仑兹力的大小和方向规律．

一、实验室演示仪的不足

一般学校拥有的洛仑兹力演示器为“JY219－87 洛仑兹力演示器”．它能演示电子在匀强磁场及电场作用下的运动规律，并能测定电子的荷质比．但设备昂贵，一般 3－4 千元．仪器要求使用真空（或低压气体）普通玻璃管，容易破碎．

还有一种就是利用液体的旋转演示洛仑兹力，但是由于液体在同一个柱形水槽中旋转，液体中的一部分顺时针旋转，另一部分逆时针旋转，方向容易观察不清，不方便研究磁场方向和洛仑兹力方向间的关系．

二、自制“环形洛仑兹力演示器”

1. 该项目改进的创新点或改进点

透明、环形管道、悬浮球、低压安全、成本低．

（1）可视性：通过环形透明管道中的悬浮球清晰展示出洛仑兹力的大小和方向规律，环形管道内液体流向一致．无须进行投影，可在教室中直接演示，

① 该装置已在国家专利局申请专利．本文属于深圳市课题《物理习题实验化的理论和实践》阶段性研究成果．文中自制实验装置已获第 31 届广东省科技创新大赛一等奖，并被选送参加全国决赛．

演示效果良好.

(2) 安全性：相比于普通玻璃，本装置的有机玻璃更安全. 相比于高压电子枪，低压4－16伏电源更加安全，如果改用充电电池，携带会更方便.

(3) 经济性：相比数千元的定价，本仪器只需几十元，而且方便学生参与动手制作.

2. 结构原理和实物介绍

仪器由环形管道、强磁铁数枚、电极、电流表、控制开关、直流2－16V电源等组成. 本仪器采用带电离子流来进行实验，在直流电场作用下，带电离子Na^+由正极流向负极做定向移动，在强磁铁磁场作用下，磁场对做定向移动的Na^+产生洛仑兹力，使得电解液在槽内环形流动. 采用透明装置便于学生在教室演示时直接观察，无须进行投影.

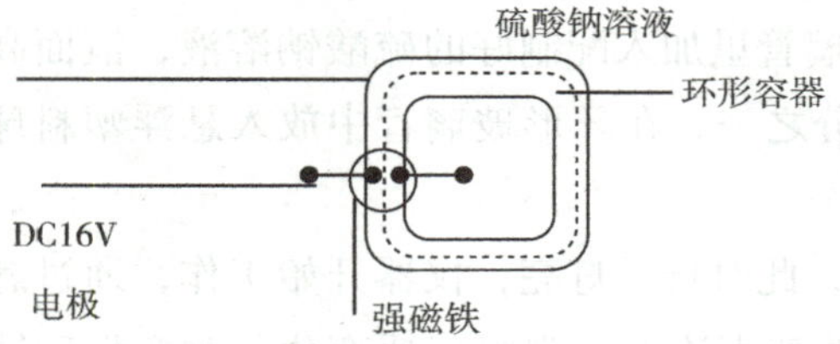

图7－4－1

3. 制作材料

4根透明有机玻璃管外径4cm，长15cm，内径4cm的直角弯头4个，铜电极2个，碳电极2个，直径4cm的柱形强磁铁2枚.

4. 实物制作

将透明有机玻璃管和弯头连接成闭合环状，在其一边中间正上方开口. 在开口处两侧安装铜电极和碳电极.

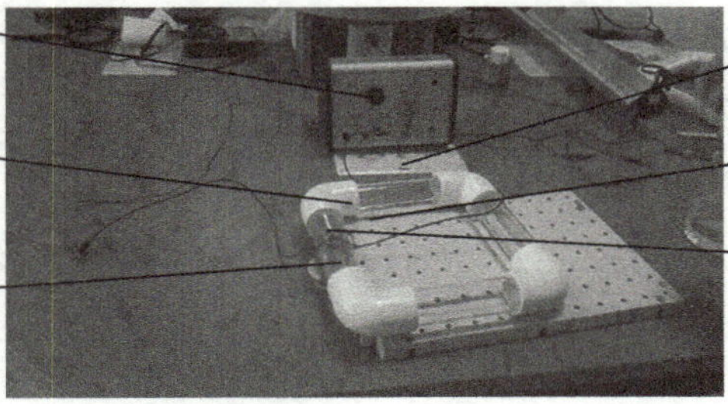

图7－4－2

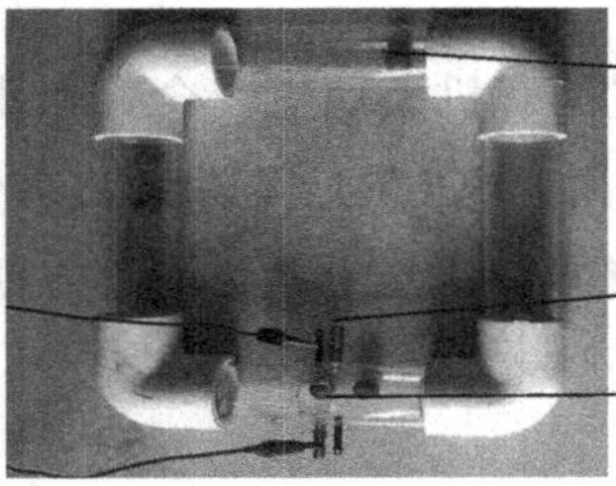
溶液中的悬浮液显示液体的流动，
反映磁场对离子的洛仑兹力
采用双电极，保证铜棒接电源负极，
碳棒接电源负极，电极不易腐蚀
管道开口用于加入电解质溶液，同时
可及时排走电解水的产物（$H_2\backslash O_2$）

图 7－4－3

5. 使用方法

（1）将电极插入透明环形管道开口处两侧，并与直流电源相连，将电源电压调为 6V. 在电极所在位置的环形玻璃管底部放上强磁铁，保证磁极竖直向上（或向下）. 实际工作电流约为 150mA，磁铁磁场约为 30mT.

（2）在环形玻璃管里加入配制好的硫酸钠溶液，液面高度为环形玻璃管直径的三分之一至二分之一. 在环形玻璃管中放入悬浮塑料球，用于显示液体的流动.

（3）打开开关，此时指示灯亮，仪器开始工作，通过悬浮球观察导电液沿环形玻璃管流动，改变直流电压观察流速变化，改变强磁铁极性和电源极性观察液体流动方向的改变.

6. 注意事项

（1）电源电压调节应从低到高.

（2）实验时，电解液随着时间的增加会发热，当电解液太热时可关掉电源. 待冷却后，再重新进行实验.

（3）透明环形管道为塑料制品，请勿与有机溶剂接触，以免损坏环形管道的光洁度.

（4）实验完成后，用清水清洗电极、悬浮球和玻璃管道，保证下次实验时可正常使用. 仪器使用完毕后，应及时切断电源，清洗后将其放置在干燥、阴凉、无腐蚀性气体的通风之处.

（此文发表于《物理教师》2017 年第 2 期）

第五节　自制电风车演示尖端放电的操作及原理探究

深圳市第二实验学校　黄正玉

全日制普通高级中学教科书（第二册）以及现行的人教版普通高中课程标准实验教科书（物理选修3－1）在尖端放电现象的处理上，均以避雷针作为尖端放电现象应用的实例．笔者对尖端放电实验进行了探讨，发现采用自制风车演示尖端放电的实验趣味性强，课堂效果比较明显，并在实验基础上对其原理进行了初步探讨．

一、实验探究

1. 电风车的结构制作

材料和工具：易拉罐、缝衣针、泡沫板、剪刀、直尺、圆规、鳄鱼夹、导线、范式起电机、手摇静电起电机．

简单制作过程：按图7－5－1所示尺寸，先在白纸上画出一个圆和八条切线．再用双面胶将白纸粘贴在剪开平压后的易拉罐金属薄片上，然后用剪刀按照实线将易拉罐金属片剪出．

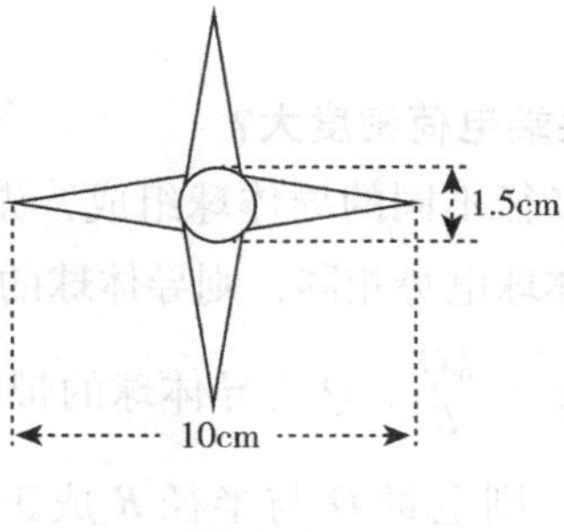

图7－5－1

最后将图7－5－1所示的四个类端朝同一侧弯折，做成如图7－5－2所示实物模型．最后在圆心处用针尖按一个凹坑或者戳一个小洞，在小洞上插入缝衣针，一个电风车就做成了（如图7－5－3所示）．

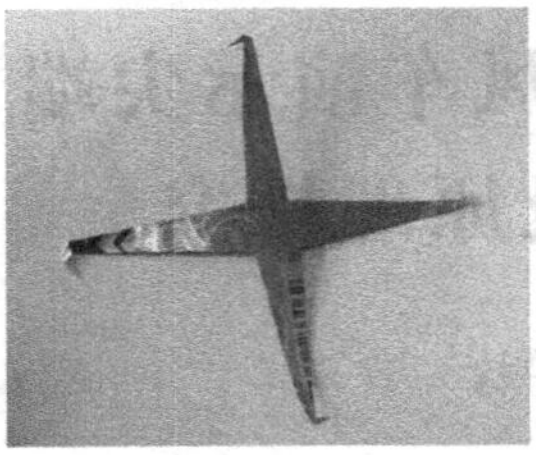

图7－5－2

图7－5－3

2. 电风车的实验操作

实验1：将自制电风车插在泡沫板上，用带鳄鱼夹的导线将缝衣针和静电起电机连接，手摇起电机，可看到风车转动起来．

实验2：操作者站在泡沫板上，一手扶着范式起电机的起电球，另一手拿着风车下的缝衣针，改变风车与起电球间的距离，同时观察转速的变化．

风车与起电球间距离	15cm	25cm	40cm	70cm	100cm
转速	慢	中	快	中	慢

实验3：操作者不接触范式起电机，保证身体离起电机20cm，左、右手各拿一个风车，观察到两个风车均能快速旋转．

二、理论探微

问题1：什么是尖端放电？

尖端放电是在强电场作用下，物体尖锐部分发生的一种放电现象，属于一种电晕放电．

问题2：为什么导体尖端电荷密度大？

将导体设想成由两个半径不同的导体球组成，先将两个导体球分别带上不同的电量，如果说两个导体球电势相同，则导体球的带电情况如何呢？

导体球的电势公式为 $\varphi=\frac{kQ}{R}$，Q 为导体球的带电量，R 为导体球的半径．由此可知，若电势 φ 一定，则电量 Q 与半径 R 成正比．又由电荷面密度公式 $\sigma=\frac{Q}{4\pi R^2}$，可知此时 σ 将和半径 R 成反比．所以说半径小的地方电荷密度大，导体尖端部分半径小，故导体尖端电荷面密度大，也就是说电荷将集中分布在导体的尖端部分.

当导体尖端部分分布的电荷密度增大到一定程度时，尖端周围将产生很强的电场，导致周围空气电离，最终使得尖端的电荷向空气中释放，形成尖端放电.

问题3：放电的风车为什么会旋转?

风车尖端放电时，风车尖端的电荷将运动到空气中，根据反冲运动原理，风车将受到相反方向的作用力，从而使风车沿着尖端放电的反方向旋转起来.如图7－5－4所示.

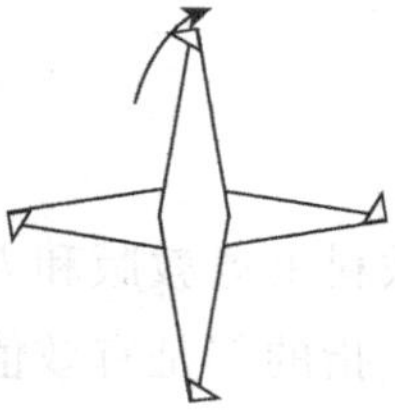

图7－5－4

三、实验解释

实验一和实验二的旋转可以很容易地用上面的知识解释.然而，为什么实验二的旋转快慢会和风车的距离有关呢?笔者觉得有如下几个影响因素.

15cm距离太近，电场太强，导致风车除四个尖端外的其他边缘处也都在放电，因而合力距变小，旋转效果反而不好.100cm距离太远，电场不够强，尖端放电不够明显.而40cm处风车尖端的放电刚好达到饱和，而风车的其他位置并没有放电，整个风车偏向一侧的四个尖端将受到最大的力矩，因而旋转效果最好.

实验三，由于身体未直接接触起电机，因而电风车的电场不会出现过强或过小的情况，所以旋转情况和距离没有太大关系，尖端放电恰好达到最佳状态.

参考文献

[1] 赵凯华. 电磁学 [M]. 北京：高等教育出版社，2018.

[2] 杨国亮. 再论“电风”与烛焰的偏向问题 [J]. 物理通报，1998 (11).

(此文发表于《物理通报》2013年第7期)

第六节　交流电表的示数一定是有效值吗

——由一道模拟题想到的实验探究

深圳市第二实验学校　黄正玉

一、提出问题

在普通高中课程标准实验教科书粤教版和人教版中均有说明：一般交流电流表和交流电压表测出的数值，指的都是有效值．但能否据此理解为交流电表显示的一定是有效值呢？

下面有一道关于交流电的模拟试题，所给的参考答案为BC.

一台理想变压器的原、副线圈的匝数比是5∶1，原线圈接入电压220V的正弦交流电，各元件正常工作，一只理想二极管和一个滑动变阻器 R 串联接在副线圈上，如图7－6－1所示．电压表和电流表均为理想交流电表，则下列说法正确的是（　　）

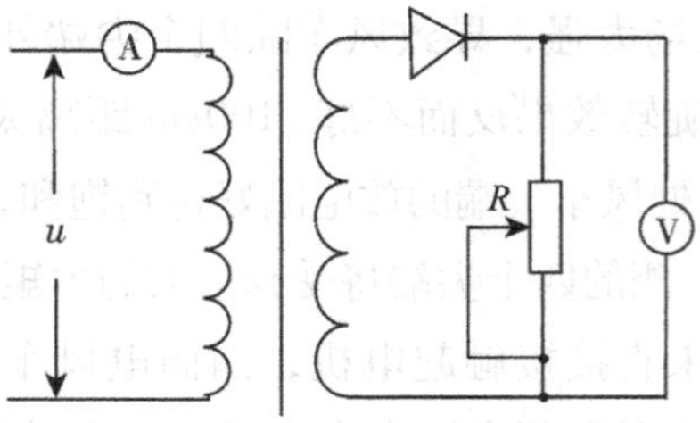

图7－6－1

A. 原、副线圈中的电流之比为5∶1

B. 电压表的读数约为31.1V

C. 若滑动变阻器接入电路的阻值为20Ω，则一分钟内产生的热量为2904J

D. 若滑动变阻器的滑片向上滑动，则两电表的读数均减小

解析：原、副线圈中的电流与匝数成反比，所以电流之比为1∶5，A项错

误；原、副线圈的电压与匝数成正比，所以副线圈两端电压为44V，但二极管具有单向导电性，根据有效值的定义有 $\frac{44^2}{R} \times \frac{T}{2} = \frac{U_{有效}^2}{R} \times T$，从而求得电压表两端电压有效值为 $U_{有效} = 22\sqrt{2}\mathrm{V} = 31.1\mathrm{V}$，则1min内产生的热量为 $Q = \frac{U_{有效}^2}{R} \times t = 2904\mathrm{J}$，所以B、C选项正确．将滑动变阻器滑片向下滑动，接入电路中的阻值变大，但原、副线圈的电压不变，电流表读数应该变小．D选项错误．

这是一道创新题，但是所给答案是错误的．虽然二极管单向导电得到的半波整流的有效值是31.1V，但交流电压表的示数不是31.1V. 下面就交流电表的原理和实验进行探究．

二、理论探微

磁电式表头是一只灵敏电流表，矩形线圈通入直流电后，在磁感线轴向对称分布的磁场中受到磁力矩 M_1 的作用而绕固定转动轴转动，使固定在转动轴上的指针发生偏转．在线圈转动过程中，因其平面总与磁感线平行，则磁力矩 $M_1 = NBSI = k_1 I$ 将不随偏转角而改变．另一方面，线圈的转动将使安装在转动轴两端的两只平面螺旋弹簧扭紧或扭松而产生一个反方向的弹力矩 $M_2 = k_2\theta$. 当 M_1 与 M_2 达到平衡时，指针偏转到确定的角度，即 $\theta = \frac{k_1}{k_2} I = kI$. 这表明，测量时指针偏转的角度 θ 与电流 I 成正比，所以电流表表盘的刻度是均匀的．

如果让正弦交流电直接通过表头，由于电流表指针的摆动跟不上电流方向的变化，实际上指针不能偏转，因此，磁电式电流（压）表不能用来直接测量交变电流．其中一个可行的办法是用整流二极管把交变电流转换为半波脉冲直流电，如图7-6-2所示．

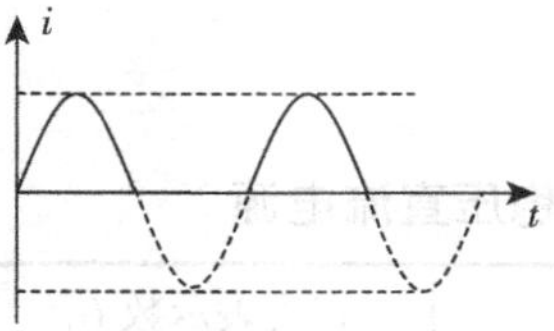

图7-6-2

当脉冲电流通过表头的线圈时，可使指针偏转一个确定的角度，其磁力矩的大小决定于脉冲直流电的平均值，而不是有效值．在多用电表中，测量交流电压、直流电压、电流和电阻时共用一个表头．例如，直流电压表是把表头串

联一个分压电阻 R，如图 7-6-3 所示．

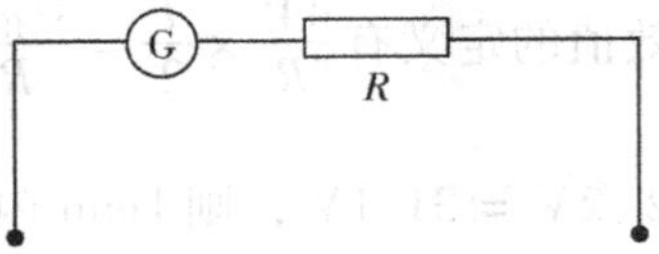

图 7-6-3

而交流电压表是在表头上接一个整流二极管后再串联一个分压电阻 R'，如图 7-6-4 所示．

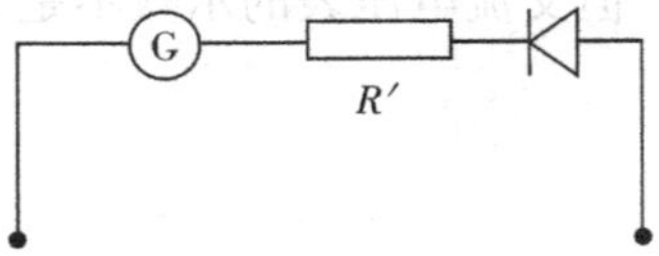

图 7-6-4

为了读数时方便，多用电表常借用直流电压的量程与刻度来标定交流电压的量程与刻度，要求正弦交流的有效值跟电流稳定时的数值相等．也就是说，实际偏转的角度决定于平均值，但读数要求却是有效值．所以 R' 与 R 肯定是两个不同的值．为方便推导，可以忽略表头和二极管的内电阻．设半波脉冲电压的平均值为 $\overline{U}$，则 $\overline{U}=\frac{U_m}{\pi}=\frac{\sqrt{2}}{\pi}U$．

要使两表头均满偏，则 $R=\frac{U}{I_g}$，$R'=\frac{\overline{U}}{I_g}$，故得 $R'=\frac{\sqrt{2}}{\pi}R\approx0.45R$．

在多用电表中，就是通过转换开关给表头串接整流二极管和较小的分压电阻，实现从直流电压挡转换到交流电压挡，并且共用同一个表头和刻度盘来读数，从而保证交流电表的读数是完整正弦交流电的有效值．

三、实验探究

实验一：交流电压表测稳压直流电源

稳压直流电源（干电池）	直流表示数 U_1	4.2V	5.7V	2.8V
将稳压直流电源正极接交流电表负极	交流表示数 U_2	0	0	0
将稳压直流电源正极接交流电表正极	交流表示数 U_3	9.0V	12V	6.0V
换算	$U_1/0.45$	9.3V	12.6V	6.2V

实验表明，交流表显示的示数不一定是有效值．如果显示的是有效值，则 U_3 应该等于 U_1. 同样，实验还验证了交流电压表内阻 R' 是相应直流电阻 R 的 0.45 倍．因为在实验误差范围内，通过 $U_1/0.45$ 近似等于 U_3 可以得到验证．$U_2=0$是因为直流电的方向和交流电表内的整流二极管导通方向相反．

实验二：交流电表测半波直流电源

交流电源	电源指示值 U_1	6.0V	8.0V	10.0V
不接二极管直接用交流电表测量交流电源	交流表示数 U_2	5.6V	7.6V	9.4V
交流电表按图 7－6－5 测量交流电源	交流表示数 U_3	0	0	0
交流电表按图 7－6－6 测量交流电源	交流表示数 U_4	5.0V	7.0V	8.7V
换算	U_2-U_4	0.6V	0.6V	0.7V

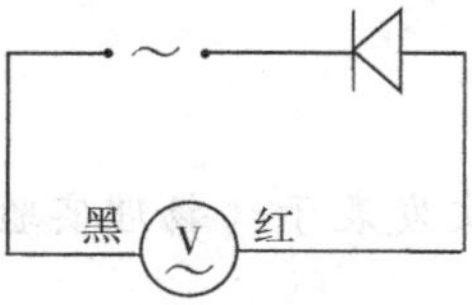

图 7－6－5

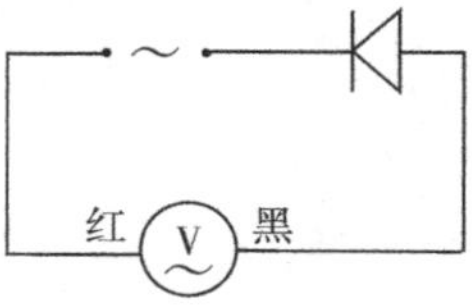

图 7－6－6

实验表明，交流电压表就是将正弦式交流电通过二极管的半波整流转换成直流后，再进行测量的．因为从实验结果可以分析出以下结论：首先 $U_2-U_4\approx 0.6V$，是由于二极管的正向导通电压造成的．而 $U_4+0.6\approx U_2$，恰好证明了交流电表就是测量半波整流的电压，再调整分压电阻的大小才能保证示数显示的是完整正弦交流的有效值．因而，半波电流的有效值虽然确实等于全波电流有效值的一半，但采用磁电式交流电压表测量时，其示数仍然和全波电流的有效值一样．

图 7－6－7

四、实验结论

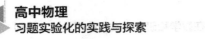

总之，磁电式交流电流表对完整正弦式电流进行测量时，其示数才显示有效值．磁电式交流电表对恒定电流和半波直流进行测量，其示数不是有效值，当然其他交流电也不一定是有效值．所以文前所提的B选项错误，其示数应该还是44V．由于实验用交流电表的种类很多，其他电表的示数与有效值的关系留待读者继续研究．

参考文献

[1] 郑金．磁电式交流电压表的测量原理 [J]．物理通报，2007 (10)．
[2] 万连成．浅谈交流电压表与交变电压的有效值 [J]．物理教师，2002 (12)．

（此文发表于《物理实验》2013 年第 9 期）

第七节　中子质量测定实验问题探讨

深圳市第二实验学校　黄正玉、郑景华

不同于电子和质子质量的测量可以通过荷质比的测定求出，中性的中子的质量测定要困难得多．这可能也是约里奥·居里夫妇当年错失发现中子机会的原因之一．中子质量通常采用碰撞的方法转化为测定粒子碰撞前后的速度后求出．

一、问题再现

1930 年，科学家用放射性物质产生的 α 粒子轰击铍原子时，产生了一种看不见的、贯穿能力很强的不带电粒子．为了弄清楚这是一种什么粒子，人们用它分别去轰击氢原子和氮原子，结果从中打出了氢核和氮核，并以此推算出该粒子的质量，从而确定该粒子为中子．

设氢核的质量为 m_H，轰击后氢核速度为 v_H．氮核的质量为氢核的 14 倍，轰击后氮核速度为 v_N．假设中子与氢核、氮核的碰撞均为弹性碰撞．请根据这些可测量的量推算中子的质量．

二、学生解答

同学甲：由于是弹性碰撞，运用动能不变、动量守恒定律进行列式计算．

设中子的质量为 m，初速度都为 v_0，其与氢原子核碰撞后的速度为 v_1，与氮原子碰撞后的速度为 v_2，则与氢原子核碰撞有

$$mv_0 = mv_1 + m_H v_H \quad ①$$

$$\frac{1}{2}mv_0^2 = \frac{1}{2}mv_1^2 + \frac{1}{2}m_H v_H^2 \quad ②$$

由①②式得　$v_0 + v_1 = v_H$　③

则与氮原子碰撞有

$$mv_0 = mv_2 + m_N v_N \quad ④$$

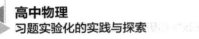

$$\frac{1}{2}mv_0^2 = \frac{1}{2}mv_2^2 + \frac{1}{2}m_Nv_N^2 \quad ⑤$$

由④⑤式得 $$v_0 + v_2 = v_N \quad ⑥$$

由①③④⑥得 $$m = \frac{m_Nv_N - m_Hv_H}{v_H - v_N}$$

即 $$m = \frac{14v_N - v_H}{v_H - v_N}m_H \quad ⑦$$

同学乙：设中子的质量为 m，初速度都为 v_0，碰撞后与氢原子核的共同速度为 v_H，碰撞后与氮原子的共同速度为 v_N，

则与氢原子核碰撞有

$$mv_0 = (m + m_H)v_H \quad ⑧$$

与氮原子碰撞有 $$mv_0 = (m + m_N)v_N \quad ⑨$$

由⑧⑨得 $$m = \frac{14v_N - v_H}{v_H - v_N}m_H \quad ⑩$$

三、问题质疑

从上面的解答可以看出，同学甲的解答符合题目弹性碰撞的要求．同学乙的解答有明显错误，因为碰后共速指的是完全非弹性碰撞，而题目要求为弹性碰撞.

然而仔细对比两同学的解答，我们可以发现，两个同学的答案⑦式和⑩式居然是相同的．这是怎么回事呢？难道不同碰撞的末速度会相同吗？

如果碰后末速度不相同，那么是不是不同碰撞的 v_H 和 v_N 的比值是相等的呢?

四、探讨释疑

实际上，如果初速度 v_0 相同，则不同类型碰撞碰后的速度 v_H 和 v_N 不可能相同．弹性碰撞中的末速度 v_H 和 v_N 大于完全非弹性碰撞的末速度 v_H 和 v_N.

那上述推导的情况就是说在不同碰撞中，v_H 和 v_N 的比值是相等的．而为什么 v_H 和 v_N 的比值是不变的呢？我们用恢复系数可以很好地得到解释．

不失一般性，设在任意碰撞中，中子的质量为 m，初速度都为 v_0，被碰氢原子核的质量为 m_H，初速度为0，碰撞后中子的速度为 v_1，碰撞后氢原子核的速度为 v_H.

首先要了解碰撞恢复系数的概念．两物体碰撞后的分离速度与碰撞前的接近速度成正比，这个比值叫作恢复系数 e.

按照上述所设的物理量，可以表示为 $e = \dfrac{v_H - v_1}{v_0}$.

很显然，当 $e=1$ 时就是弹性碰撞，当 $e=0$ 时就是完全非弹性碰撞，且 $0 \leqslant e \leqslant 1$.

将 $e = \dfrac{v_H - v_1}{v_0}$ 代入动量守恒方程 $mv_0 = mv_1 + m_H v_H$，

得 $v_H = \dfrac{mv_0}{m + m_H}(1 + e)$.

同理可得 $v_N = \dfrac{mv_0}{m + m_N}(1 + e)$.

两式相比得 $\dfrac{v_H}{v_N} = \dfrac{m + m_N}{m + m_H}$.

由上式可以看出 v_H 和 v_N 的比值中不含恢复系数 e，也就是说，v_H 和 v_N 的比值确实和碰撞类型无关.

所以说，虽然对于不同的碰撞类型，碰撞后 v_H 和 v_N 的值不相同，但 v_H 和 v_N 的比值是不变的，所以中子质量 $m = \dfrac{14v_N - v_H}{v_H - v_N}m_H$ 的结论不仅适用于弹性碰撞，也适用于其他非弹性碰撞．当然上述所有的结论仅适用于一维碰撞．

中子的发现经历了艰难的历程，最终由英国物理学家查德威克（Chadwick Sir James）发现，他通过云室测量了被打出的氢核和氮核的速度，并由此推算出了这种新粒子的质量．中子的发现不仅使卢瑟福的原子核式结构近于完美，而且还使人们得到了一种不带电的“子弹”去代替 α 粒子，比如实现重核的裂变，为原子核物理的蜕变开辟了广阔的道路．

参考文献

全国中小学教材审定委员会．普通高中课程标准实验教科书［M］．广州：广东教育出版社，2005.

（此文发表在《物理实验与仪器》2013 年第 9 期）

第八节　双球绳模型下摆的一题多变训练

深圳市第二实验学校　黄正玉

球绳模型是竞赛常考的物理模型，对双球绳模型下摆过程中问题的研究更是层出不穷，其求解涉及的知识点往往都是竞赛和自主招生考试的重点内容，如速度分解、动量守恒、能量守恒、非惯性系、转动定律、振动周期等．如果能够针对一个模型进行变式训练，可以起到事半功倍的效果，从而引起学生对该问题讨论的共鸣，最终达到对相关问题融会贯通的程度．

情景展示：

如图7－8－1所示，一根长 L 的轻绳，上端与一质量 m 的小圆环A相连，小圆环套在光滑的水平细杆上，绳的下端挂一质量 M 的小球B.

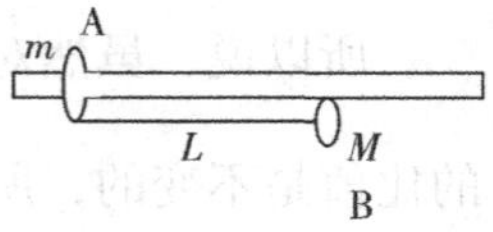

图7－8－1

变化1：运动学求摆动轨迹

问题：开始时使绳恰拉直成水平状，且环与球均处于静止状态，现释放小球，试求小球的运动轨迹．

分析：由于系统水平方向没有外力，故水平方向动量守恒，系统质心水平位置不变．取系统质心初始位置 O 为坐标原点，建立直角坐标系如图7－8－2所示．

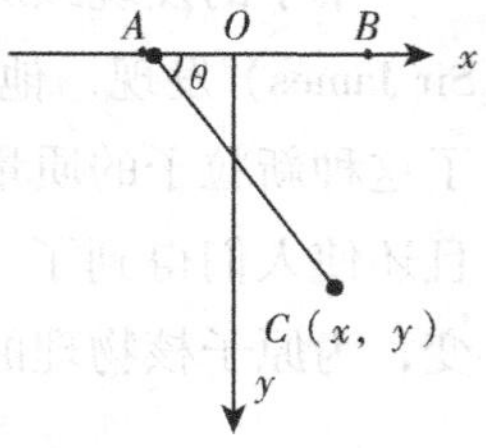

图7－8－2

解答：如图7－8－2所示，当细线与 x 轴夹角为 θ 时，小球B到达位置 C（x，y），则有

$x = L\cos\theta - x_A$.

由水平方向动量守恒得 $mx_A = Mx$.

联立上面两式可得 $L\cos\theta = \dfrac{M+m}{m}x$.

又因为 $y = L\sin\theta$，

所以 $\frac{y^2}{L^2}+\frac{x^2}{\left(\frac{m}{m+M}L\right)^2}=1$.

上式表明小球下摆的轨迹是一个椭圆，椭圆中心在原点 O，长轴在 y 轴，短轴在 x 轴. 半长轴 $a=L$ ，半短轴 $b=\frac{m}{m+M}L$.

变化 2：惯性系求最低位置的拉力和速度

问题：开始时使绳恰拉直成水平状，且环与球均处于静止状态，现释放小球，试求当小球在最低处时绳的拉力 T 及此时小球的速度 v.

分析：根据系统水平方向动量守恒和系统机械能守恒可以求出速度. 小球B绕A做圆周运动，到达最低点时，A的加速度为零，无须考虑惯性力. 但求向心力必须用B相对于A的速度.

解答：如图7－8－3所示，当小球到达最低点时，设A，B的速度大小分别 v_m，v_M，此时绳子的拉力大小为 T，则

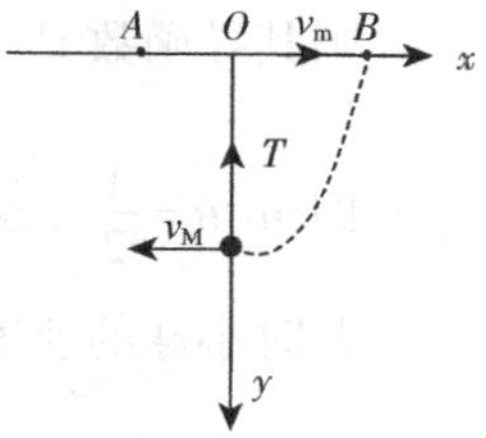

图7－8－3

由动量守恒得 $mv_m=Mv_M$，

由机械能守恒得 $MgL=\frac{1}{2}Mv_M^2+\frac{1}{2}mv_m^2$.

以A为参考系，由牛顿第二定律得

$$T-Mg=\frac{M(v_M+v_m)^2}{L},$$

解出 $v_M=\sqrt{\frac{2MgL}{M+m}}$，$v_m=\sqrt{\frac{2mgL}{M+m}}$，$T=\frac{Mg(3m+2M)}{m}$.

变化 3：非惯性系求最大竖直速度时的绳子拉力

问题：若已知 $m=0.1\text{kg}$，$M=0.2\text{kg}$，开始时使绳恰拉直成水平状，且环与球均处于静止状态时开始释放小球，试求：当小球具有最大竖直分速度时，绳的拉力 T 及此时小球的速度 v.

分析：同样遵循水平方向动量守恒和系统机械能守恒，但速度关系更复杂，同时考虑到如果还选圆环为参考系，则此参考系为非惯性系，小球B的圆周运动规律方程还需要加上惯性力.

解答：设细绳与水平方向夹角为 θ 时，小球B竖直分速度最大，此时圆环速度为 v_1，小球相对圆环的旋转速度为 v_2，方向垂直于细线. 如图7－8－4所示，相对于地面，小球的水平速度大小 $v_x=(v_2\sin\theta-v_1)$，方向向左，竖直方向

的对地速度为 $v_y = v_2\cos\theta$.

由水平方向动量守恒得 $mv_1 = M(v_2\sin\theta - v_1)$.

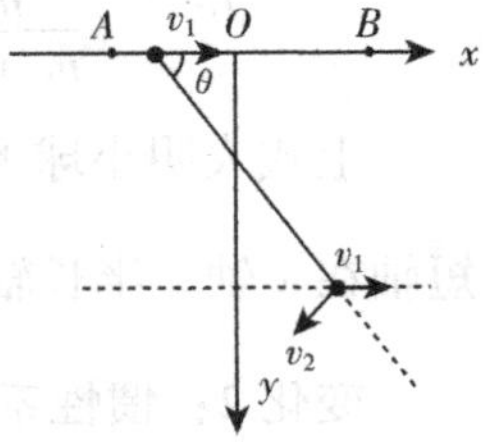

图 7-8-4

由机械能守恒得

$$MgL\sin\theta = \frac{1}{2}mv_1^2 + \frac{1}{2}M(v_2\sin\theta - v_1)^2 + \frac{1}{2}M(v_2\cos\theta)^2.$$

又 $v_y = v_2\cos\theta$,

由上面三式可得 $v_y^2 = \dfrac{36(\sin\theta - \sin^3\theta)}{3 - 2\sin^2\theta}$.

另设函数 $z = \dfrac{(\sin\theta - \sin^3\theta)}{3 - 2\sin^2\theta}$,

则其导函数 $z' = \dfrac{\cos\theta(2\sin^4\theta - 7\sin^2\theta + 2)}{(3 - 2\sin^2\theta)^2} = 0$,

即 $\sin^2\theta = \dfrac{1}{2}$,或者说 $\sin\theta = \dfrac{\sqrt{2}}{2}$,即 $\theta = 45°$时，小球的竖直分速度最大.

此时小球的速度 v 满足关系 $v^2 = v_x^2 + v_y^2 = (v_2\sin\theta - v_1)^2 + (v_2\cos\theta)^2$,

代入数据解得 $v_y^2 = \dfrac{9\sqrt{2}}{2}$ m/s, $v_x^2 = \dfrac{\sqrt{2}}{2}$ m/s, $v_2^2 = 9\sqrt{2}$ m/s, $v^2 = 5\sqrt{2}$ m/s.

故所求速度 $v = \sqrt{5\sqrt{2}}$ m/s.

为了求此时绳子拉力 T，设此时圆环加速度为 a_0，则拉力 T 的水平分力产生圆环的加速度．小球受重力 Mg，惯性力 Ma_0 和拉力 T，三力共同提供相对向心加速度.

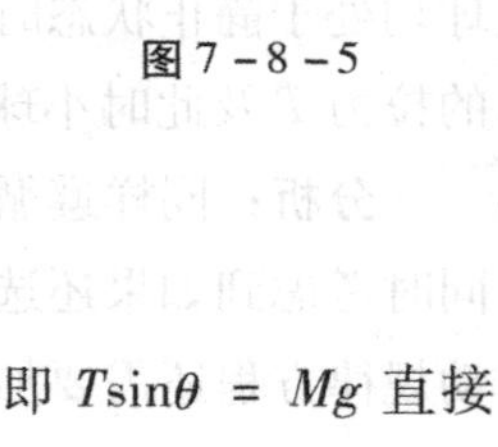

图 7-8-5

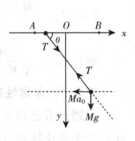

分别以圆环和小球为研究对象，列出牛顿第二定律方程

$$T\cos\theta = ma_0,$$

$$T + Ma_0\cos\theta - Mg\sin\theta = \frac{Mv_2^2}{L},$$

解出 $T = 20\sqrt{2}$ N.

当然拉力的大小还可以用小球竖直方向合外力为零，即 $T\sin\theta = Mg$ 直接求出.

变化 4：求微小摆动的振动周期

问题：若初始时细线竖直放置，再将小球偏转一个小角度并保持细线伸直. 求放手后系统的简谐振动频率.

分析：由于水平方向动量守恒和小角度振动，所以可以应用固定转动轴的转动定律求解.

解答：系统质心 C 也就是转轴到圆环的距离 $L_1 = \frac{M}{m+M}L$，到小球 B 的距离 $L_2 = \frac{m}{m+M}L$，

系统的力矩为 $\tau = -MgL_2\sin\theta - (Mg+mg)L_1\sin\theta$.

系统的转动惯量为 $I = ML_2^2 + mL_1^2$.

由转动定律有 $\tau = I\theta''$.

又 $\sin\theta \approx \theta$，

解出 $\theta'' = -\frac{(2M+m)g}{mL}\theta$.

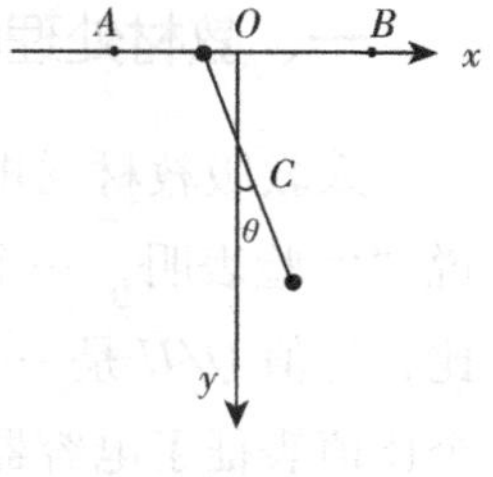

图 7-8-6

所以满足简谐运动规律，

且角频率 $$\omega = \sqrt{\frac{(2M+m)g}{mL}}.$$

振动周期 $$T = 2\pi\sqrt{\frac{mL}{(2M+m)g}}.$$

参考文献

岑怀强. 2012 年高考计算题“最值求解”赏析 [J]. 物理教学，2013 (2).

（此文发表于《物理教学》2013 年第 9 期）

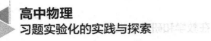

第九节　利用恒流源改进电容器电容的实验

深圳市第二实验学校　鲁小东

一、教材处理的方法

人教版教材《电容器的电容》这节课中在讲完电容器充放电以后，直接就说“实验表明，一个电容器所带的电荷量 Q 与电容器两极板间的电势差 U 成正比，比值 Q/U 是一个常量．不同的电容器，这个比值一般是不同的，可见，这个比值表征了电容器储存电荷的特性．”这样的处理虽降低了教学难度，但造成了学生理解上的困难，于是尝试设计实验帮助学生理解电容的概念．

二、学生情况分析

学生通过前面的学习对比值法定义物理量已经有了一定的理解，同时对应用图像处理实验数据的方法也较为熟悉．而且学生对公式 $Q=It$ 也有所了解，已经知道了电量的求法．但在设计实验和实验操作方面有一定欠缺．

三、实验器材

恒流源（输出电流不随负载情况的变化而变化，即霍尔效应测试仪）、规格不同的电容器若干、电压表、秒表、电压传感器、电键、导线、DIS 数字化实验系统．

四、实验原理图

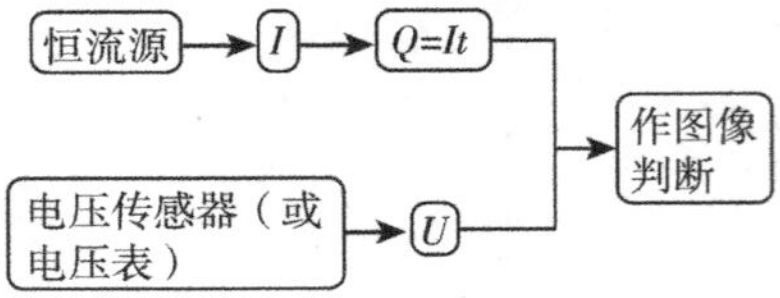

图 7－9－1

五、实验设计与改进

1. 实验准备

让学生分组实验，思考需要什么器材，如何测量？实验数据如何分析？学生大多选用下图进行实验，利用秒表测时间，引导学生分析实验误差较大的原因，并提出改进方法．

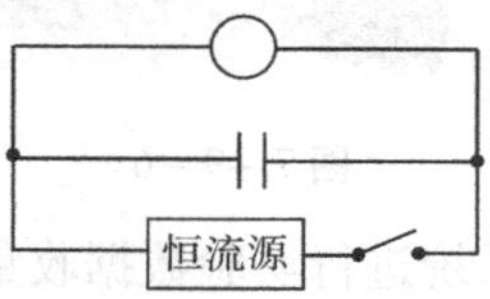

图 7－9－2

（1）电容器的充电时间比预想的充电时间短得多，无法利用秒表准确记录充电时间．

（2）断开开关后电容器迅速放电，无法利用电压表准确读出对应的电压值（主要原因是电压表的内阻不是很大）．

改进方法：实验需要改进的地方是计时不方便，电压表读数不准确造成实验误差很大．换用更大的电容器，减小充电电流，延长充电时间，并借助电压传感器与计算机来计时，且记录下对应的电压值．同时向学生介绍恒流源（即霍尔效应测试仪）、电压传感器和 DIS 数字实验系统．

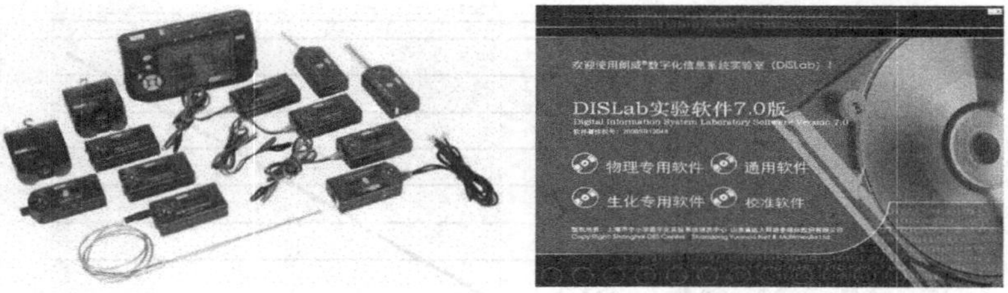

图 7－9－3　DIS 数字实验系统

图 7－9－4　电压传感器

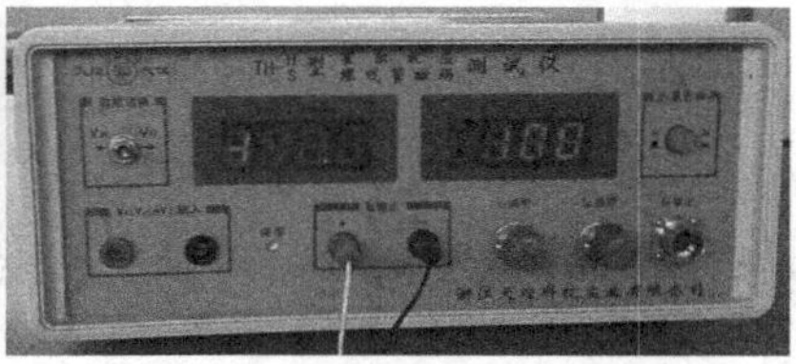

图 7－9－5　恒流源（霍尔效应测试仪）

2. **完善实验方案**

（1）按照改进好的实验设计选择实验器材，并连接好电路与计算机：

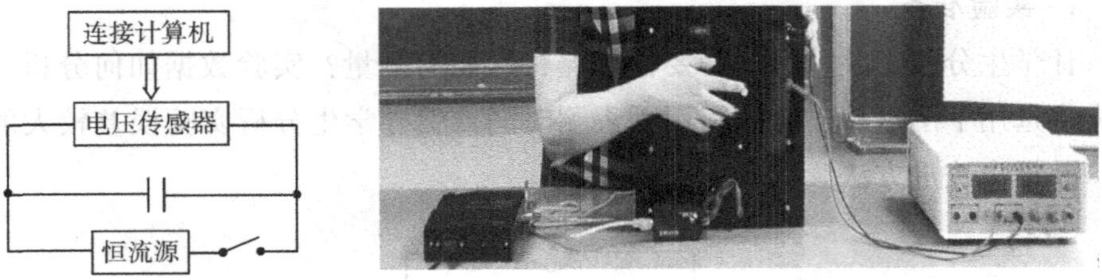

图 7－9－6

（2）利用 DIS 数字实验系统进行实验数据收集并直接作图：

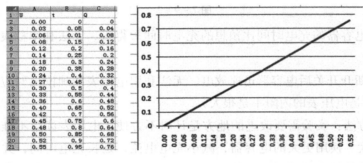

	A	B	C
1	U	t	Q
2	0.00	0	0
3	0.03	0.05	0.04
4	0.06	0.01	0.08
5	0.08	0.15	0.12
6	0.12	0.2	0.16
7	0.14	0.25	0.2
8	0.18	0.3	0.24
9	0.20	0.35	0.28
10	0.24	0.4	0.32
11	0.27	0.45	0.36
12	0.30	0.5	0.4
13	0.33	0.55	0.44
14	0.36	0.6	0.48
15	0.40	0.65	0.52
16	0.42	0.7	0.56
17	0.45	0.75	0.6
18	0.48	0.8	0.64
19	0.50	0.85	0.68
20	0.52	0.9	0.72
21	0.55	0.95	0.76

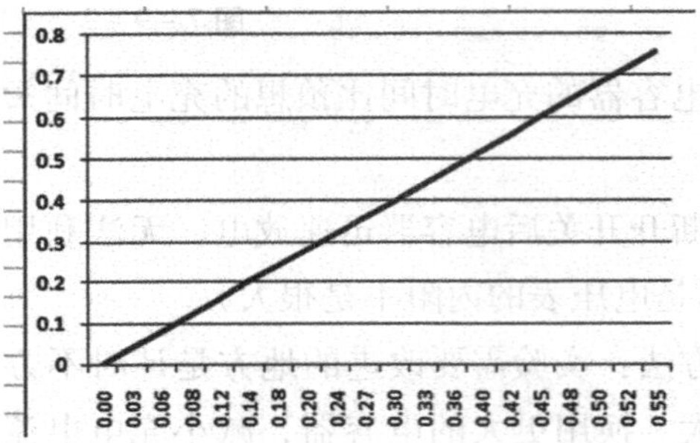

图 7－9－7

（3）换用不同的电容器重新实验：

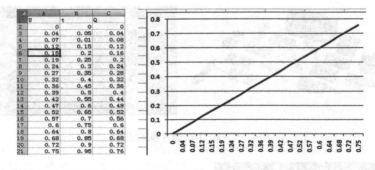

	A	B	C
1	U	t	Q
2	0	0	0
3	0.04	0.05	0.04
4	0.07	0.01	0.08
5	0.12	0.15	0.12
6	0.15	0.2	0.16
7	0.19	0.25	0.2
8	0.24	0.3	0.24
9	0.27	0.35	0.28
10	0.32	0.4	0.32
11	0.36	0.45	0.36
12	0.39	0.5	0.4
13	0.42	0.55	0.44
14	0.47	0.6	0.48
15	0.52	0.65	0.52
16	0.57	0.7	0.56
17	0.6	0.75	0.6
18	0.64	0.8	0.64
19	0.68	0.85	0.68
20	0.72	0.9	0.72
21	0.75	0.95	0.76

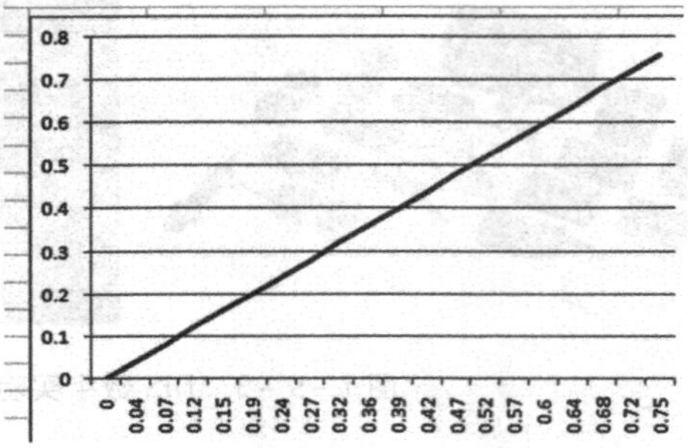

图 7－9－8

（4）分析实验数据，得出结论：

由实验图像可知，对一个确定的电容器，$Q \propto U$，也就是说，$\dfrac{Q}{U}$ 是一个定值，类比储水容器说明这个比值可以表征电容器储存电荷的本领，所以我们定

义电容器的电容 $C = \frac{Q}{U}$.

六、体会与反思

本实验创造性地利用恒流源对电容器进行充电，利用电压传感器来记录电压的变化，让看似不可能完成的实验变成可能，达到了很好的教学效果．学生也在不断改进实验和反复操作中提高了设计和动手能力．高新的数字化实验仪器的使用不但保证了探究任务的顺利完成，同时让学生充分体会到科技进步的巨大魅力，从而激发了学生发明创造、献身科学的热情和激情．

以后会跟学生一起接触更多、更新、更先进的实验仪器和实验手段，通过了解和掌握现代实验手段，增强创新意识，提高实践能力，培养实事求是、严谨认真的科学态度，并养成交流与合作的良好习惯，从而拓宽学生的知识面，全面提升学生的科学素养．

（此文为课题组成员鲁小东的文章，曾在中国发明协会2017年会上交流）

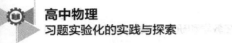

第十节　高考题中非线性元件工作点确定策略探析

深圳市第二实验学校　黄正玉

非线性元件是一种通过它的电流与加在它两端电压不成正比的电工材料，即它的阻值随外加电压的变化而改变．求解含有非线性元件的电路问题通常要借助 $U-I$ 图像．在定性分析中，重点是掌握理论上的分析方法．而在定量计算中，一般通过作图法求出近似结果．

非线性元件的试题以往一般出现在上海高考题和全国竞赛题中，该类型的试题能够很好地考查学生应用数学知识解决物理问题的能力．由于该类试题对学生能力考查具有很好的区分度，非线性元件背景的试题近年来受到了各省高考命题者的青睐．其求解的特点就是找出非线性原件的特征方程（或曲线）和约束方程（或曲线），最后由两个方程（或曲线）共同决定非线性原件的工作点．但需要特别注意的是，可以利用电阻的定义式 $R=\dfrac{U}{I}$，计算某状态下的电阻．但不能利用欧姆定律 $I=\dfrac{U}{R}$ 得出电压 U 与 I 成正比的关系．

一、非线性元件和电源的直接连接

例题 1：（2013 天津卷）要测绘一个标有“3V　0.6W”小灯泡的伏安特性曲线，灯泡两端的电压需要由零逐渐增加到 3V，并便于操作．已选用的器材有：

电池组（电动势为 4.5V，内阻约 1Ω）；

电流表（量程为 0 ~ 250mA，内阻约 5Ω）；

电压表（量程为 0 ~ 3V，内阻约 3kΩ）；

滑动变阻器（最大阻值 20Ω，额定电流 1A）；

开关一个、导线若干．

（1）实验的电路图应选用图 7 – 10 – 1 中的__________（填字母代号）．

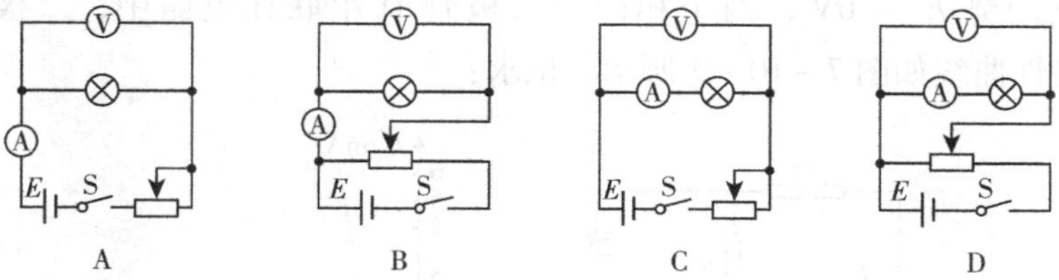

图 7－10－1

（2）实验得到小灯泡的伏安特性曲线如图 7－10－2 所示．如果将这个小灯泡接到电动势为 1.5V，内阻为 50Ω 的电源两端，小灯泡消耗的功率是____W.

答案：（1）B；（2）0.1.

解析：

（1）测绘小灯泡的伏安特性曲线时，小灯泡两端的电压应从零开始，故所需要的电路为滑动变阻器分压式，测量部分电路采用电流表外接法．

（2）电路图应为滑动变阻器分压式和电流表外接法，所以应选用 B 图．

（3）由题意可知，题目已经给出非线性元件的特征方程（曲线），所以第（2）问的求解关键就是寻找约束方程．

由欧姆定律得约束方程 $E=U+Ir$，即 $1.5=U+50I$．将该约束方程图线画在 $I-U$ 图像上，与伏安特性曲线（特征方程）交于一点，如图 7－10－3 所示，该点就是此非线性元件的工作点．电压与电流的乘积即为小灯泡消耗的功率，$P=IU=0.10\times1.0\text{W}=0.1\text{W}$.

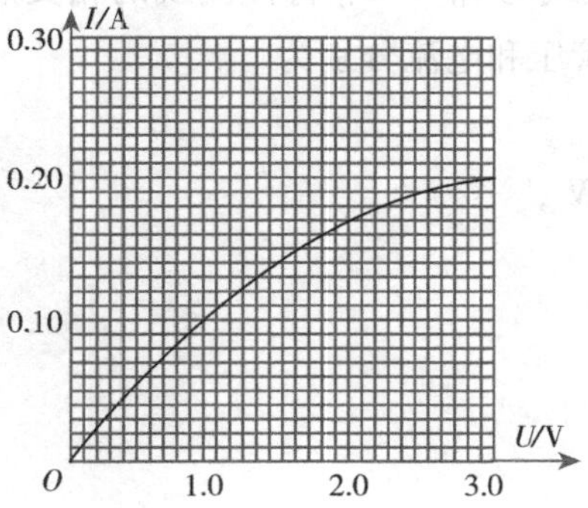

图 7－10－2

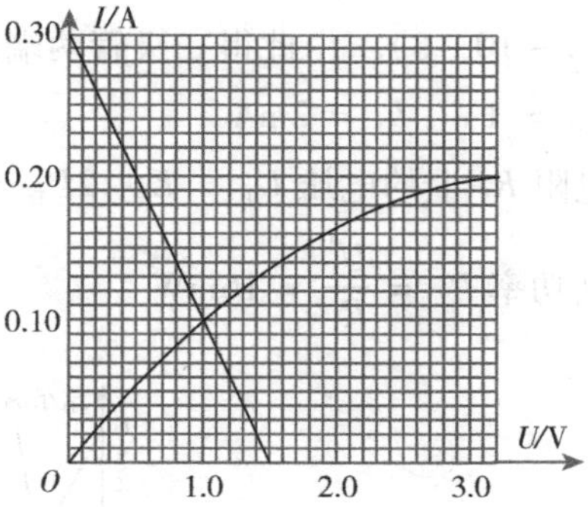

图 7－10－3

二、非线性元件和复杂电路相连后与电源连接

例题 2：（第 16 届物理竞赛预赛试题）如图 7－10－4 所示，电阻 $R_1=R_2=$

1kΩ，电动势 $E=6V$，两个相同的二极管 D 串联在电路中，二极管 D 的 I_D-U_D特性曲线如图 7-10-5 所示．试求：

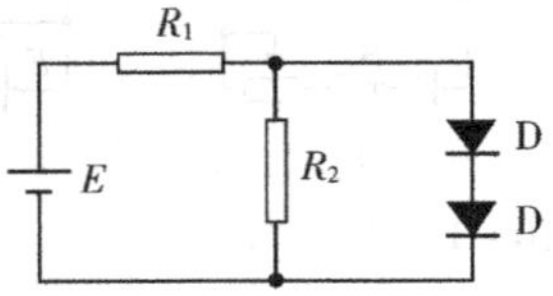

图 7-10-4

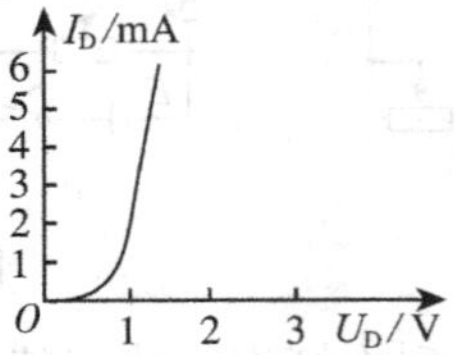

图 7-10-5

（1）通过二极管 D 的电流．

（2）电阻 R_1 消耗的功率．

解析：图 7-10-5 所给的曲线实际上就是二极管的特征方程（曲线）．本题求解的关键仍然是找出二极管的约束方程．

设二极管 D 两端的管压为 U_D，流过二极管的电流为 I_D，则有约束方程

$$2U_D=E-\left(I_D+\frac{2U_D}{R_2}\right)R_1,$$

代入数据解得 U_D 与 I_D 的关系为

$U_D=(1.5-0.25I_D\times10^3)$ V．

这是一条横轴上截距为 1.5，纵轴上截距为 6，斜率为 -4 的直线方程（称为二极管的负载线）．因管压 U_D 与流过二极管电流 I_D 还受二极管 D 的 I_D—U_D 特性曲线的限制，因而二极管工作在负载线与 I_D — U_D 特性曲线的相交点 P 上（如图 7-10-6）．由此得二极管两端的管压和电流分别为

$U_D=1V$，$I_D=2mA$．

电阻 R_1 上的电压 $U_1=E-2U_D=4V$，

其功率 $P_1=\frac{U_1^2}{R_1}=16mW$．

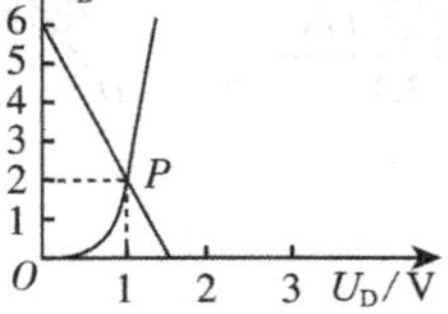

图 7-10-6

三、非线性元件和感应电动势知识的综合应用

例题3：(2013年广东卷)如图7－10－7(a)所示，在垂直于匀强磁场 B 的平面内，半径为 r 的金属圆盘绕过圆心 O 的轴承转动，圆心 O 和边缘 K 通过电刷与一个电路连接．电路中的 P 是加上一定正向电压才能导通的电子元件．流过电流表的电流 I 与圆盘角速度 ω 的关系如图7－10－7(b)所示，其中 ab 段和 bc 段均为直线，且 ab 段过坐标原点．$\omega>0$ 代表圆盘逆时针转动．已知 $R=3.0\Omega$，$B=1.0\text{T}$，$r=0.2\text{m}$. 忽略圆盘，电流表和导线的电阻．

(1) 根据图7－10－7(b)写出 ab、bc 段对应的 I 与 ω 的关系式；

(2) 分别求出 ab、bc 段流过 P 的电流 I_P 与其两端电压 U_P 的关系式．

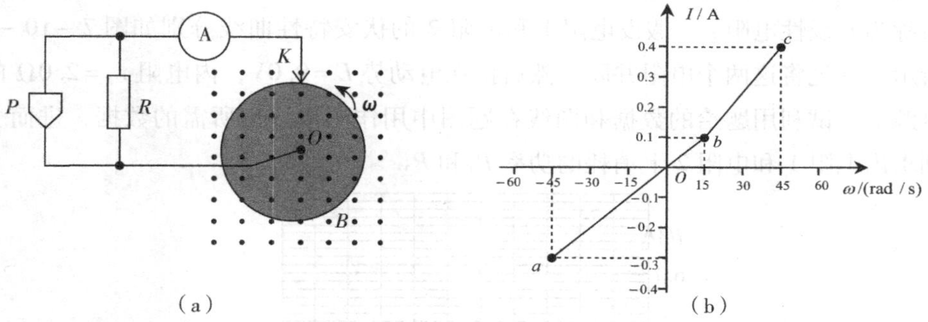

图7－10－7

解析：

(1) 由图像得出三点坐标 O(0，0)，b(15，0.1)，c(45，0.4)．

由直线的两点式得 I 与 ω 关系式 $I=\begin{cases}\dfrac{\omega}{150}, & -45\leqslant\omega\leqslant15,\\ \dfrac{\omega}{100}-0.05, & 15<\omega\leqslant45.\end{cases}$

(2) 圆盘的半径切割产生的电动势为

$$U_p=E=Br\frac{\omega r+0}{2}=\frac{1}{2}B\omega r^2=0.02\omega,$$

代入数据求出 a、b、c 三点对应的电动势分别为 -0.9V、0.3V 和 0.9V.

由并联电路知识有

$$I=I_P+I_R \quad ①$$

$$I_R=\frac{E}{R} \quad ②$$

由①②得 $$I_P = I - \frac{E}{R} = I - \frac{0.02\omega}{3} = I - \frac{\omega}{150}$$

联立解得 $$I_P = \begin{cases} 0, & -0.9 \leqslant U_P \leqslant 0.3, \\ \frac{U_P}{6} - 0.05, & 0.3 < U_P \leqslant 0.9. \end{cases}$$

该题实际上是求解非线性元件的特征方程．最后方程如果化为 $U_P = 6I_P + 0.3(\text{V})$，可以看出该元件正向导通（或截止）电压为0.3V.

四、多个非线性元件的串（并）联

例题4：（第28届物理预赛）有两个电阻1和2，它们的阻值随所加电压的变化而改变，从而可知它们的伏安特性即电压和电流不再成正比关系（这种电阻称为非线性电阻）．假设电阻1和电阻2的伏安特性曲线分别如图7－10－8所示．现先将这两个电阻并联，然后接在电动势 $E = 9.0\text{V}$，内电阻 $r_0 = 2.0\Omega$ 的电源上．试利用题给的数据和图线在题图中用作图法读出所需的数据，进而分别求出电阻1和电阻2上消耗的功率 P_1 和 P_2.

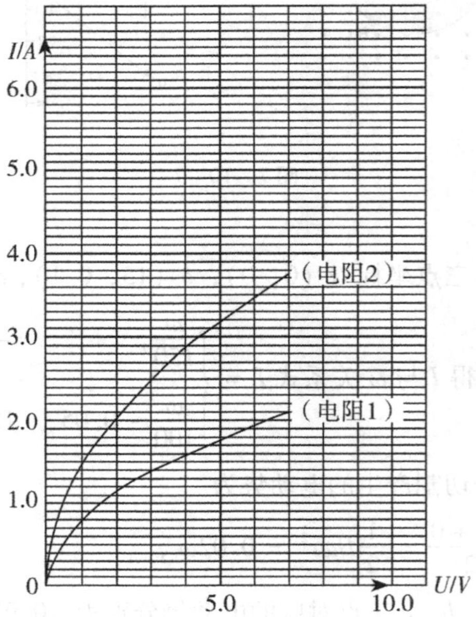

图7－10－8

要求：

（1）在题图上画出所作的图线．（只按所画图线评分，不要求写出画图的

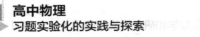

步骤及理由）

（2）从图上读出所需物理量的数据（取两位有效数字），分别是__________
__________.

（3）求出电阻 R_1 消耗的功率 $P_1=$____，电阻 R_2 消耗的功率 $P_2=$____.

解析：

（1）先找出并联电阻的特征方程.

根据并联电路特点，两非线性元件的电压相同，总电流等于两非线性元件电流之和．如 $U_1=U_2=5.0\text{V}$ 时，$I_1=1.8\text{A}$，$I_2=3.2\text{A}$，故并联总电流 $I=5.0\text{A}$. 在图像上描出点（5.0V，5.0A）．用同样的方法描出 9－10 个点，然后再将描出的点画成平滑曲线，此即为并联电阻的特征方程（曲线）.

（2）再找出并联电阻的约束方程.

由闭合电路欧姆定律 $E=U+Ir$，得并联电阻的约束方程为 $9=U+2I$. 将此方程的曲线画在 $I-U$ 坐标系中，如图 7－10－9 所示，该直线与并联电阻的属性曲线的交点即为工作点．由图线可读出以下物理量：①并联电阻两端的电压 $U_0=2.3\text{V}$；②对应该电压下通过电阻 1 的电流 $I_{10}=1.2\text{A}$；③通过电阻 2 的电流 $I_{20}=2.2\text{A}$.

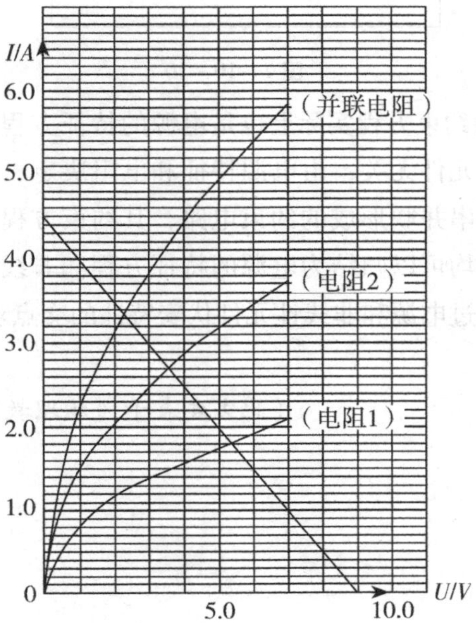

图 7－10－9

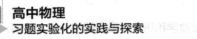

所以此时电阻 R_1 消耗的功率 $P_1 = U_0 I_{10} = 2.8\text{W}$，

电阻 R_2 消耗的功率 $P_2 = U_0 I_{20} = 5.0\text{W}$.

五、结语

通过以上几种不同情况下非线性元件工作点的确定，归纳出以下几个要点.

（1）特征方程为 U 与 I 正比例关系的元件称为线性元件，其他为非线性元件. 特征方程为一次函数（非正比）的元件也属于非线性元件.

（2）复杂电路与非线性元件的连接实际可以化简为一个等效电源和非线性元件的直接连接. 如例题 2 中，可以根据戴维宁定理（又称等效电压源定律）将其等效成如图 7－10－10 所示电路，图中等效电动势 $E_{等效} = \frac{E}{R_1 + R_2}R_2 = 3\text{V}$，等效内阻 $r_{等效} = \frac{R_1R_2}{R_1 + R_2} = 0.5\text{k}\Omega$. 这样便可将第二类问题转化为第一类问题求解.

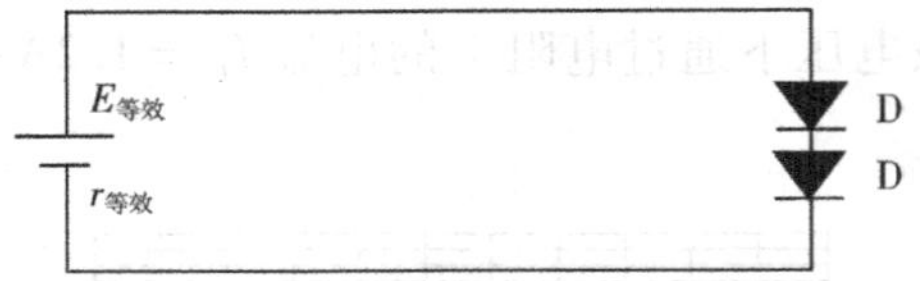

图 7－10－10

（3）文中所说的约束方程实际上也是电源的特征方程. 约束方程的属性实际上和研究的非线性元件无关，由电源特征和电阻决定. 对于有确定电动势和内阻的电源以及电阻串并联形成的约束电路，其约束方程一定是一次方程. 本类问题的求解实际上均可以归结为电源的特征方程和非线性元件的特征方程的联立求解，也就是通过电源和非线性元件伏安特性的交点求解.

（此文发表于《物理教师》2013 年第 10 期）

第十一节　中美高中物理水平测试的对比

——以纽约、广东为例

深圳市第二实验学校　黄正玉

学业水平考试通常是指在学生完成一定时段学习后用来检验所达到水平的考试．通过纽约和广东省的物理水平考试的对比，从不同点上反映中美教育改革的步伐和方向，并试图相互借鉴以寻求符合学生发展的最佳的评价方式．

一、中美高中水平测试定位对比

1. 中国高中学业水平测试的由来和发展

2004 年秋季，山东、广东、海南和宁夏四省区率先实施高中新课程改革．2011 年，中国大陆其他各省份全部进行高中新课程改革．与此相配套的普通高中学业水平考试也同步实行．

2008 年 1 月，教育部颁布的《教育部关于普通高中新课程省份深化高校招生考试改革的指导意见》指出："各地要加快建设在国家指导下由各省份组织实施的普通高中学业水平考试和学生综合素质评价制度，切实做到可信可用，逐步发挥其对普通高中教育教学质量进行管理和监控，对高中学生学业水平和综合素质进行全面客观评价，以及为高校招生选拔提供参考依据的作用．"由此以后，原来意义上的高中毕业会考将逐步走向终结，承载新课程改革理念的普通高中学业水平考试于 2012 年全面推行．完善普通高中学业水平考试理论体系和破解实践难题成为当务之急，恰当定位普通高中学业水平考试又是解决理论和实践问题的关键．

2014 年 9 月，《国务院关于深化考试招生制度改革的实施意见》中重点提出需要完善高中学业水平考试．学业水平考试主要检验学生的学习程度，是学生毕业和升学的重要依据．考试范围覆盖国家规定的所有学习科目，能够引导学生认真学习每门课程，避免严重偏科．学业水平考试由省级教育行政部门按国家课程标准和考试要求组织实施，确保考试安全有序，成绩真实可信．各地要合理安排课程进度和考试时间，创造条件为有需要的学生提供同一科目参加两次考试的机会．

综上所述，本文对普通高中学业水平考试进行如下界定：普通高中学业水平考试是为了进一步加快普通高中教育质量监测体系建设，推动普通高中课程改革工作的有效实施和教育教学质量的全面提升，为高校招生提供可靠依据，结合省、直辖市普通高中教育发展实际，在认真调研论证、广泛征求各方意见的基础上制订组织的针对高中学生进行的统一考试．

以广东省为例，目前所有文科学生必须参加物理学科的学业水平测试．

2. 美国水平测试由来和发展

美国学业水平考试由各州单独统一执行，差别较大．其考试的目的在于检测各州范围内的学区、学校和学生是否实现了本州设定的课程标准内容，是一种阶段性的外部评价形式．这种考试在小学、初中和高中三个阶段同时存在，是各州教育问责制度的一项主要依据来源．高中阶段考试中，阅读、写作和数学是核心科目，科学和社会科学会作为各州选择的考试科目，物理只是科学科目中的一部分．全美只有田纳西州将物理进行单列考试．以纽约为例，类似于中国的水平测试，纽约州高中毕业考试称为 Regents Examinations，是全州标准化考试，是高中学生为获取高中毕业证所需的核心科目统一考试．除特殊情况以外，所有学生都必须参加纽约州高中毕业考试．

图 7－11－1　纽约 STUYVESANT
（HIGH SCHOOL 每年的 Regents Examinations
通过率较高，学校评估中学生进步获 A 等级）

3. 对比表格

项目	参照标准	评价功能	毕业标准	全国实施	成绩问责	高校挂钩	物理科目	备注
中国	√	√	√	√	×	√	文科必考	物理单列科目
美国	√	√	√	×	√	×	选择考试	物理属于科学的一分科

二、高中物理水平测试考试范围的比较

美国没有全国的统一考试，甚至州和市都没有统一的考试．中国近几年的水平测试实际上也是分省命题，因而要比较物理考试的范围是不容易的．由于纽约是较早实现统考的地区之一，本文对纽约州高中学生统考的物理考试范围（NYC HIGH SCHOOL PHYSICS REGENTS SCOPE and SEQUENCE）和广东省的学业水平考试范围进行了比较，试图找出一些共同的特点和区别所在．

主题的对比：

	纽约	广东
1	UNIT 1 Measurement and Mathematics	实验与探究
2	UNIT 2 Mechanics	运动的描述 相互作用与运动规律 经典力学的成就与局限
3	UNIT 3 Energy	机械能和能源
4	UNIT 4 Projects and Problem Based Learning Activities	抛体运动与圆周运动
5	UNIT 5 Electricity and Magnetism	电磁现象与规律 电磁技术与社会发展 家用电器与日常生活
6	UNIT 6 Waves	*
7	UNIT 7 Modern Physics	*

从主题的对比可以看出，力学和电学均为考试的重要主题．但纽约州考试范围更广，特别是增加了现代物理和波动部分，其范围和我国高考物理的范围

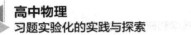

相当．实际上，波的内容的增加使得力学的内容更加完整．而现代物理（Modern pyhsics）部分可以让学生了解物理前沿的现状，也符合《美国国家科学教育标准》的指导原则——学校的科学课要反映作为当代科学实践之特点的理性传统与文化传统．我国水平测试的内容少，从减轻学生负担来说，应该是做得比较到位的．同时还可以看出，中国水平测试的内容注重理论知识在实际生活生产中的应用．

三、物理水平测试试卷特征的比较

项目	美国	中国
考试时长	3h	1.5h
试题数目	85 题	60 题
题型	50 个选择题（Multiple – choice question）+ 35 个主观题（Constructed – Response Questions）	30 个单选（每题 1 分）+20 个单选（每题 2 分）+10 个多选（每题 3 分）
卷面满分	85 分	100 分
测试类型	标准参照测验	标准参照测验
试题难度	难	易
试题的灵活性	大	小

纽约州水平测试的试题具有较大的灵活性和难度，和美国的几个教育政策的出台有密切关系．第一是 1996 年初推出的美国历史上第一部《国家科学教育标准》，这是为引导美国国民步入一个具有高度科学素养的社会而撰写的．第二是纽约在“力争上游”（奥巴马 2009 年批准的“Race to the Top”教改新政）的争夺中，赢得了联邦拨款，承诺提高考试标准．第三是 2011 年推出的“普通核心学习标准”提出培养学生的批判性思考能力，并促使他们成为终身学习者．

四、两地物理水平测试内容差异的启示

引起两地物理水平测试范围和试卷差异的原因是多方面的，其中最主要的原因可能有以下几点．

1. 评价的独立性问题

纽约州的 Regents Examinations 一般有独立的第三方考试机构负责命题，具有相对的独立性．命题的依据是《国家科学教育标准》和近年实施的《普通核心课程标准》，虽然会考虑标准实施的渐进性，但一般无须过多考虑通过率的问

题．再说类似于高校的低毕业率，美国高中的低毕业率也是可以接受的，一般公立高中毕业率约为70%．因而，我们可以看出纽约市水平测试的知识点内容会多一些，试卷难度也大一些．其不足之处就是由于过于独立，会出现学生通过率过低的混乱和尴尬局面．

相反的，中国的水平测试命题往往都是由教育管理部门完成，考虑到高中生的去向问题，一般都会要求90%以上的毕业率．加上中国高校扩招政策的实施，而高校招生要求3科水平测试都要D级以上才能报考大学，所以物理水平测试的内容会偏少一些，难度也偏小一些．

2. 评价目的的不同

美国的水平测试一般有系统的反馈体系，为社会各界提供了中学教育教学质量的可靠信息，同时为教育行政管理提供了可资借鉴的参考依据，甚至有严格的教育问责制度．

我国高中学业水平测试开始于2003年，其前身的会考更是始于20世纪90年代，美国高中的州统考始于2005年，实际上两国的考试互有优缺点，可以互相借鉴和吸收，共同实现科学评价，避免陷入"应试教育"．

中美教育制度各有利弊．美国将人之长与己之短作比较，发现一些落后的地方，近年出台一系列政策奋起直追．与此同时，越来越多的中国学生把留学美国作为梦想，参加中国高考的学生人数正逐年减少．我认为我们不能被表面现象迷惑，应注重学生分数以外的全方位能力，培养更多优秀人才，并把他们留在自己的国家．

参考文献

吴金财．美国中小学生学业水平测试的现状与趋势［J］．教育与考试，2009（2）．

（此文为教育局赴美海培班汇报论文，发表于《物理通报》2015年第2期）

第十二节　物理教学到底给学生留下了些什么

深圳第二实验学校　黄正玉

教师茶座

国庆长假，毕业6年的学生相约返校看望高中物理教师．久别重逢，兴致勃勃，嘘寒问暖，不免回忆起高中的学习片段．

其中一位医科大学毕业的学生顺手拿起桌上的一个苹果向空中抛去，然后用手接住，笑着对我说，老师，加速度多大？

旁边的一大帮同学都笑嘻嘻地抢着回答：你是指抛上去还是落下来的过程？（一个女孩，也是医科大学毕业的）

上升时加速度朝上，下降时加速度朝下．（军事指挥院校的毕业生干脆利索地回答）

上升过程中速度没有增加，哪有加速度呢？下降才有加速度吧？（师范大学毕业的，不是物理专业）

苹果在最高点就停下来了，肯定没有加速度了．（竟然是一个重点大学理工科毕业生的回答）

老师，我忘得一干二净了，全还给你了，白学了．（一个女孩，后来转学文科了）

摘自《物理教师》2007．9 熊志权

2007 年，第一次看到这篇文章时内心感慨：我们的物理教学到底留给了学生一些什么？而今，我的教龄增长了不少，但担忧却没有丝毫的缓解．我能做的，只有不断实践，不懈探索，并为学生提供更多学习和实践的机会．

探索1：重方法亦重思想

高一、高二教学需要偏重思想，高三教学要关注方法.

面临高考压力，高三教学需要千方百计利用一切合规手段使学生把物理学得更好，尽可能快速准确地解出各种类型的题目，这是无可厚非的. 高三确实需要为学生提供各种方法——审题、转化、解答、审视、结论，每一环都讲究方法.

然而，高一、高二年级的老师更应该做一个有思想的老师. 关注学生物理思想的培养，包括“物质”观念、“力与运动”观念和“能量”观念的建立，这属于世界观形成的范畴. 此阶段的物理教学，承担着部分类似于科普功能的工作.

奥斯特是在一次科学讲座后意外发现电流的磁效应的，法拉第也是由戴维的科学讲座引入科学殿堂的.

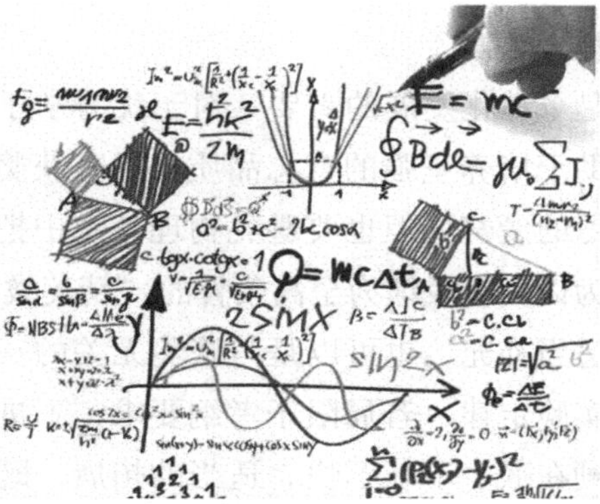

图 7－12－1

探索2：重笔试更抓实验

物理属于自然科学，归根结底属于实验科学. 高中阶段更多以笔试的形式呈现学习成果，但笔试不是物理学习的全部. 常规教学需要完成必要的实验，需要老师创造性地开发实验，利用“瓶瓶罐罐”做实验，也要充分利用身边的素材和新科技、新材料完成新实验的设计. 在实验过程中，要培养学生发现问题、提出问题和解决问题的能力，更要通过实验让学生认识到物理的有用性，让学生学会通过多样化的途径认识世界，体会自然科学的规律性，认识世界的客观性.

近几年，我一直在学校里做“习题教学实验化”的探索. 事实证明，高三教学过程中穿插实验，既能调节气氛，又能提高效率．高考前3天的自制铜管实验“击中”高考题，虽有偶然性，但也是对重视日常实验教学的回报．

图7－12－2

探索3：抓常规也学竞赛

推出竞赛课程，是个性化发展的需要．对于优秀学子而言，参加竞赛既能提供交流平台，也有助于培养坚强的意志品质．竞赛获奖，固然是两全其美的事，是对学生努力学习的褒奖．但也要避免物理教学中把全体学生都朝物理竞赛的方向上引导，成为以奥赛成绩为至高荣誉的“精英教育”．

物理竞赛内容的适当补充，也可以是与获奖无关的一件事．作为高中物理老师，讲完三个气体实验定律，若局限于考纲要求，不进一步拓展到克拉伯龙方程，一定会觉得如鲠在喉、不吐不快．适当的拓展，既能让学生的知识体系更加完整，也能提升学生日后高校学习的内在需求．

图7－12－3

探索4：推创新并改课堂

创新，是富民之道、强国之策，对当下的中国发展具有重大的社会意义．基础教育固然当仁不让，教师应该积极参与创新活动，努力培养学生的创新意识．青少年创新能为国家的发展提供长远动力．学校精心打造STEM课程、IYPT社团、Fab Lab实验室，还有筹建中的光电和轨道交通实验室等，无不为广大学子提供了创新实践的平台．

相应地，常规教学该如何创新呢？在课程资源开发、课堂形式、作业布置和课后反馈上，是否可以有更多的形式？“有效教学”“自制小实验”“小组互助”“习题实验化”“自编试题”“命制试卷”“翻转课堂”和“微课”等，都是对常规教学创新的最好回答．不拘泥于形式，通过创新努力为学生提供多样化的学习形式，旨在提高学生的参与度，从而更好地提高教学效率．

图7－12－4

格物致理，物理教学首先要讲究心中有“物”，木块是“物”，小球是“物”，研究对象是“物”，具体情景也是“物”；解决问题的方式方法是“物”，分析推理的过程也是“物”．

物理教学更要强调“理”，加速度是“理”，牛顿第二定律是“理”，能量守恒定律也是“理”；认清事物的客观性是“理”，具体问题具体分析也是“理”．

当走出中学校园的学生不再记得木块和小球这些“物”，忘记速度（v）、加速度（a）和牛顿定律这些“理”；但只要还记得解决问题的方式方法这些“物”和具体问题具体分析这些“理”，作为物理教师的我，还有什么可纠结的呢？这不正是教学的终极追求吗？

（此文为深圳市第二实验学校公众号“教师茶座”推文）

致谢

“时间”是一个抽象的事物，它看不见，摸不着，但它是可以通过实验测量的，而“感谢”则属于心理范畴，它难以用实验精确测定.

感谢为民族独立和解放事业做出贡献的人，80年前，同样是师范大学毕业的外公，主动放弃讲台，选择投笔从戎，并毅然走进了当时让无数有志青年热血沸腾的军营——黄埔军校.

感谢为国家的进步和强大做出贡献的人，50年前，在讲台传道授业解惑大半辈子的三外公，被迫离开讲台，走进了那个叫作“牛棚”的地方.

感谢为国家的改革和开放做出贡献的人，10年前，攻读完硕士学位后，我有幸来到了以创新为城市基因的特区，成为深圳市的一名物理教师，为特区的物理教育先行示范奉献微薄之力.

感谢我从教过的两所中学的领导和深圳教科院的专家，是你们为我提供了优良的环境，让我心无旁骛地投入到教学研究实践中.借助深圳市好课程优化项目平台，我对“物理习题实验化”实践资料进行了系统的整理.感谢贾建国博士、李贤博士和姚中化老师对本课题从头到尾给予的帮助和指导.

感谢教过我的所有老师，是你们给了我专业的教育教学基础理论，并持续为我的教学实践提供最大的支持和帮助.尤其是对我自身实践意识的培养，为我承担的课题“物理习题实验化”工作提供了最强大的理论支持.特别是黄恕伯老师和胡银泉老师对本书选题给予了充分的肯定，并对书稿结构和研究中存在的问题提出很多细致意见.

感谢所有共事的同仁，是你们有效的分享和积极的参与，推动了习题实验化实践的推广和应用．相互理解、信任和支持，为该项创新实践顺利开展提供了有力保障．在本书的编写过程中得到了梁文平、鲁小东、郑景华老师的帮助；陈泽林、汤凯和方杰老师参与了审稿；师大研究生邹雪和胡爱萍参与了创新实验的设计．感谢“非常实验室”工作室朱建山老师提供的各种平台和学习机会．

感谢送走的一届又一届学生，是你们的热忱参与和投入，让我对物理习题实验化实践有了更大的信心，并深感责任之重大．是你们对物理知识和创新实验的追求和渴望，促使我放眼远方，不断前行，并努力保持旺盛的创造力．

感谢我的家人，每当我遇到挫折、迎接挑战的时候，给我勇气和鼓励；每当我有所自满的时候，给我警醒和鞭策．是你们对我的生活给予无微不至的照顾和关心，而你们的快乐也是我不断努力前进的动力源泉．

如同宇宙有限无界之特征，时间是有限的，我珍惜每一次学习的时间和机会，但感谢是无限的，衷心感谢所有帮助过我的人！感谢大家！